PRaeSENS

In memoriam Dr. Jürgen Koppensteiner
und für Barbara, Elizabeth und Alex

Ein landeskundliches Lesebuch

ÖSTERREICH

Jürgen Koppensteiner

7., überarbeitete und aktualisierte Auflage

Fortgeführt und redaktionell bearbeitet von Roswitha Koppensteiner

PRAESENS VERLAG

Cover-Abbildungen:
vorne: Weinberge, Blick auf Wien. © Foto: Michael Ritter

hinten (v.l.n.r.):
Festung Hohensalzburg (Salzburg), UNO-City (Wien),
Weintraube, Murinsel (Graz)

Verlag und Druck: Praesens VerlagsgesmbH. Printed in EU.

ISBN 978-3-7069-1167-2

Bibliografische Information der Deutschen Nationalbibliothek
Die Deutsche Nationalbibliothek verzeichnet diese Publikation in der Deutschen Nationalbibliografie; detaillierte bibliografische Daten sind im Internet über http://dnb.d-nb.de abrufbar.

Vorwort

Dieses landeskundliche Lesebuch ist vor allem für den Bereich Deutsch als Fremdsprache bestimmt und richtet sich an Lernende mit guten bis fortgeschrittenen Deutschkenntnissen (Niveaustufen B2-C2) sowie an Lehrende, die an Informationen über Österreich interessiert sind. Es kann – neben dem Einsatz im Landeskundeunterricht – auch als Zusatzlektüre in Sprachkursen verwendet werden und eignet sich besonders für all jene, die sich auf einen Aufenthalt in Österreich vorbereiten oder sich, etwa im Rahmen eines Ferienkurses, bereits in Österreich aufhalten. Darüber hinaus kann es auch für muttersprachliche Leserinnen und Leser ein Handbuch sein, das eine knappe Bestandsaufnahme Österreichs aus einer nicht ganz selbstverständlichen Perspektive bietet.

Das Buch soll die Leser und Leserinnen auf lockere Art mit Österreich und dessen politischen, wirtschaftlichen, sozialen und kulturellen Strukturen bekannt machen. Und es versucht, Österreich als ein Land mit hoher Lebensqualität vorzustellen, ohne seine Probleme zu übersehen. Der Stoff ist in siebzehn Abschnitte unterteilt, die vielfältige Themenbereiche behandeln und durch authentische Texte (Gedichte, Essays, Witze, Zeitungsartikel, Reden u.a.) sowie durch Fotos, Grafiken und Karikaturen ergänzt werden. Dabei wurde versucht, von Klischees abzugehen und ein differenziertes Österreichbild zu bringen. Vollständigkeit wurde nicht angestrebt. Dem Bemühen um Objektivität steht die subjektive Sicht des Autors gegenüber, der sein Heimatland aus der Distanz kritisch beobachtet.

Obwohl es sich empfiehlt, ist es nicht notwendig, das Buch in seiner Gänze und in der angegebenen Reihenfolge durchzuarbeiten. Es können Schwerpunkte gesetzt und aus einem breiten Angebot jene Themen ausgewählt werden, die der jeweiligen Situation und den Interessen der Lernenden am besten entsprechen. Die einzelnen Abschnitte können unabhängig voneinander gelesen und verstanden werden.

Der literarische Teil enthält Textproben aus Prosawerken von drei bekannten Gegenwartsschriftstellern: Peter Handke, Erich Hackl und Daniel Glattauer sowie von Christine Nöstlinger, der wohl erfolgreichsten Kinder- und Jugendbuchautorin Österreichs. Die ausgewählten Texte zeigen Bezüge zum historischen, sozialen, politischen und kulturellen Umfeld, aus dem sie entstanden sind, und damit zum Lesebuch selbst. Im Idealfall können die vorgestellten Prosawerke in ihrer Gänze parallel zu diesem Buch gelesen werden.

Die hier vorliegende 7., überarbeitete und aktualisierte Auflage bietet eine problemorientierte (aber nicht problemlastige) Österreich-Landeskunde, die dazu beitragen soll, das heutige Österreich besser zu verstehen. Zahlen und Daten entsprechen dem Stand von Mai 2022.

Von einer didaktischen Aufarbeitung wurde abgesehen in der Annahme, dass DaF-Lehrende die einschlägigen Übungsformen kennen. Einzelne schwierigere, in kleineren Wörterbüchern nicht immer vorkommende Wörter, vor allem aus dem österreichischen Sprachgebrauch, werden einsprachig erklärt. Die Textproben bzw. Zitate sind in der alten Rechtschreibung verfasst. Lehrerinnen und Lehrer, die Hinweise und Anregungen für die Arbeit mit diesem Buch suchen, sind eingeladen, sich über den Verlag an den Autor zu wenden.

Die Neuauflage dieses Buches in memoriam Dr. Jürgen Koppensteiner soll weiterhin zum Verständnis Österreichs beitragen. Autor, Redaktion und Verlag wünschen eine anregende und angenehme Lektüre. Für Reaktionen, Kritik und Verbesserungsvorschläge sind sie jederzeit dankbar.

Graz, im Herbst 2022 *Roswitha Koppensteiner*

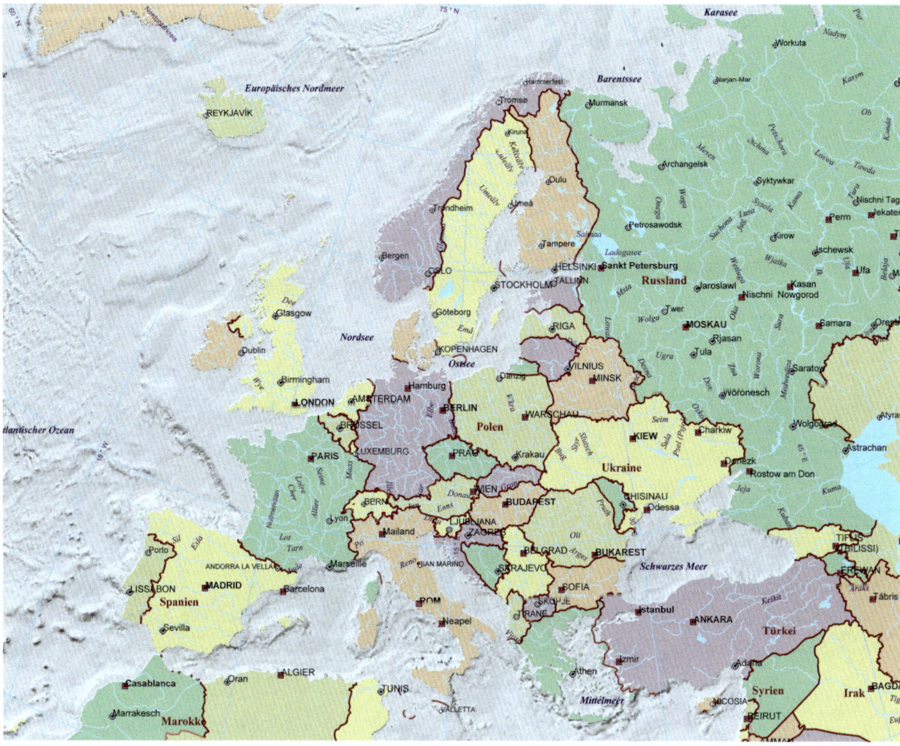

Österreich im Wirtschaftsgroßraum Europa

Österreich? Ist das schön. Und hundertmal und überhaupt. Österreich ist schön, und schon schön ist Österreich. Ich bin hundertmal verliebt in Österreich. Und Österreich ist sehr schön, das lernen wir, hundertmal, dass Österreich richtig schön ist, und das ist das Schöne, dass hundertmal schon die österreichischen Schulkinder lernen, wie schön dieses Österreich nun ist, damit sie es nur ja nie mehr vergessen. Ist das schön. Und überhaupt. Die Sonne. Und damit sie es nur ja nie mehr vergessen, wie schön, schön Österreich ist, müssen schon die Schulkinder hundermal, hundertmal schreiben: Österreich ist schön. Ist das schön. So schön ist Österreich, dass schon die Schulkinder es aufschreiben müssen. Müssen schreiben: Österreich fängt schön an, und schön hört Österreich auch auf. Ja. So ist das mit Österreich. Durch und durch schön. Hundertmal.

(Franzobel)

1 Gebiet und Bevölkerung

Österreichs Lage in Europa

Österreich, ein Binnenstaat im südlichen Mitteleuropa, ist ein wichtiges Durchgangsland nach Italien und nach Südosteuropa.

Mit einer Fläche von 83 882 km² ist Österreich nicht viel größer als Schottland und kleiner als Portugal. Die Staatsgrenze weist eine Länge von 2 706 km auf, die Bevölkerungszahl liegt bei etwas über 8,9 Millionen. Politisch-administrativ ist Österreich in neun Bundesländer gegliedert.

Von Osten nach Westen erstreckt sich die Republik über 573 km, in nordsüdlicher Richtung über 294 km. Der Westen Österreichs ist nur ein 60 bis 70 km schmaler Korridor.

Auf dem Weg vom Schwarzwald zum Schwarzen Meer durchfließt die Donau Österreich auf einer Länge von 350 km. Andere wichtige Flüsse sind: der Inn, die Salzach, die Enns sowie die Drau und die Mur, die allerdings erst außerhalb von Österreich in die Donau münden. Der Rhein, der im Westen die Staatsgrenze bildet, mündet in die Nordsee. Schifffahrt ist nur auf der Donau möglich, wobei der Güterschifffahrt eine große Verkehrsbedeutung zukommt. Die Passagierschifffahrt beschränkt sich auf den Wachau-Tourismus und auf Kreuzfahrtschiffe, die ins Schwarze Meer fahren.

Viele Flüsse werden für Kraftwerke genützt. Österreich hat auch viele Seen. Die größten sind der Bodensee, den sich Österreich mit Deutschland und der Schweiz teilt, und der Neusiedler See im Burgenland, an dessen Südostufer sich eines der drei bedeutendsten Vogelschutzgebiete Europas befindet.

Fläche und Bevölkerung

Bundesland	Fläche in km²	Einwohnerinnen und Einwohner
Burgenland	3 965	295 983
Kärnten	9 537	562 506
Niederösterreich	19 180	1 690 949
Oberösterreich	11 982	1 495 952
Salzburg	7 155	559 873

Steiermark	16 399	1 247 413
Tirol	12 648	759 652
Vorarlberg	2 601	399 219
Wien	415	1 914 743
Österreich gesamt	**83 882**	**8 926 290**

Statistik Austria, Stichtag 31.10.2020

Länge der Grenzen

Gemeinsame Grenze Österreich…

Deutschland	816km
Tschechien	466km
Slowakei	107km
Ungarn	356km
Slowenien	330km
Italien	430km
Schweiz	166km
Liechtenstein	35km
Insgesamt	**2706km**

Klima

In Österreich kann man drei Klimabereiche unterscheiden. Das *alpine Klima* in den Gebirgen ist niederschlagsreich. Die Sommer sind kurz und relativ kühl, die Winter lang und schneereich. Beständiges Schönwetter gibt es meistens erst im Herbst.

Im Alpenland und in den Ebenen herrscht das *mitteleuropäische Übergangsklima* vor. Atlantische Einflüsse (Westwinde) bringen im Sommer oft Gewitter, Abkühlung und „Landregen", im Winter Regen und Schnee. Bei trockenen Ostwinden oder bei Hochdruckwetter gibt es heiße Tage im Sommer und anhaltende Kälte im Winter, oft mit Nebel in den Ebenen und Sonnenschein auf den Bergen. Der Herbst ist meistens ebenfalls schön und warm.

Das *pannonische Klima* findet man im Osten Niederösterreichs und im nördlichen Burgenland. Einem kurzen Frühling folgt ein heißer Sommer mit geringen Niederschlägen, sodass der Boden stark austrocknet. Der Herbst ist trocken und schön, der Winter relativ kalt.

Land und Leute

Jede Landschaft, jedes Tal in Österreich hat seine eigene Tracht. Insgesamt gibt es in Österreich über 100 verschiedene Trachten.

Zwei Drittel des Landes liegen in den Alpen. Nur ein Viertel ist Hügelland und Ebene. So sind weite Teile Österreichs unbesiedelt geblieben, und das Land hat eine relativ niedrige Bevölkerungsdichte. Etwa 106 Einwohner kommen auf einen Quadratkilometer. Allerdings ist die tatsächliche Bevölkerungsdichte durch den hohen Anteil alpiner Regionen in den bewohnbaren Gebieten wesentlich größer, als die Relation von Gesamtfläche und Bevölkerungszahl vermuten lässt. Der „Dauersiedlungsraum", also die baulich, agrarwirtschaftlich und verkehrsmäßig genutzten Flächen, bedeckt zwei Fünftel des österreichischen Staatsgebietes. Etwa ein Fünftel der Bevölkerung lebt in der Bundeshauptstadt.

Die Entwicklungen in den früher kommunistischen Ländern Mittel- und Osteuropas haben nach dem Fall des Kommunismus einen bis dahin gültigen demografischen Trend umgekehrt. Bis in die achtziger Jahre stagnierte die Einwohnerzahl Österreichs, ein Bevölkerungsrückgang wurde erwartet. Durch den Zuzug von Ausländern begann die Einwohnerzahl Österreichs jedoch wieder zu steigen. So wurden im Jahr 2021 1 517 372 Menschen gezählt, die nicht die österreichische Staatsbürgerschaft besaßen.

Geschätzte 580 000 Österreicherinnen und Österreicher leben und arbeiten im Ausland (die meisten in Deutschland), ohne in Österreich einen festen Wohnsitz zu haben. Diese „Auslandsösterreicher" besitzen seit 1990 das Wahlrecht für die Nationalrats- und Bundespräsidentenwahl. Allerdings machen nur relativ wenige von ihrem Recht Gebrauch.

Wie stellen sich viele Touristen den typischen Österreicher beziehungsweise die typische Österreicherin vor? Er trägt einen Trachtenanzug oder eine Lederhose und sie – was sonst? – ein Dirndl. Wer nun glaubt, dass die beiden in einem romantischen Dorf in den Bergen wohnen, täuscht sich. 66 Prozent der österreichischen Bevölkerung leben in Stadtregionen.

Volksgruppen

Für etwa 1 Prozent der österreichischen Wohnbevölkerung ist nicht Deutsch die Muttersprache, sondern Slowenisch, Kroatisch, Tschechisch, Slowakisch, Ungarisch und Romanes. Diese Gruppen gehören seit langer Zeit zu Österreich, haben die österreichische Identität mitgeprägt und wurden vom österreichischen Staat im „Volksgruppengesetz" von 1976 anerkannt. Allerdings genießen sie die ihnen zustehenden Rechte nur zum Teil, die Minderheitenschutzbestimmungen sind nur teilweise erfüllt.

Der Großteil der slowenischen Volksgruppe lebt in einem relativ geschlossenen Siedlungsraum in Kärnten. Die Kroatinnen und Kroaten verteilen sich auf das ganze Burgenland. Eine bereits nach dem Ersten Weltkrieg sehr klein gewordene tschechische und slowakische Gruppe findet man noch in Wien. Ein Großteil der österreichischen Roma lebt im Burgenland.

Obwohl heute in Österreich das Interesse an Minderheitensprachen gestiegen ist und Mehrheit und Minderheiten relativ konfliktfrei koexistieren, erinnern einige Bombenattentate der Jahre 1994 und 1995 daran, dass die Volksgruppen immer wieder zum Mittelpunkt minderheitenfeindlicher Ausgrenzung und zu Zielscheiben rassistisch motivierter Anschläge wurden.

Die etwa 18 000 Österreicher und Österreicherinnen mit slowenischer Umgangssprache (Volkszählung 2001) – nach eigener Einschätzung sind es 40 000–50 000 Personen – haben eine lange Geschichte, die bis ins 6. Jahrhundert zurückreicht. Nach dem Zusammenbruch des Habsburger Reiches rückten serbische Truppen in Kärnten ein, um den Anschluss Südkärntens an den neuen südslawischen Staat zu erzwingen. Am 10. Oktober 1920 stimmten aber 60 Prozent der mehrheitlich slowenischsprachigen Südkärntner für einen Verbleib bei Österreich. Ihnen war von der Regierung die Erhaltung ihrer nationalen Eigenheiten versprochen worden. Dennoch setzte bald ein starker Assimilationsdruck auf die slowenischsprachige Bevölkerungsgruppe ein. Ihre Sprache wurde zurückgedrängt, slowenische Aufschriften wurden entfernt, zweisprachige Schulen mit deutschnationalen Lehrern besetzt.

Auch nach dem Zweiten Weltkrieg kam es in Kärnten immer wieder zu politischen Auseinandersetzungen über die Minderheitenrechte, wobei es vor allem um die zweisprachigen Schulen und um die Aufstellung von zweisprachigen Ortstafeln ging. Zwar hat sich die Lage in den letzten Jahren entspannt, doch wurde die slowenische Sprache mehr oder weniger zu einer „Gottesdienst- und Küchensprache" reduziert. Heute existieren slowenische Schulen, und es gibt

Radio- und Fernsehsendungen in slowenischer Sprache. Auch ist die Kulturszene der slowenischen Sprachgruppe beachtlich. Dennoch ist der Assimilationsdruck stark, und von einem Klima der Toleranz kann nicht wirklich die Rede sein.

Der Streit um die zweisprachigen Ortstafeln in Kärnten ist jetzt beigelegt.

Del Vedernjak

Kurzvita

Ich wurde
Als Slovene geboren

Ich bin
Als Windischer
Zur Volksschule
Gegangen

Ich habe
In der Hauptschule
Die Muttersprache
Verlernt

Und mich am Arbeitsplatz
Schließlich mit dem
Kärntner Heimatdienst
Solidarisiert

Wir Slovenen
Sind nämlich
Immer schon
Deutsche gewesen

Die rund 20 000 burgenländischen Kroatinnen und Kroaten haben heute eine lebhafte Kulturszene – es gibt sogar kroatischsprachige Pop- und Rockgruppen –, und vor allem haben sie erreicht, dass Burgenländischkroatisch zur zweiten Amtssprache erklärt wurde. Auch wurde in der Stadt Oberwart ein zweisprachiges Gymnasium errichtet.

Die ungarische Volksgruppe im Burgenland (25 884 Personen) hat in den letzten Jahren auf kulturellem Gebiet ebenfalls viele Fortschritte gemacht. In den Schulen gibt es Ungarisch-Unterricht, im Radio und Fernsehen werden ungarische Sendungen ausgestrahlt. Allerdings fehlen noch immer die zweisprachigen Ortstafeln, die sich die Burgenland-Ungarn wünschen. Auch ihr Wunsch nach Ungarisch als Amtssprache wurde bis jetzt nicht erfüllt.

Eine dramatische Assimilierung hat die tschechisch/slowakische Volksgruppe in Wien durchgemacht. Lebten um 1900 noch rund 370 000 Tschechen und Slowaken im Großraum Wien, so bekennen sich heute nur noch 14 000 Menschen zu diesen Minderheiten.

Wie viele Roma und Sinti in Österreich leben, lässt sich nur schätzen. Tatsache ist, dass sie sich bereits im 16. Jahrhundert im Burgenland ansiedelten. Ihre Sprache, das Romanes, ist eine indogermanische Sprache. Da die Roma meistens arm waren, mussten sie von den Gemeinden erhalten werden, was zu Spannungen zwischen ihnen und der bäuerlichen Bevölkerung führte. In der Ersten Republik eskalierten die Konflikte, und in den dreißiger Jahren wurden die Voraussetzungen für die systematische Vernichtung der Roma durch die Nationalsozialisten geschaffen, die sich das Ziel setzten, das Burgenland „zigeunerfrei“ zu machen. Dazu hatten sie nach dem Anschluss von 1938 Gelegenheit. Die Roma wurden zunächst in Lagern interniert und später in KZs verschleppt, wo viele von ihnen ermordet wurden. Nur 600-700 haben den Holocaust überlebt. Heute beträgt ihre Zahl 4 300. Aber auch nach dem Zweiten Weltkrieg ging der Kampf der Roma um ein Überleben und um ihre Rechte weiter. Die Vorurteile vom „Zigeunerunwesen“ erwiesen sich als hartnäckig. Heute bekennen sich viele Roma zu ihrer Minderheit und pflegen ihre Traditionen und ihre verlorene Sprache. 1993 wurden sie vom Staat als Volksgruppe anerkannt, doch änderte dies nichts daran, dass sie nach wie vor Anfeindungen und Diskriminierung ausgesetzt sind. 1995 wurden vier Roma bei einem Bombenanschlag in Oberwart ermordet.

Österreich – Einwanderungsland?

Genauso wie vor dem Ersten Weltkrieg erwies sich Wien – und damit ganz Österreich – auch nach dem Zweiten Weltkrieg als Magnet osteuropäischer Migranten. In mehreren Wellen kamen nach 1945 Hunderttausende Arbeitsmigranten, Asylwerber, Vertriebene und andere Zuwanderer nach Österreich.

In den vierziger Jahren waren es vor allem die „Volksdeutschen“, die sich rasch integrierten, aber auch sehr viele Flüchtlinge aus Ungarn, der Tschechoslowakei und Polen. In den neunziger Jahren stieg die Zahl der Asylanten aus Osteuropa, dem Vorderen Orient und auch aus dem ehemaligen Jugoslawien. Lange war Österreich auch die Drehscheibe für jüdische Emigranten und Emigrantinnen aus der Sowjetunion, die allerdings großteils nach Israel und Übersee auswanderten. 2015 erlebte Österreich die siebente große Flüchtlingswelle der Nachkriegszeit: über 1 Million Flüchtlinge aus Syrien, Afghanistan und dem Irak durchquerten im Spätsommer Österreich, davon stellten 131 000 in Österreich einen Asylantrag. 2022 kommen abermals tausende Flüchtlings aus der Ukraine.

Der Brunnenmarkt in Ottakring ist einer der lebendigsten Wiener Märkte. Bunt, multikulturell und preiswert.

Neben den Aussiedlern und Flüchtlingen kamen seit dem Beginn der sechziger Jahre sehr viele ausländische Arbeitskräfte („Gastarbeiter“) nach Österreich. Zuerst kamen sie allein, später holten sie ihre Familienangehörigen nach und blieben im Land. Aus Gästen wurden Einwanderer, aus dem Gastland ein Einwanderungsland. Die Türkei stellte nach dem ehemaligen Jugoslawien das zweitgrößte „Gastarbeiterkontingent“. Überdurchschnittlich hoch ist der Ausländeranteil in Wien (42% aller Migranten in Österreich) und in Vorarlberg, wo sehr viele Arbeitskräfte aus der Türkei in der Textilindustrie beschäftigt sind. Türkisch ist dort nach Deutsch die zweithäufigste Umgangssprache. An manchen Wiener Schulen haben 80% der Kinder nicht Deutsch als Muttersprache. Im Jahr 2020 sprachen 30 Prozent der Kinder, die für eine Wiener Volksschule angemeldet waren, so wenig Deutsch, dass sie dem Unterricht nicht folgen konnte. In Graz gibt es 13 Schulen, wo 70% Prozent der Pflichtschulkinder eine andere Muttersprache als Deutsch hatten. Bis zu 20 Nationen sind hier vertreten. In manchen Schulklassen findet sich überhaupt kein Kind mehr mit deutscher Muttersprache (St. Andrä, Graz und Neue Mittelschule, Wien, Gassergasse).

Ein Großteil der Migrantinnen und Migranten arbeitet in Berufen mit niedrigem Sozialprestige (Reinigungsberufe, Schwerindustrie, Baugewerbe, Tourismus). Sie sind kaum in die österreichische Gesellschaft integriert und leben häufig in kleinen, überfüllten, aber oft teuren Substandardwohnungen in alten Häusern.

Die Einstellung der Österreicherinnen und Österreicher zu den Migranten ist ambivalent. Die meisten haben nichts oder nur wenig gegen jene, die unauffällig sind, sich anpassen und leicht „verösterreichern“ lassen. Der Gedanke allerdings, eine österreichische Frau beim Einkauf im Supermarkt Arm in Arm mit einem Schwarzen zu sehen, stößt die meisten ab.

Bei den politischen Parteien herrscht in der Frage der Migranten große Ratlosigkeit. Eine besonders restriktive Ausländerpolitik betreibt die Freiheitliche Partei, die immer wieder betont, dass Österreich kein Einwanderungsland, Wien keine Einwanderungsstadt sei. Menschen, die in Österreich bleiben wollen, hätten sich zu integrieren und österreichische Kultur und Lebensart anzunehmen. Andere wiederum meinen, Österreich müsse offen sein für Fremdes, Integration sei nur eine Frage der Zeit.

Tatsache ist, dass 2022 in Österreich 1 587 000 Ausländer leben, was an der Bevölkerungszahl gemessen den zweithöchsten Ausländeranteil in den EU-Ländern bedeutet. Mit 47 Prozent Ausländern liegt Luxemburg an der Spitze der EU-Einwanderungsstaaten, gefolgt von Österreich (17 Prozent) Estland und Lettland mit einem Anteil von 14 Prozent ausländischer Wohnbevölkerung. Polen, Rumänien, Litauen und Kroatien haben die geringsten Ausländeranteile (weniger als 2 Prozent.) Die Durchschnittsquote der EU ist 7,23 Prozent. Aus demografischen Gründen braucht Österreich aber nach Meinung von Experten pro Jahr 50 000 Zuwanderer, um den Arbeitsmarkt und 21 600, um die Bevölkerung zu stabil zu halten. Ein Einwanderungsstopp würde nämlich den Anteil der Alten in Österreich dramatisch erhöhen, es gäbe nicht genug Pflegepersonal in den Krankenhäusern (in Wien kommen viele Krankenschwestern aus den Philippinen), und Wien hätte im Jahr 2030 weniger als eine Million Einwohner. Tatsache ist, dass jährlich ziemlich genau 30 000 Menschen nach Österreich zuwandern, und zwar hauptsächlich Bürger aus EU-Mitgliedsstaaten, die ja überall in der Union Niederlassungsfreiheit genießen. Interessant ist dabei, dass die Deutschen die größte Gruppe von EU Bürgern stellen.

Experten sind der Meinung, dass Österreich eine „gezielte Einwanderungspolitik“ betreiben müsse, die die Zuwanderung kontrolliere und für eine soziale Integration sorge, wobei ein gewisses Maß an kultureller Vielfalt zu tolerieren sei, ohne dass die Österreicher ihre Identität aufgeben müssten. De facto ist Österreich jedenfalls längst zu einem Einwanderungsland geworden.

Interview mit Mirna Jukic: „Integration heißt nicht Aufgabe"

Mirna Jukic ist Österreichs erfolgreichste Schwimmerin der letzten Jahre. Die gebürtige Kroatin kam 1999 als Dreizehnjährige mit ihrem Vater nach Wien und hat seither viele Medaillen für Österreich gewonnen.

Standard: Sie sind 1999 als 13-Jährige mit Ihrem Vater von Zagreb nach Wien übersiedelt. Seit 2001 haben Sie viele Medaillen für Österreich gewonnen und gelten als Musterbeispiel für gelungene Integration. Das Land zeigt Sie gerne als Paradebeispiel für gelungene Integration her.

Jukic: Es war natürlich ein Glück, dass sich wichtige Leute für mich eingesetzt haben, dass ich nach einem Jahr schon die Staatsbürgerschaft erhalten habe. Aber ich habe mich auch schnell integriert, habe sehr schnell Deutsch gelernt, darauf bin ich stolz.

Standard: Fühlen Sie sich privilegiert, weil Ihr sportliches Talent die Einbürgerung beschleunigt hat?

Jukic: Es gibt halt etwas, das ich sehr gut kann. Und ich habe immer mein Bestes gegeben. Zu Beginn war es hart, mit 13 oder 14 fühlst du dich nicht wohl an einem neuen Ort. Viele lachen dich aus, wenn du sie nicht verstehen kannst. Die Sprache ist wichtig, Gott sei Dank bin ich da talentiert. Ich hab mich in der neuen Umgebung besonders bemüht, ich wollte mich integrieren, ich wollte beweisen, dass ich es verdient habe, hier zu sein.

Standard: Haben Sie den Fall der jungen Kosovarin Arigona verfolgt, deren Vater und vier Geschwister im Vorjahr nach sechs Jahren in Österreich abgeschoben wurden und die gemeinsam mit ihrer Mutter mit Schulschluss ebenfalls abgeschoben werden soll?

Jukic: Ich habe nicht verstanden, wieso die Familie wieder zurück muss und wieso das so gelaufen ist, ich verstehe es noch immer nicht. Manchmal passieren Dinge, die man nur schwer verstehen kann.

Standard: Sie stammen aus Vukovar, sind wegen des Kriegs nach Dubrovnik, später nach Zagreb übersiedelt und seit neun Jahren in Wien. Was bezeichnen Sie als Ihr Zuhause, Ihre Heimat?

Jukic: Ich habe nicht nur eine Heimat. Natürlich ist Wien eine Heimat, ich bin hier großgeworden, habe hier alles gelernt, was ich kann. Aber da, wo du herkommst, kommst du immer her, das ändert sich nicht. Ich freu mich, wenn ich nach Vukovar komme, meine Großeltern sind nach dem Krieg wieder dorthin zurückgegangen. Es ist schön dort, aber es ist auch furchtbar, weil es nie wieder so aussehen wird wie vor dem Krieg. Ich würde sagen, ich bin in Kroatien und Österreich daheim.

Standard: Kurz nach Ihnen ist auch Ihr zwei Jahre jüngerer Bruder Dinko nach Wien gekommen, auch er hat nach kurzer Zeit perfekt und fließend Deutsch gesprochen.

Jukic: Wir haben immer alle gebeten, uns auszubessern, wenn uns Fehler unterliefen. Dinko hat sowieso von Anfang an drauflosgeplappert. Wir haben auch unseren Vater ermutigt, Deutsch zu sprechen, nicht nur die paar Brocken, die er als Schwimmtrainer benötigt. Aber ältere Menschen haben es da etwas schwerer als Kinder.

Standard: Worauf führen Sie Ausländerfeindlichkeit in Wien, in Österreich zurück?

Jukic: Einige Menschen, die hier leben, werden immer ausländerfeindlich sein. Andere, die hierher kommen, wollen sich nicht anpassen. Das verstehe ich nicht, ich bin gegen jede Ghettobildung. Zwanzig Jahre in Wien zu leben und nicht Deutsch zu können, das ist eigentlich eine Frechheit. Ich war und bin für die Sprachtests vor der Einbürgerung. Eine neue Sprache zu lernen und sich zu integrieren heißt ja nicht, dass man seine Muttersprache aufgibt oder seine Kultur nicht mehr pflegt.

(Fritz Neumann, DER STANDARD Printausgabe 13.05.2008)

Gamsbart	Hutschmuck aus dem Haar des Gamsbockes
Roma und Sinti	Zigeuner (Selbstbezeichnung)
ein Windischer	Kärntner mit slowenischer Muttersprache, der das Slowenische nur in mundartlicher Form verwendet (oft als abwertend empfunden)
der Kärntner Heimatdienst	eine patriotische, eher rechtslastige Bürgerinitiative (Lobby) zum Schutz der „Deutschkärntner“
die Volksdeutschen	(Besonders im Nationalsozialismus) Bezeichnung für Personen deutscher Volkszugehörigkeit und nichtdeutscher Staatsbürgerschaft (besonders aus Südosteuropa)

2 9-mal Österreich: Die Bundesländer

Vorarlberg

Kurzinfo Vorarlberg

- Fläche: 2 601 km²
- Bevölkerung: 399 219
- Landesfarben: Rot-Weiß
- Landeshauptstadt: Bregenz (29 644 Einwohner)
- Spitzname: „Das Ländle“
- Hauptfluss: Rhein

„Vorarlberg ist ein selbstständiges Land des Bundesstaates Österreich.“ So steht es in der Landesverfassung von Vorarlberg, des flächenmäßig zweitkleinsten und nach Wien am dichtesten besiedelten Bundeslandes. Es nimmt in vieler Hinsicht eine Sonderstellung ein, gehört zum alemannischen Sprachraum, ist vom übrigen Österreich verkehrsgeografisch abgeschieden und erhielt praktisch alle politischen, wirtschaftlichen, sozialen und kulturellen Impulse von seinen westlichen Nachbarn. Dass Vorarlberg „Vor“Arlberg und nicht „Hinter“Arlberg heißt, hängt damit zusammen, dass die Habsburger auch Sitze in Freiburg und in der Schweiz hatten.

Das „Ländle“, wie Vorarlberg gerne genannt wird, hat eine lange demokratische Tradition. Die Menschen sind dort wenig autoritätsgläubig und gegenüber der Zentralgewalt in Wien misstrauisch. Als zum Beispiel die Österreichischen Bundesbahnen 1964 ein neues Bodensee-Schiff auf den Namen „Karl Renner“ (Bundespräsident 1945-1950) taufen wollten, zogen 20 000 Demonstranten zur Schiffswerft und tauften das Schiff kurzerhand auf den Namen „Vorarlberg“. Sparsamkeit, Tüchtigkeit und das Streben nach Eigentum gelten als alemannische Tugenden. Kritiker sprechen andererseits von einem „geistigen Provinzialismus“ (Helmut Pfanner), der im Land herrsche, was u.a. auf das Fehlen einer Universität zurückzuführen sei.

Mit seinem breiten Branchen- und Technologiemix und Tourismus zählt der Wirtschaftsstandort Vorarlberg zu den wirtschaftlich stärksten Regionen Europas.

Die Stickerei- und Strickwarenindustrie macht Vorarlberg zu einem wichtigen Textilland, aus dem rund ein Drittel der österreichischen Textilproduk-

Blick vom Pfänder

tion stammt, doch ist die Textilindustrie insgesamt veraltet. (Im europäischen Vergleich ist Österreich ohnehin nur ein kleiner Player. Die größten Textilproduzenten Europas sind Italien und Deutschland.) Von Bedeutung sind auch die Elektro-, Metall-, Maschinen- und Lebensmittelindustrie. Sessellifte, Schmelzkäse und Schokolade gehören zu den wichtigsten Exportartikeln. Eine wichtige Rolle spielt die Wasserwirtschaft.

Viele Vorarlbergerinnen und Vorarlberger arbeiten wegen der höheren Löhne in den Nachbarstaaten Schweiz und Liechtenstein. Diese Pendler bringen zwar relativ viel Geld nach Hause, jedoch hat das „Grenzgängertum" wegen der niedrigeren Preise in Deutschland zu einer Abwanderung der Kaufkraft geführt. In der Vorarlberger Industrie arbeiten auch relativ viele Menschen aus dem ehemaligen Jugoslawien und aus der Türkei – insgesamt sind es etwa 23 000. 4 100 Flüchtlinge aus den Krisengebieten sind 2015 zugezogen. Der Ausländeranteil an der Bevölkerung beträgt 18,2%.

Ein bedeutender Wirtschaftszweig ist der Tourismus. Als eines der schneereichsten Gebiete der Ostalpen ist das Land am Bodensee eine „Wiege" des alpinen Schilaufs. Wintersport und ein hohes Umweltbewusstsein sind dort keine Gegensätze. Sogar der Einsatz von Schneekanonen ist streng limitiert, obwohl ausgerechnet eine Vorarlberger Firma weltweit zu den größten Produzenten von Schneekanonen zählt.

Die Vorarlberger Kulturszene hat sich in den vergangenen Jahren beachtlich entwickelt. Zu den überregionalen Kulturveranstaltungen Vorarlbergs gehören neben der „Schubertiade" in Feldkirch vor allem die Bregenzer Festspiele mit ihrer Freilichtbühne im Bodensee, auf der im Sommer Opern aufgeführt werden.

alemannisch	deutsche Mundart, die in Baden-Württemberg, in der Schweiz, im Elsass und in Vorarlberg gesprochen wird

Tirol

Kurzinfo Tirol

- Fläche: 12 648 km^2
- Einwohnerzahl: 759 652
- Landesfarben: Weiß-Rot
- Landeshauptstadt: Innsbruck (130 973 Einwohner)
- Hauptfluss: Inn
- Höchster Ort Österreichs: Obergurgl (1 972 m)

Mit Tirol, einem der bekanntesten Urlaubsländer der Welt, verbinden sich Bilder von Bergen, Wäldern, Wintersport, bunten Trachtenuniformen und Blasmusikkapellen. Seinen Namen leitet Tirol vom Stammschloss der Grafen von Tirol bei Meran ab.

Werbeprospekte zeigen gerne die unberührte Natur Tirols, seine stillen Almwiesen, seine idyllischen Bauernhöfe. Doch die Zahl der landwirtschaftlichen Betriebe ist den letzten Jahrzehnten ständig gesunken. Besonders die jungen Leute wandern von den Berghöfen ab. Die Tiroler Bauern betreiben hauptsächlich Viehwirtschaft und exportieren ihre Produkte vor allem nach Deutschland und Italien.

Tirol hat eine starke wirtschaftliche Basis für Innovation und Kooperation und eine optimale Lage zwischen drei europäischen Ballungszentren und besitzt einige international bekannte Spitzenbetriebe. (Dieselmotoren, optische Geräte).

In den beinahe 338 000 Fremdenbetten (2020) in Tirol mit fast 50 000 000 Nächtigungen schlafen vor allem Deutsche, aber auch Gäste aus den Niederlanden, Österreich und der Schweiz. Tirol wurde zum Naherholungsraum süddeutscher Großstädte. Im Corona Pandemie Jahr (2020/2021) hat der Tourismus in Tirol einen deutlichen Rückgang zu verzeichnen.

Der Massentourismus hat viele ökologische Probleme mit sich gebracht. So werden für Schipisten und Seilbahnen ganze Wälder gerodet. Damit sind die Täler nicht mehr vor Lawinen und Muren geschützt. Die schwersten Schäden an Mensch und Natur verursacht aber die Verkehrslawine, die Tirol seit Jahren überrollt. Tirol ist ein wichtiges Transitland zwischen Nord- und Südeuropa, zwischen den Industrieländern und den Urlaubsgebieten. Besonders im Sommer droht dem Land auf seinen Transitstrecken immer wieder der Verkehrsinfarkt. Die Idee, den Verkehr auf die Eisenbahn zu verlagern, findet bei den lärmgeplagten Menschen zwar großen Beifall, dürfte aber nicht so bald realisiert werden.

Die Tirolerinnen und Tiroler haben ein sehr stark ausgeprägtes Landesbe-

Innsbruck, Goldenes Dachl

Patscherkofel, Aussichts- und Schiberg südöstlich von Innsbruck

Bauernhaus St. Sigismund

wusstsein. In der Geschichte galten sie stets als eigenwillig und freiheitsliebend. Die – im Unterschied zum übrigen Österreich – freien Bauern spielten eine große Rolle, und noch heute pochen Tiroler Politiker gerne auf ihre Eigenständigkeit.

1918 wurde Tirol in zwei Hälften geteilt. Südtirol musste an Italien abgetreten werden. Seither ist Osttirol von Nordtirol getrennt und kann nur über Salzburg oder über italienisches Territorium erreicht werden. Die „Südtirol-Frage“ beherrschte die österreichische Politik viele Jahrzehnte, ist aber heute weitgehend gelöst. In einer die staatlichen Grenzen überschreitenden „Euroregion“ Tirol arbeiten heute die beiden Teile Tirols zusammen.

Innsbruck erlebte unter Kaiser Maximilian I. um 1500 seine Blütezeit und hat eine sehenswerte Altstadt mit prachtvollen Renaissance-, Barock- und Rokokobauten. Innsbruck ist Universitätsstadt mit einer vielfältigen Industrie. 1964 und 1976 wurden die Olympischen Winterspiele in der Tiroler Landeshauptstadt abgehalten, und der Wintersport bestimmt die Stadt bis heute sehr stark.

Hans Haid: „Dorfbild 2009“

koa paamen	kein baum
koa blüema	keine blume
koa paure	kein bauer
koa sunna	keine sonne
koa moone	kein mond
koa kircha	keine kirche
koa darfle	kein dorf
koa fearnar	kein gletscher
koa freede	keine freude
olles völl galt	alles voller geld
und mittlat	und mittendrin
dr töet	der tod
dr wompate	der vollgefressene
töet	tod
wompat & töet	vollgefressen und tot
olles völl	alles voller
nöet	not
sooget	sagt
vrgaltsgött	vergeltsgott
und geat	und geht

Salzburg

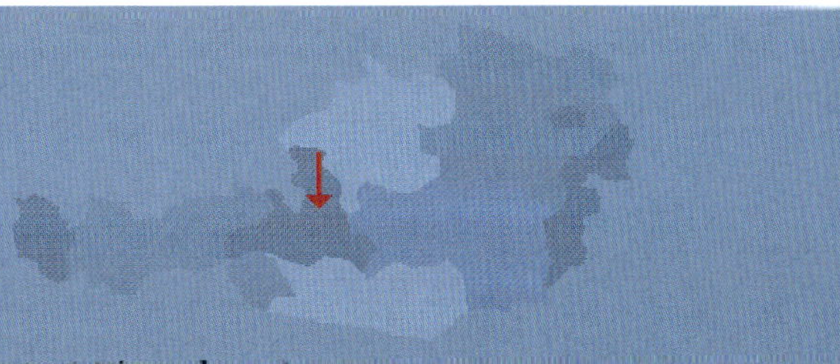

Kurzinfo Salzburg

- Fläche: 7 155 km²
- Einwohnerzahl: 559 873
- Landesfarben: Rot-Weiß
- Landeshauptstadt: Salzburg (154 996 Einwohner)
- Hauptfluss: Salzach
- Berühmtes Lied: „Stille Nacht, heilige Nacht“ entstand 1818 in Oberndorf bei Salzburg.

Salzburg heißt die bekannte Stadt, aber auch das Bundesland, in dem sie liegt, und darüber hinaus das Erzbistum, zu dem auch Teile von Tirol gehören. Der Name entstand auf Grund des Salzreichtums („weißes Gold“), der der Gegend jahrhundertelang Wohlstand und Macht sicherte. Zu achtzig Prozent ist Salzburg Gebirgsland, im Nordosten hat es Anteil an dem seenreichen Salzkammergut.

Salzburg, Panorama

Bereits 787 zum Erzbistum erhoben, war Salzburg Ausgangspunkt der Christianisierung im südöstlichen Alpenraum. Bis 1803 waren die Erzbischöfe zugleich die weltlichen Herrscher, erst 1816 wurde das Land als „Herzogtum Salzburg" ein Teil der Habsburgermonarchie.

Salzburg zählt seit Jahren zu den Bundesländern mit einer positiven wirtschaftlichen Entwicklung und ist heute ein attraktiver Wirtschaftsstandort. Das liegt an seiner günstigen Lage und der ausgeglichenen wirtschaftlichen Struktur. Die wichtigsten Wirtschaftszweige sind die Industrie (Nahrungs- und Genussmittel, chemische und Maschinenindustrie, Schierzeugung), die Energiewirtschaft, aber auch der Dienstleistungssektor (Großhandel, Speditionsgewerbe), die Rinderzucht sowie Milch- und Holzwirtschaft. Die reizvolle Landschaft und das kulturelle Angebot machen Salzburg zu einem idealen Tourismusland mit einem vielfältigen Angebot im Sommer und im Winter.

Mozarts Geburtshaus

Mit Recht hat Salzburg den Ruf, eine der schönsten Städte Europas zu sein und wurde 2020 zur besten Stadt zum Bereisen gekürt. Und es ist kein Wunder, dass die Stadt alljährlich riesige Touristenströme an sich zieht. Die kleine Altstadt ist jeden Sommer hoffnungslos verstopft. Als Geburtsort Mozarts hat Salzburg einen besonderen Ruf als Musikzentrum der Welt. Die Salzburger Festspiele, die seit 1920 jeden Sommer stattfinden, bringen Luxustouristen aus aller Welt in die Stadt. Die Barockstadt hat auch eine Universität und eine angesehene Musikuniversität, das Mozarteum.

In den letzten Jahrzehnten ist die Stadt sehr stark gewachsen, was viele Wohnungs- Schul- und Verkehrsprobleme mit sich gebracht hat.

„Amadeus“

Er ist der beliebteste Komponist der Österreicherinnen und Österreicher. 53 Prozent „lieben ihn sehr“. Und 60 Prozent haben zumindest ein Werk Mozarts einmal ganz gehört. An der Spitze der bekanntesten Werke steht *Die Zauberflöte*. Aber nicht alle denken beim Namen „Mozart“ nur an Musik. Salzburg und Mozart sind beinahe Synonyme, und nicht wenigen kommen bei Mozart eher Mozartkugeln in den Sinn, jene Süßigkeiten aus Marzipan und Schokolade, die zu den beliebtesten Mitbringseln aus Österreich zählen. Und welche Assoziationen haben Sie zu Mozart? Welches seiner Werke haben Sie einmal ganz gehört? Und welche Melodie von Mozart fällt Ihnen ein?

Steiermark

Kurzinfo Steiermark

- Fläche: 16 399 km^2
- Einwohnerzahl: 1 247 413
- Landesfarben: Weiß-Grün
- Landeshauptstadt: Graz (290 910 Einwohner)
- Waldanteil: 62 Prozent
- Höchster Berg: Dachstein (2 995 Meter)
- Hauptfluss Fluss: Mur

Der Fläche nach ist die Steiermark das zweitgrößte Bundesland der Republik Österreich. In der Bevölkerungsstatistik steht sie allerdings – nach Wien, Nieder- und Oberösterreich – erst an vierter Stelle.

„Grünes Herz Österreichs“ nennt sich die Steiermark gerne. Tatsächlich besteht etwa die Hälfte dieses Bundeslandes aus Wald. Drei Viertel der Landesfläche sind Berge und Hügel. Die großen Höhenunterschiede teilen die Steiermark in mehrere Klimalandschaften. Die tiefste Stelle des Landes mit nur 209 m Seehöhe liegt im südlichen Weinland und hat ein sonnig-mildes Klima. Von dort sind es nur wenige Autostunden in die hochalpine Region der Dachsteingruppe, einer der schönsten Gebirgslandschaften Österreichs. Mit 2 995 m ist der Dachstein der höchste Punkt des Bundeslandes.

Obwohl die Zahl der Bauernhöfe ständig zurückgeht, prägen Land- und Forstwirtschaft das Bild der Steiermark. Die wichtigsten Agrarprodukte sind

Graz, Hauptplatz mit Schloßberg

Das Kunsthaus in Graz

Gemüse, Mais, Hopfen, Kürbisse, Äpfel und Wein. Zu den steirischen Spezialitäten zählen das dunkle, aus Kürbiskernen gepresste „Kernöl". Ein Salat ohne Kernöl ist für viele Steirerinnen und Steirer unvorstellbar. Die Steiermark ist das Apfelland Nr. 1. Drei Viertel der Äpfel Österreichs werden in der Steiermark geerntet. Die Südsteirische Weinstraße punktet mit Landschaft und Lebensgefühl. Steirische Weine werden zum Großteil im eigenen Land getrunken, aber auch im Ausland haben sie sich inzwischen durchgesetzt und erhielten international anerkannte Preise. Die Wachauer (Niederösterreich) oder Burgenländer Weine machen allerdings den Großteil des Exports aus.

Holz ist der Rohstoff für die bedeutende Papierindustrie. Die Steiermark ist reich an Bodenschätzen (Kohle, Eisen), deren Abbau inzwischen allerdings unrentabel geworden ist. Viele Betriebe der Eisen verarbeitenden Industrie, die im 19. Jahrhundert entstanden, konnten nicht konkurrenzfähig bleiben und mussten geschlossen werden. In der Folge gingen zahlreiche Arbeitsplätze verloren, und viele Industriebetriebe der Obersteiermark machten einen Umstrukturierungsprozess durch. Innerhalb eines Jahrzehnts konnte sich die Steiermark so von einem Land mit gravierenden wirtschaftlichen Problemen zu einer Region entwickeln, in der sehr viele zusätzliche Arbeitsplätze geschaffen wurden. Die Voestalpine AG und der Weltkonzern Andritz Gruppe tätigen 2021 millionenschwere Investitionen. Mit Kunden weltweit gelang es der Steiermark, sich als eines der wichtigsten Automobilzentren Europas zu etablieren. Bei Magna Steyr in Graz wurden zum Beispiel 2021 knapp 150 000 Fahrzeuge gebaut. Kunden sind Mercedes, BMW, Toyota und Jaguar. Die Fertigung des E-SUV Fiskar Ocean startet 2022. Viele Firmen setzen auf Know-how von Magna Steyr, auch ein Joint-Venture mit China ist geplant.

Südsteirische Weinstraße mit Klapotetz

Der Grund für diesen Erfolg liegt u.a. darin, dass sich Unternehmen auf den High-Tech-Bereich konzentrieren und in Form von Cluster zusammenschließen. Dabei geht es um eine lose, partnerschaftliche Kooperation einzelner Firmen. Entscheidend ist auch die Zusammenarbeit mit universitären Forschungs- und Bildungseinrichtungen. Inzwischen kommen bereits 30 Prozent der High-Tech-Produkte mit der Bezeichnung „Made in Austria" tatsächlich aus der Steiermark. Am besten scheint das Clustersystem bei der Automobilzulieferindustrie zu funktionieren. Wird die Region Steiermark also wirklich noch ein „Silicon Valley Österreichs", wie manche Experten vermuten?

Bei all dem ist die Steiermark ein – noch nicht – überlaufenes Urlaubsland geblieben. Besonders beliebt ist sie bei den Wienerinnen und Wienern. Berge, Wald, gute Luft und gutes Essen sind die Hauptattraktionen. Rund 150 Orte bieten alle Möglichkeiten zum Wintersport. Zu Touristenhits haben sich die Thermalbäder im Südosten des Bundeslandes entwickelt.

Die Region Graz ist mit einer Bevölkerung von bald 500 000 das wirtschaftliche Zentrum der Steiermark. Graz ist nicht nur Landeshauptstadt sowie Universitäts-, Theater- und Messestadt, sondern auch ein Kulturzentrum von Rang. 2003 war Graz als erste Stadt Österreichs Kulturhauptstadt Europas. Im Spätmittelalter residierten hier die Habsburger, die als Erbe eine der größten und besterhaltenen Altstädte Mitteleuropas hinterließen. Heute liegt die Steiermark im Herzen der EU.

Kärnten

Kurzinfo Kärnten

- Fläche: 9 537 km^2
- Einwohnerzahl: 562 506
- Landesfarben: Gelb-Rot-Weiß
- Landeshauptstadt: Klagenfurt (101 758 Einwohner)
- Wichtigster Fluss: Drau
- Größter See: Wörther See
- Höchster Berg: Großglockner (3 798 Meter)
- In Kärnten liegt der südlichste Punkt Österreichs.

Kärnten ist das fünftgrößte Bundesland Österreichs, aber nur sieben Prozent der österreichischen Bevölkerung leben dort. Als einziges Bundesland liegt Kärnten vollständig südlich des Alpenhauptkammes. Die zahlreichen warmen und sauberen Seen – bei fast allen wird die Trinkwasserqualität betont – und das milde Klima haben Kärnten zu einem beliebten Urlaubsland mit einem großen Angebot an Sportaktivitäten gemacht. Diese reichen vom traditionellen Wandern und dem trendigen Nordic Walking bis hin zu Rafting und Canyoning und anderen Sportarten für Abenteuerlustige. Snowboarden und neuerdings Snowbiken und Eistauchen erweitern das Angebot im Winter. Die Region um den Wörther See und die Wintersportgebiete des Landes erzielten auch 2021 den Großteil der Übernachtungen Kärntens, allerdings holen andere Gemeinden auf (Hermagor, Millstatt, Ossiach). Mit seinem Casino kommt besonders Velden am Wörther See seinem Ruf nach, ein Society- und Partytreff für die Reichen zu sein.

Mit der neun Kilometer langen Pasterze, dem größten Gletscher der Ostalpen, besitzt Kärnten eine Natursehenswürdigkeit, die auf der 1935 erbauten Großglockner-Hochalpenstraße leicht erreicht werden kann.

Nach dem Zerfall der Habsburgermonarchie und der Entstehung des Königreiches der Serben, Kroaten und Slowenen (später Jugoslawien) kam es zu Gebietsforderungen der jugoslawischen Regierung und zu Grenzkämpfen im Süden Kärntens, der überwiegend von Slowenen bewohnt war. In einer Volksabstimmung sprach sich jedoch 1920 die Mehrheit der Kärntner Slowenen für einen Verbleib des Landes bei Österreich aus. Die slowenische Minderheit erhielt besondere Rechte, die ihre kulturelle und wirtschaftliche Existenz sichern sollten, um die es aber bis heute Diskussionen gibt. Die deutschsprachigen Kärntner haben sich nicht immer tolerant gezeigt, die Nationalsozialisten wollten die Slowenen ein-

Der Lindwurm ist das Wahrzeichen von Klagenfurt.

deutschen bzw. aussiedeln, und auch nach 1945 kam es zu Konflikten zwischen den beiden Kärntner Volksgruppen. Besonders um die Aufstellung zweisprachiger Ortstafeln entstand immer wieder Streit. Heute wird in einigen Kärntner Schulen Slowenisch unterrichtet, in Klagenfurt gibt es ein Slowenisches Gymnasium, und Slowenisch ist neben Deutsch bei manchen Behörden Amtssprache. Dennoch schreitet die Assimilierung der slowenischen Volksgruppe ständig fort.

Das Verwaltungszentrum Kärntens ist Klagenfurt, eine Universitäts-, Schul- und Sportstadt, die sich aber auch als Freizeit-, Einkaufs- und Gartenstadt am Wörther See sieht.

Wirtschaftlich hat auch Kärnten in den letzten Jahren eine beachtenswerte Entwicklung durchgemacht. Vom Schlusslicht Österreichs zum „Vorzeigebundesland" mag zwar noch ein Stück Weges liegen - bei Einkommen, Kaufkraft und Arbeitslosenrate hat Kärnten einen Nachholbedarf – doch präsentiert sich Österreichs südlichstes Bundesland gerne als europäische Wirtschaftsregion der Zukunft. Was suchen Kärntens Unternehmerinnen und Unternehmer in Slowenien, Barcelona, Venedig oder Albanien? Sie suchen Input, Know-how und Kontakte. Kärnten hat eine außergewöhnliche Leistung in der Exportwirtschaft vollbracht. Aber das politische Klima in Kärnten, der Streit um zweisprachige Ortstafeln, der 2011 beigelegt wurde, und der Umgang mit der slowenischen Minderheit sind für eine positive Weiterentwicklung des Landes nicht unbedingt förderlich.

Bei all dem ist aber nicht zu vergessen, dass Kärnten auch ein reges Kulturleben hat. So finden im Sommer rund um die Seen verschiedene Musikfestivals wie die „Musikwochen Millstatt“ und der „Carinthische Sommer“ statt. International bekannt sind die „Tage der deutschsprachigen Literatur“ in Klagenfurt, bei denen jedes Jahr Autorinnen und Autoren aus dem gesamten deutschen Sprachraum aus ihren Texten lesen, in der Hoffnung, den angesehenen Ingeborg-Bachmann-Preis zu gewinnen.

Bernhard C. Bünker: „Im Summa“

Im Summa kemment	Im Sommer kommen
heifig deitsche Madln	mehr als genug deutsche Mädchen
mit vül Göld	mit viel Geld
fia unsre Buam	für unsere Burschen
Und Summagäst	Und Sommergäste
mit teire Autos	mit teuren Autos
gibts fia unsre Madln gnuag	gibt es für unsere Mädchen genügend
Da Dienst am Summagost	Der Dienst am Sommergast
is uns a eanstzunehmendes Gebot	ist uns ein ernst zu nehmendes Gebot
Wea do nit mithülft	Wer da nicht mithilft
Is ka guata Kantna nit ...	ist kein guter Kärntner ...

Oberösterreich

Kurzinfo Oberösterreich

- Fläche: 11 982 km²
- Einwohnerzahl: 1 495 952
- Landesfarben: Weiß-Rot
- Landeshauptstadt: Linz (206 537 Einwohner)
- Land der Gegensätze: Industrie und Landwirtschaft, Umweltverschmutzung und romantische Landschaften, Folklore und Avantgarde
- Wichtigster Fluss: Donau
- Größter Alpensee Österreichs: Attersee

Oberösterreich stellt einen Übergangsraum vom gebirgigen Westen zum flachen Osten dar. Wirtschaftlich hat Oberösterreich im 20. Jahrhundert einen großen

Strukturwandel vom Agrar- zum Industrieland vollzogen und gehört heute mit seinem dicht geknüpften Technologie-Netzwerk zu den dynamischsten Industrieregionen Österreichs. Die Expansion der nicht-agrarischen Wirtschaftszweige verlief parallel zu einer Entvölkerung des ländlichen Raumes. Besonders während des Zweiten Weltkrieges und nach 1945 wurde die Industrie ausgebaut. Die Industrialisierung machte die Region Linz zum zweitgrößten Ballungsraum Österreichs. Der wirtschaftliche Schwerpunkt liegt nach wie vor in der traditionellen Grundstoffindustrie von Eisen und Stahl, der chemischen Industrie und der Fahrzeugbranche (BMW). 2018 wird der Flugzeugkomponentenhersteller FACC Technologiepartner von Airbus. Linz ist eine der saubersten Industriestädte in der EU. Oberösterreich hatte 2021 mit 5% die niedrigste Arbeitslosenquote Österreichs.

Blick über Linz vom Pöstlingberg

Oberösterreich ist trotz der drastischen Abnahme der Agrarbevölkerung das Agrarland Nr. 1 geblieben (Weizen, Mais, Zuckerrüben, Viehzucht). Die oberösterreichischen Bäuerinnen und Bauern sind ein bedeutender Wirtschaftsfaktor und sorgen überdies für eine intakte Kulturlandschaft.

Die Landschaft Oberösterreichs wird stark von den charakteristischen burgenähnlichen „Vierkanthöfen“ geprägt, die davon zeugen, dass es in Oberösterreich auch noch heute einen reichen und selbstbewussten Bauernstand gibt.

Das waldreiche Mühlviertel im Norden ist ein ideales Naherholungsgebiet für die Linzer.

Stift St. Florian

Im Süden liegen die zahlreichen romantischen Seen des Salzkammergutes, im Westen findet man prachtvoll restaurierte Städte wie Braunau und Schärding. Eindrucksvoll sind die vielen Klöster und Stifte aus der Barockzeit.

Auf kulturellem Gebiet kann Oberösterreich mit den anderen Bundesländern mithalten. Linz ist seit 1966 Universitätsstadt und hat sich mit der Musik Anton Bruckners, dem Festival für Kunst und Technologie, „ars electronica“, und der „Linzer Klangwolke“ kulturell auch international profiliert. Im Jahr 2009 war Linz die „Kulturhauptstadt“ Europas. Im April 2013 wurde das neue Musiktheater nach einem Entwurf von Terry Pawson eröffnet.

der Vierkanthof, -höfe	Bauernhof, der alle vier Hausteile (Wohnhaus, Stall, Scheune und Schuppen) vereinigt

Niederösterreich

Kurzinfo Niederösterreich

- Fläche: 19 180 km^2
- Einwohnerzahl: 1 690 9491
- Landesfarben: Blau-Gelb
- Landeshauptstadt: St. Pölten (55 867 Einwohner)
- Wichtigster Fluss: Donau
- Der nördlichste Punkt Österreichs liegt in Niederösterreich.

Niederösterreich, flächenmäßig das größte und historisch das älteste Gebiet Österreichs, ist das Kernland der heutigen Republik. Hier war „Ostarrichi“, wie die älteste Form des Namens Österreich lautete.

Durch die Jahrhunderte war Wien das Verwaltungszentrum des Landes und wurde erst 1920 aus Niederösterreich ausgegliedert. Allerdings erfüllte Wien noch lange die Funktion einer Landeshauptstadt Niederösterreichs. Dies änderte sich erst 1986, als nach intensiven Diskussionen und einer Volksbefragung (Wahlslogan: „Ein Land ohne Hauptstadt ist wie ein Gulasch ohne Saft.“) St. Pölten, mit rund 56 000 Einwohnern die größte Stadt Niederösterreichs, die Hauptstadt wurde. Ehrgeizige Architekturprojekte, wie das 1997 eröffnete Festspielhaus, sollen aus der verträumten Barockstadt ein urbanes Zentrum machen und mithelfen, dem Land eine eigene Identität zu geben.

Niederösterreich hat sich mit seiner abwechslungsreichen Landschaft in den letzten Jahren auch zum Urlaubsland entwickelt. Dem Agrarsektor kommt trotz des ständigen Rückganges der landwirtschaftlichen Betriebe noch immer sehr großes Gewicht zu. Das Land ist Hauptanbaugebiet für Brotgetreide (Weizen, Roggen, Dinkel) und gilt als die „Kornkammer“ Österreichs. 80 Prozent aller in Österreich aus der Erde gegrabenen Kartoffeln kommen aus Niederösterreich, das auch eine lange Tradition im Weinbau hat. Die beliebteste Weißweinsorte ist der „Grüne Veltliner“, den die Österreicherinnen und Österreicher am liebsten gleich zu Hause trinken.

Semmering, Niederösterreich

Niederösterreich beherbergt auch das älteste Industriegebiet Österreichs. Besonders im Raum Wien befinden sich Betriebe aller Art: Textil-, Maschinen-, und Glasfabriken, Betriebe der Baustoff- und Kunststoffindustrie und viele andere. Die Bezirke in der Umgebung von Wien zählen zu den dynamischsten des Bundesgebietes. Nur schwach industrialisiert ist hingegen der Norden des Landes, der sich jedoch durch die Öffnung der Grenzen zu Tschechien einen wirtschaftlichen Aufschwung erhofft. Nach wie vor ist die Sogwirkung Wiens sehr groß; viele Menschen pendeln täglich zur Arbeit in die Bundeshauptstadt.

Niederösterreich ist das traditionelle Ferien- und Ausflugsgebiet der Wienerinnen und Wiener. Besonders beliebt ist die Wachau, das romantische Donautal zwischen Melk und Krems westlich von Wien mit seinen Weingärten, Burgruinen und Schlössern.

Das Kulturleben Niederösterreichs ist noch immer stark auf Wien ausgerichtet. Doch das Bundesland hat ehrgeizige Pläne, auch hier eigene Akzente zu setzen. So entstand in St. Pölten ein imposanter Kunstbezirk, an dem einige der besten Architekten Österreichs mitarbeiteten. Das Musikfestival in Schloss Grafenegg zieht weltberühmte Künstler an. Mit dem Arnulf Rainer Museum in Baden bei Wien, dem nitsch museum in Mistelbach und dem Karikaturmuseum in Krems a.d. Donau werden auch zeitgenössische österreichische Künstler gewürdigt.

Wien

Kurzinfo Wien

- Fläche: 415 km^2
- Einwohner: 1 914 743
- Farben: Rot-Weiß
- Politisches, kulturelles und wirtschaftliches Zentrum Österreichs

Wien ist zwar flächenmäßig das kleinste Bundesland, einwohnermäßig aber das größte und am dichtesten besiedelte. Und Wien ist nicht nur die Bundeshauptstadt Österreichs, sondern zugleich ein eigenes Bundesland. Den Aufstieg zu einer bedeutenden Stadt verdankt Wien seiner günstigen Lage an der Kreuzung europäischer Verkehrsadern. Bereits die Römer errichteten hier ein Militärlager. Unter den Habsburgern wurde die Stadt zum Macht-, Verkehrs- und Wirtschaftszentrum eines europäischen Großreiches, das viele Jahrhunderte bestand.

Die entscheidenden Wachstumsimpulse erhielt Wien im 19. Jahrhundert. Aus allen Teilen der Monarchie strömten Menschen unterschiedlichster Nationalität in die Stadt. 1890 waren über 65 Prozent der „Wiener“ nicht in Wien geboren, 1908 überschritt die Einwohnerzahl der Stadt die Zwei-Millionen-Grenze. Für alle Zuwanderer musste rasch Wohnraum geschaffen werden, und es entstanden in den äußeren Stadtbezirken die trostlosen Mietshäuser, in denen heute oft Migranten und Flüchtlinge leben.

Unter Kaiser Franz Joseph (1830-1916) erlebte Wien eine glanzvolle Phase. Die Ringstraße mit ihren Prachtbauten im Stile des Historismus prägt das heutige Stadtbild. Wien wurde eine europäische Kulturmetropole.

Nach dem Ersten Weltkrieg wurde aus Wien, bis dahin Mittelpunkt eines Vielvölkerreiches mit 52 Millionen Einwohnern, die überdimensionierte Hauptstadt eines Kleinstaates. Das Wort vom „Wasserkopf“, der auf Kosten der Länder immer größer wurde, entstand. Zwischen Wien und den Bundesländern kam es zu Rivalitäten, die immer wieder aufflackern.

Heute ist die Stadt nicht nur ein kunsthistorisches und kulturelles Zentrum ersten Ranges, sondern auch Sitz internationaler Organisationen wie der UNO und der OPEC sowie das größte Wirtschaftszentrum Österreichs. Mit seinem reichhaltigen kulturellen Angebot ist Wien eine wichtige Tourismusstadt und einer der meist besuchten Kongressorte der Welt. Die Innenstadt und die Schlösser Belvedere und Schönbrunn gehören zum Weltkulturerbe der UNESCO. Schönbrunn nimmt auf der Hitliste der Sehenswürdigkeiten einen Spitzenplatz ein. Und dass Wien in mehreren globalen Städtevergleichen, bei denen politische, wirtschaftliche und soziale Aspekte, aber auch die Umwelt und vor allem Sicherheit bewertet wurden, immer sehr gut abschnitt, freut nicht nur Tourismusexperten. Die Wiener und Wienerinnen wissen ohnedies, dass ihre Stadt super ist. Sie gehört zu den Städten mit der höchsten Lebensqualität.

Wien, Karlskirche

Die Öffnung der osteuropäischen Grenzen bietet der Stadt große Chancen, lassen sich doch zahlreiche ausländische Firmen in Wien nieder, um von hier aus die neuen Märkte bearbeiten zu können. Zugleich aber kommen immer mehr Menschen aus dem Osten Europas nach Wien und suchen hier Arbeit und Wohnung. Sie lösen bei der Bevölkerung oft Verunsicherung und Ängste aus, die immer wieder in Fremdenfeindlichkeit umschlagen. Nach der Flüchtlingswelle 2015 scheint sich für Wien die Geschichte zu wiederholen. Die Stadt, die, wie ein Blick ins Telefonbuch zeigt, früher schon vom Zuzug aus dem Osten lebte, beherbergt heute einen Großteil der Migranten und Migrantinnen Österreichs.

Wien, Haas-Haus

Alois Brandstetter: „Wien für Linzer Begriffe“

Wien ist ein bisserl groß für Österreich. Das heutige Österreich ist ein bisserl zu klein für seine Hauptstadt. Wien liegt leider ein bisserl am Rande. Es wäre wirtschaftlich gesehen ein bisserl günstiger, wenn Österreich im Osten noch ein bisserl weiterginge. Österreich bricht aber hinter Wien ein bisserl jäh ab.
Immer sind die übrigen Österreicher ein bisserl schlecht auf die Wiener zu sprechen. Die Wiener wieder verachten die übrigen Österreicher ein bisserl. Sie sa-

gen, sie sind ein bisserl geschert. Dabei würde Wien ohne Zuzug aus den Bundesländern ein bisserl aussterben. Die Bevölkerung ist auch so schon ein bisserl zurückgegangen. Wer aus der Provinz das erste Mal nach Wien kommt, ist schon ein bisserl erstaunt. Die Häuser sind ein bisserl gar hoch für Linzer Begriffe. In Linz ist alles ein bisserl kleiner, auch der Verkehr ist ein bisserl schwächer in Linz. Die Donau ist bei Wien ein bisserl breiter. Dafür ist sie aber in Linz noch ein bisserl sauberer. Blau ist die Donau bei Wien kein bisserl.
Die Wiener sind ein bisserl faul. Oft sitzen sie in Heurigenlokalen ein bisserl herum und singen und tanzen ein bisserl. Im Parlament wird ein bisserl über den Fortschritt debattiert. Die Vorarlberger Abgeordneten hätten gern ein bisserl mehr Föderalismus. Da raunzen die Wiener Abgeordneten ein bisserl.

ein bisserl	österreichisch: ein bisschen, ein wenig
jäh	plötzlich
geschert	grob, unfreundlich
das Heurigenlokal, -e	Lokal, wo es jungen Wein gibt
raunzen	kritisieren

Burgenland

Kurzinfo Burgenland

- Fläche: 3 965 km²
- Einwohnerzahl: 295 983
- Landesfarben: Rot-Gold
- Landeshauptstadt: Eisenstadt (14 882 Einwohner)
- Größter See: Neusiedler See (ein Stück gehört zu Ungarn)

Das Burgenland, Österreichs „jüngstes Kind“, liegt an der österreichisch-ungarischen Grenze. Es wurde nach dem Ersten Weltkrieg Österreich zugesprochen, aber erst 1921, nach erheblichem Widerstand Ungarns, auch angeschlossen. Wer den Namen „Burgenland“ erfand, darüber gab es einen Streit. Man weiß es nicht so genau. Zuerst sollte das lange als Deutsch-Westungarn bekannte Gebiet nach den Komitaten Pressburg (Bratislava, ung. Pozsony), Wieselburg (Moson), Ödenburg (Sopron) und Eisenburg (Vas), „Vier“- bzw. „Dreiburgenland“ benannt werden, obwohl man wusste, dass Österreich nicht alle vier bekommen würde. So einigte man sich auf den Namen „Burgenland“.

Im Burgenland überschneiden sich mehrere Landschaften, Klimazonen und ethnisch-kulturelle Einflusssphären. Um den schmalen, lang gestreckten Landstreifen am Ostrand der Alpen, der seit dem 6. Jahrhundert von Slawen, Deutschen und Magyaren bewohnt wurde, gab es immer wieder Kämpfe. Die slawische und magyarische Besiedlung hat sich in einigen Orts- und Flurnamen niedergeschlagen. Ungarisch ist heute die Gebrauchssprache für rund 5 000 Burgenländer.

Im 16. Jahrhundert wurden Kroaten ins Land geholt, weshalb es heute noch kroatische Sprachinseln gibt. Allerdings ist die Zahl jener Burgenländer, die Kroatisch sprechen, sehr stark zurückgegangen. Es sind heute rund 19 000 (7,3 Prozent).

Das Burgenland ist landwirtschaftlich geprägt. Getreide, Futterpflanzen und Zuckerrüben, aber auch Gemüse, Obst und vor allem erstklassige Weine werden angebaut. Industrie gibt es nur wenig.

Aus wirtschaftlichen Gründen wanderten in den letzten hundert Jahren rund 300 000 Menschen aus dem Burgenland aus, vor allem nach Nordamerika. In Chicago leben angeblich mehr Burgenländer als in Eisenstadt. Heute müssen die Burgenländer nicht mehr auswandern, viele pendeln jedoch nach Wien, Graz und in andere größere Städte, weil sie in ihren Heimatorten keine Arbeit finden.

Szenen aus dem Burgenland

Der Neusiedler See, das „Meer der Wiener“, ist ein beliebtes Ferien- und Ausflugsgebiet. Ein breiter Schilfgürtel, in dem 280 verschiedene Vogelarten nisten, umgibt den See. Kaum irgendwo prallen Naturschutz und Kommerz so aufeinander wie hier. Segler und Surfer, vor allem aber die zahlreichen Wochenendhäuser und Schwimmbäder sind eine große Gefahr für das ökologische Gleichgewicht des Sees.

Eisenstadt, im 17. und 18. Jahrhundert der kulturelle Mittelpunkt Westungarns und Wirkungsstätte Joseph Haydns, ist seit 1925 die Landeshauptstadt des

Burgenlandes. Die Öffnung der Grenze zu Ungarn machte das Burgenland in den letzten Jahrzehnten zu einem wichtigen Transitland. 1989 und 2015 erlebte es einen unerwarteten Flüchtlingsstrom: Zehntausende DDR-Bürger kamen 1989 über Ungarn nach Österreich und 2015 Hunderttausende aus den Krisengebieten im Nahen Osten. Heute ist das Burgenland, das jahrhundertelang Grenzland war, in die Mitte Europas gerückt.

Komitat ungarische Verwaltungseinheit

Das Bundesländer-Quiz
Welche Aussage passt zu welchem Bundesland?

1. Dieses Bundesland wird gerne als das „Ländle" bezeichnet. Es gehört zum alemannischen Sprachraum.
2. Hier gibt es einen großen See, der ein beliebtes Ferien- und Ausflugsgebiet der Wienerinnen und Wiener ist.
3. Die größte Stadt des Landes ist zugleich ein Bundesland.
4. In diesem Bundesland gibt es eine slowenische Minderheit.
5. „Grünes Herz Österreichs" nennt sich dieses Bundesland. Die Hälfte der Landesfläche besteht aus Wald.
6. Die Hauptstadt dieses Bundeslandes gilt als eine der schönsten Städte Europas. Ein berühmter Komponist wurde dort geboren.
7. Es ist eines der bekanntesten Urlaubsländer der Welt und ein wichtiges Transitland zwischen Nord- und Südeuropa.
8. Seine Hauptstadt ist ein wichtiges Industriezentrum. Der wirtschaftliche Schwerpunkt liegt in der Grundstoffindustrie von Eisen und Stahl.
9. St. Pölten ist seit 1986 Landeshauptstadt.
10. Das Schloss Schönbrunn nimmt auf der Hitliste der Sehenswürdigkeiten einen Spitzenplatz ein.

Für jede richtig beantwortete Frage gibt es 1Punkt.

10 Punkte:	Einfach super!
8-9 Punkte:	Woher wissen Sie das alles?
6-7 Punkte:	Guter Durchschnitt
5 Punkte und weniger:	Auf einigen Gebieten gut informiert, aber es gibt noch weiße Flecken.

Richtige Antworten: 1. Vorarlberg; 2. Burgenland; 3.Wien; 4. Kärnten; 5. Steiermark; 6. Salzburg; 7. Tirol; 8. Oberösterreich; 9. Niederösterreich; 10. Wien.

3 Österreichs Geschichte

Ostarrichi

Österreichs Geographie prägt seine Geschichte. In den Ebenen, im Hügelland und an den Rändern der Gebirge konnten sich schon sehr früh Kulturlandschaften und Staatsgebiete entwickeln. Um 1000 v. Chr. siedelten sich Illyrer, ein indoeuropäisches Volk, am Alpen-Ostrand an, wo es viele Bodenschätze gab. Von ihrem hohen zivilisatorischen Niveau zeugen Funde, die bei Hallstatt in Oberösterreich gemacht wurden. Später entstand in Kärnten Norikum, ein keltischer Staat. Die Römer dehnten dann ihr Reich bis an die Donau aus, die lange nicht nur politische Grenze, sondern auch Grenze zwischen römisch-christlicher und germanisch-heidnischer Kultur blieb. Die Römer bauten Straßen und gründeten Siedlungen, aus denen sich später österreichische Städte entwickelten: Vindobona-Wien, Lentia-Linz, Juvavum-Salzburg, Brigantium-Bregenz.

Während der Völkerwanderung (4. Jahrhundert) wurde das Alpenvorland ein wichtiger Durchgangs- und Verbindungsraum. Germanische Völker überrannten die römischen Donau- und Alpenprovinzen. Sie stießen mit den Slawen zusammen, die ebenfalls in den Raum eingedrungen waren. Zwischen 500 und 700 wanderten die Baiern in das Land ein, nahmen es in Besitz und kolonisierten es. Karl der Große gründete nach seinem Sieg über das Reitervolk der Awaren eine Grenzmark im Raum zwischen Enns und Wien, die allerdings später von den Ungarn angegriffen wurde. Nachdem im 10. Jahrhundert auch die Ungarn besiegt worden waren, entstand diese Grenzmark zum zweiten Mal. Die Familie der Babenberger übernahm darin die Herrschaft. Die Babenberger drängten die Ungarn weiter zurück und erweiterten die Mark nach Osten und Süden. Wien wurde ihre Residenzstadt. Aus den großen Kämpfen der Zeit hielten sie sich sehr geschickt heraus,

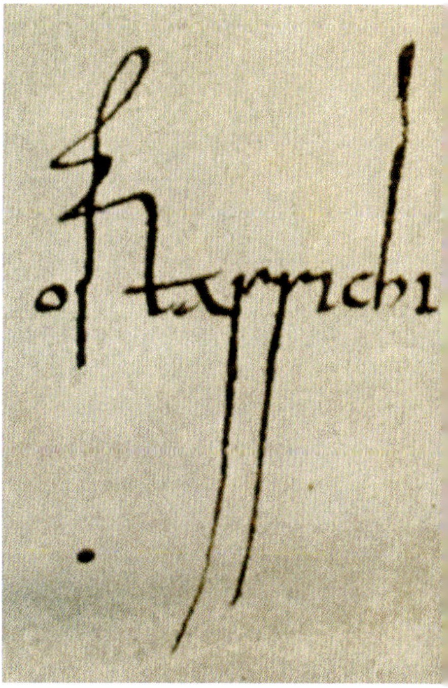

Die älteste erhaltene Form des Namens „Österreich" aus dem Jahr 996.

Opferwagen von Strettweg (Beigabe eines hallstattzeitlichen Reitergrabes)

sodass das Land unter ihrer Herrschaft eine wirtschaftliche und kulturelle Blütezeit erlebte. Vor allem aber verstanden es die Babenberger in den 270 Jahren ihrer Regierung ihren Besitz auf friedlichem Wege zu vergrößern. So erbten sie die Steiermark und kauften die Städte Linz und Wels.

Die Babenberger schufen das Fundament für einen eigenen österreichischen Staat. 996 taucht zum ersten Mal in einer Urkunde der Name Österreich als „Ostarrichi" (= Land im Osten) auf. Und 1996 wurde der tausendste „Namenstag" des Landes mit vielen Veranstaltungen groß gefeiert. Allein durch seine Grenzlage gewann Österreich schon unter den späteren Babenbergern eine große Eigenständigkeit innerhalb des Heiligen Römischen Reiches.

Habsburg

Als die Babenberger 1246 ausstarben, fielen deren Länder – nach einem Interregnum – im Jahr 1273 an die Habsburger. Der Stammsitz der Habsburger lag in der Schweiz. Auch im schwäbischen Raum hatten sie große Besitzungen. So ist es verständlich, dass sie versuchten, ihren neuen Besitz im Osten des Reiches mit dem alten zu verbinden. Da sie als Könige und Kaiser an der Spitze des Reiches standen, wollten sie auch ihre „Hausmacht" vergrößern. Ohne eine solche war die Stellung eines Kaisers des Heiligen Römischen Reiches fast bedeutungslos.

Um die Mitte des 14. Jahrhunderts erwarben die Habsburger Kärnten, Tirol und Teile von Vorarlberg. Damit hatten sie sich einen Korridor aus eigenen Besitzungen zwischen Wien und der Schweiz errichtet. Ihre Schweizer Stammbesitzungen verloren sie allerdings schon sehr früh. In den folgenden Jahrhunderten gingen sie systematisch daran, ihre Hausmacht zu vergrößern. Das taten sie nicht zuletzt durch eine kluge Heiratspolitik. So erheiratete sich Maximilian I. 1477 Burgund und die Niederlande. Als Maximilians Sohn eine spanische Prinzessin heiratete, fiel Spanien mit seinem riesigen Kolonialreich an die Habsburger. Karl V. (1500-1558) vereinigte alle habsburgischen Länder in einer Hand. Die Habsburger waren zur mächtigsten Dynastie Europas, ihre Hausmacht war zur Weltmacht geworden. Mit Recht konnte Karl V. sagen, dass in seinem Reich die Sonne nie unterginge.

Später wurde dieses riesige Reich auf mehrere Linien der Familie Habsburg aufgeteilt. Die österreichisch-deutsche Linie versuchte, ihre Hausmacht im Osten weiter auszubauen. Als Kaiser Ferdinand I. 1526 Ungarn und Böhmen erbte, waren die Umrisse der späteren österreichisch-ungarischen Monarchie festgelegt. Freilich entwickelten sich die Länder, über die die Habsburger herrschten, noch lange eigenständig. Durch die gemeinsame Dynastie entstand jedoch ein Zusammengehörigkeitsgefühl. Auch in politischer, wirtschaftlicher und kultureller Hinsicht wurden die Verbindungen der so verschiedenartigen Länder immer enger. In Wien liefen alle Verbindungen zusammen. Die Stadt entwickelte sich zur glanzvollen Metropole eines mächtigen Reiches.

Hausmacht	Territorialmacht einer Dynastie

Maria Theresia

Eine der bedeutendsten Herrscherpersönlichkeiten der Habsburger war Kaiserin Maria Theresia. Als sie 1740 mit dreiundzwanzig Jahren die Regierung antrat, war Österreich ein großes und desorganisiertes Reich. Einige Fürsten wollten die Situation ausnützen und machten der jungen, unerfahrenen Monarchin das Erbe streitig. Maria Theresias größter Gegner wurde Friedrich II. von Preußen, der Österreich in mehrere Kriege verwickelte. In der Folge musste Österreich zwar reiche Provinzen an Preußen abtreten, doch gab sich Maria Theresia nicht geschlagen. Im Gegenteil, sie war fest entschlossen, ihre Länder zusammenzuhalten und zu modernisieren. Nicht zuletzt um sich gegen ihre Rivalen durchzusetzen, leitete sie viele wichtige Reformen ein, die sich zum Teil bis heute auswirken. Zuallererst reorganisierte sie die Armee und das Finanzwesen. Aus feudalen Ländern wurde ein einheitlicher Beamtenstaat mit einer zentralen Verwaltung. Für die damalige Zeit revolutionär war die Reform des Schulwesens, die für alle Kinder eine sechsjährige Schulpflicht vorsah.

Maria Theresia auf einer Jubiläums-Briefmarke

Trotz der großen Belastung durch die Regierungsgeschäfte hatte Maria Theresia Zeit für ein intensives Familienleben. Die Kaiserin führte eine glückliche Ehe und war eine begeisterte Mutter. Sie gebar sechzehn Kinder, denen sie viele Briefe mit Ratschlägen und Ermahnungen schrieb. Auch als ihre Kinder schon erwachsen und verheiratet waren, schrieb sie ihnen unverblümt ihre Meinung. Hauptsorge Maria Theresias war dabei der Kindersegen. Am liebsten hätte sie alle Throne Europas mit ihren Kindern und Enkeln besetzt. Für ihre Töchter betrieb die Kaiserin eine ehrgeizige, rücksichtslose Heiratspolitik, in der Liebe keine Rolle spielen durfte. Freilich stiftete sie auf diese Weise keine glücklichen Ehen. Die bekannteste ihrer Töchter ist Marie Antoinette, die als Königin von Frankreich während der Französischen Revolution hingerichtet wurde. Schwierig war das Verhältnis Maria Theresias zu ihrem Sohn Joseph, der seinem Vater als deutscher Kaiser folgte und in den österreichischen Ländern Mitregent war. Seine radikalen Reformen und seine gegen die katholische Kirche gerichtete Politik fanden nur selten die Billigung der Mutter.

Beim Volk war Maria Theresia sehr beliebt. Als sie 1780 starb, herrschte echte Trauer. Ihre Leistungen als große Reformerin ehrte auch das republikanische Österreich, das ihr anlässlich ihres 200. Todestages 1980 und zum 300. Geburtstag 2017 eine Silbermünze, eine Briefmarkenserie und eine große Ausstellung im Schloss Schönbrunn widmete. Übrigens, manche sehen in Maria Theresia die erste Karrierefrau Österreichs, die sich in Beruf, Ehe und Familie gleichermaßen verwirklichte.

Österreich-Ungarn

Im 19. Jahrhundert vergrößerte sich die Rivalität zwischen Preußen und Österreich um die Vorherrschaft in Deutschland. Das Heilige Römische Reich war zerfallen. So war es nur mehr eine Formalität, als Kaiser Franz 1806 die römische Kaiserkrone niederlegte. Schon 1804 hatte der den Titel „Kaiser von Österreich" angenommen. 1866 kam es zum Krieg zwischen Preußen und Österreich. Der Habsburgerstaat verlor diesen Krieg und damit die Vorherrschaft im deutschen Raum. Österreich konzentrierte sich nun auf seine eigenen Probleme, besonders auf die Nationalitätenfrage. In der Donaumonarchie lebten ja ein Dutzend verschiedensprachiger Völker, die unabhängig sein wollten. Um den Vielvölkerstaat zu retten, musste ein Kompromiss gefunden werden. 1867 bekam Ungarn weitgehende Autonomie („Ausgleich"). Österreich-Ungarn, wie man die Monarchie nun nannte, bildete einen harmonischen Wirtschaftsraum. Die industrialisierten Gebiete in den Alpenländern und in Böhmen fanden ihre natürliche Ergänzung in den Agrargebieten Ungarns. Der wirtschaftliche Aufschwung, den die Monarchie vor dem Ersten Weltkrieg erlebte, konnte ihren Zusammenbruch jedoch nicht verhindern.

Symbol für das untergehende Österreich ist Kaiser Franz Joseph I. (1830-1916). Als Achtzehnjähriger bestieg er den Thron und regierte 68 Jahre lang.

Franz Joseph galt als der fleißigste Beamte des Reiches, der von frühmorgens bis spätabends an seinem Schreibtisch saß und für seine Untertanen arbeitete. Als der gütige alte Kaiser ist er in die Geschichte eingegangen, die Probleme der Monarchie konnte er freilich nicht lösen. Die Nationalitäten bekämpften einander immer heftiger. Auch der Plan des Thronfolgers Franz Ferdinand, den Slawen mehr Selbstständigkeit zu geben, half nichts mehr. Schon während des Weltkriegs löste sich die Monarchie auf. Als Kaiser Franz Joseph 1916 im Alter von 86 Jahren starb, war auch das letzte Band, das die zerstrittenen Völker Österreichs zusammengehalten hatte, gelöst. Kaiser Karl verzichtete auf die Regierung und ging ins Schweizer Exil. Am 12. November 1918 wurde in Wien die Republik ausgerufen.

Kaiser Franz Joseph I.

H. C. Artmann: „Mein Vaterland Österreich"

Österreich bestand ehedem
aus den folgenden Ländern:
dem Erzherzogtume Österreich,
dem Herzogtume Steyermark,
der gfürchteten Grafschaft Tyrol
nebst Vorarlberg,
dem Königreiche Böhmen,
der Markgrafschaft Mähren,
dem österreichischen Anteil an Schlesien,
dem Königreiche Illyrien,
dem Königreiche Galizien und Lodomerien,
dem Lombardisch-venezianischen Königreiche,
dem Königreiche Ungarn mit seinen Nebenländern
Slawonien, Kroatien und Dalmatien
und dem Großfürstentume Siebenbürgen.

Heute besteht Österreich
aus den Ländlein:
Wien,
Niederösterreich,
Oberösterreich,
Salzburg,

Tirol,
Fahrradlberg,
Kärnten,
Steiermark
und dem Burgenland.

Tu, felix Austria, juble und jodle!

gfürchtete Grafschaft Tyrol	Wortspiel (sich fürchten) aus „gefürstete Grafschaft“ (Fürst)
Fahrradlberg	Wortspiel aus „Vorarlberg“
Tu, felix Austria, ...	Anspielung auf den dem ungarischen König Matthias Corvinus (gest. 1490) zugeschriebenen Vers „Bella gerant alii, tu felix Austria, nube!“ (Kriege mögen andere führen, du, glückliches Österreich, heirate!)

Der Vertrag von St. Germain

Die Monarchie zerfällt.

Der Vertrag von St. Germain (1919) brachte den Verlust wichtiger Gebiete (Südtirol). Die Nachfolgestaaten auf dem Territorium der Monarchie verhielten sich Österreich gegenüber feindlich und sperrten ihre Grenzen und damit die Lebensmittelzufuhr. Die Hauptstadt eines 50-Millionen-Reiches war für einen Kleinstaat zu groß. Es gab Lebensmittelknappheit und Hungersnot. Die meisten Menschen glaubten nicht, dass ihr Land überhaupt lebensfähig sei, und wollten einen Anschluss an Deutschland. Diesen lehnten jedoch die Alliierten ab. Auch durfte sich der neue Staat nicht, wie von den meisten gewollt, „Deutsch-Österreich“ nennen. Die meisten Vorschläge für einen neuen Namen waren lächerlich und wurden zum Glück verworfen: „Hochdeutschland“, „Deutsches Bergreich“, „Donau-Germanien“, aber auch „Deutschmark“ und „Friedland“. So wurde aus der von vielen verhassten Republik Deutsch-Österreich doch die Republik Österreich. Das ist auch heute der offizielle Name des Staates.

die Nachfolgestaaten (Pl.)	die nach dem Zusammenbruch Österreich-Ungarns neu entstandenen Staaten (z.B. die Tschechoslowakei)

Die Erste Republik

Unmittelbar nach der Gründung der Republik einigten sich die großen Parteien, Christlichsoziale und Sozialdemokraten, über die Bildung einer gemeinsamen Regierung. Doch die Zusammenarbeit dauerte nicht lange. Die Sozialdemokraten wurden faktisch von der Regierung ausgeschlossen, die Christlichsozialen regierten mit kleineren Rechtsparteien. Bald bildeten die Parteien ihre Privatarmeen, und es kam zu blutigen Zusammenstößen. Die wirtschaftliche Lage des Landes war katastrophal. Es gab Inflation und Arbeitslosigkeit.

1932 wurde der christlichsoziale Politiker Engelbert Dollfuß Bundeskanzler. Auch ihm gelang es nicht, die politische und wirtschaftliche Situation Österreichs zu verbessern. Es kam zu Feindseligkeiten zwischen den großen politischen Gruppen, den Christlichsozialen (= Konservativen), den Sozialdemokraten und den Deutschnationalen. Dollfuß, der ein „christliches" und vor allem selbstständiges Österreich wollte, näherte sich dem faschistischen Italien an, schaltete das Parlament aus, verbot die Sozialdemokratische Partei und regierte autoritär. Österreich wurde praktisch zu einer faschistischen Diktatur. Den Bürgerkrieg zwischen der Sozialdemokratie und der Regierung gewann wohl die Regierung; er brachte aber nicht die erwartete innenpolitische Ruhe. Immer stärker wurden die Terrorwellen der Nationalsozialisten, die Dollfuß bei einem Putschversuch im Juli 1934 ermordeten. Der Putsch scheiterte zwar, doch arbeitete die Zeit eindeutig für die Anhänger Hitlers. Die österreichische Regierung konnte sich dem Druck der Nationalsozialisten nicht mehr lange widersetzen. „Gott schütze Österreich!" waren die letzten Worte vor dem deutschen Einmarsch, die Bundeskanzler Kurt Schuschnigg über den Rundfunk sprach. Kurz darauf schrien schon viele Menschen „Ein Volk, ein Reich, ein Führer". Auch die internationale Welt nahm die Besetzung Österreichs und die Eingliederung in das Deutsche Reich zur Kenntnis. Nur Mexiko protestierte...

der Bundeskanzler	Titel des Regierungschefs in Österreich

Der Anschluss

Im März 1938 wurde Österreich in das Deutsche Reich „heimgeführt". Der Großteil der Bevölkerung war für den Anschluss und begrüßte Hitler mit großem Jubel. Mehr als 600 000 Österreicher traten spontan der NSDAP bei. Der Nationalsozialismus hatte in ihnen die Hoffnung auf Arbeit und Brot geweckt. Tatsächlich erfüllten sich in der ersten Zeit viele Hoffnungen. Dass jedoch Hitlers Wundermittel gegen die Arbeitslosigkeit Rüstung und Vorbereitung für den Krieg hieß, wurde auch in Österreich erst viel zu spät erkannt. Die Zahl der Jubelnden schwand bald. Zehntausende wurden verfolgt, verhaftet und in KZs abtransportiert. Hunderttausende Österreicher verbluteten an der Front, ein Großteil des österreichischen Judentums wurde vertrieben, darunter viele Künstler und Wissenschaftler von Weltruf. Über 65 000 Menschen wurden geradezu fabriksmäßig vernichtet.

Die meisten Bewohner der „Ostmark" reagierten darauf zwar mit regimekritischen Witzen, aktiven Widerstand gegen das Regime gab es jedoch kaum. Das liegt daran, dass das Österreichbewusstsein damals noch relativ schwach war und für die meisten Menschen eine Einordnung in das Deutsche Reich selbstverständlich war. Erst gegen Kriegsende leisteten viele Österreicher gegenüber dem Nationalsozialismus zumindest passiven Widerstand.

Das Land musste teuer dafür bezahlen, dass auch manche seiner Bürger hohe Ränge in der NS-Hierarchie bekleideten und für die Gräuel der Nazi-Herrschaft mitverantwortlich waren. Als der Krieg zu Ende und für Deutschland verloren war, wollten freilich die meisten Österreicher und Österreicherinnen die Untaten ihres Landsmannes Adolf Hitler und anderer Nazigrößen möglichst schnell vergessen.

Ostmark	Name Österreichs von 1938 bis 1942 (später: „die Alpen und Donaugaue")

Flüsterwitze im annektierten Österreich

Im März 1938 verkündete ein Transparent auf der Wiener Ringstraße: „Wien ist frei!" Frau Pollak zu Frau Rubinstein: „Was, die Deutschen sind schon wieder weg?"

Erscheint ein Herr beim Standesamt und äußert den Wunsch, seinen Namen ändern zu lassen. „Wie heißen Sie denn?" fragt der Beamte. „Adolf Pimpelhuber." „Nun gut, ich verstehe Ihren Wunsch. Welchen Nachnamen möchten Sie denn?" „Der Nachname soll bleiben, aber Peter will ich heißen."

Endlich ist es Blau gelungen, sich die Ausreise nach Amerika zu ermöglichen. In New York besucht er Kohn, der schon mehr als ein Jahr dort ist. Mit Erstaunen bemerkt Blau in der Wohnung Kohns ein Hitlerbild an der Wand. „Bist du übergeschnappt? Wozu hast du denn das?" „Gegen's Heimweh!"

Graf Bobby wird von der Gestapo festgenommen und nur unter der Bedingung freigelassen, dass er sich verpflichtet, für die geheime Staatspolizei zu arbeiten. Tags darauf trifft er seinen Freund Rudi und fragt ihn: „Wie denkst du über das Dritte Reich?" „Komische Frage. Genauso wie du!" „Tut mir leid, dann muss ich dich verhaften!"

Graf Bobby meldet sich freiwillig zum Militär. Der Einstellungsoffizier sagt: „Sie können sich aufgrund ihrer freiwilligen Meldung die Waffengattung aussuchen, bei der Sie dienen möchten!" Bobby: „Am liebsten möcht ich ins Führerhauptquartier, bittschön." Der Einstellungsoffizier: „Sind Sie verrückt?" Bobby: „Nein. Ist das Vorbedingung?"

...und nach Kriegsende:

Graf Bobby sitzt in seinem Wiener Stammcafé und bestellt: „Eine Melange, Herr Ober, und den ‚Völkischen Beobachter', bitte." Der Kellner serviert den Kaffee: „Herr Graf, ‚Völkischen Beobachter' gibt's keinen mehr." Bobby trinkt seinen Kaffee aus und bestellt noch einmal: „Einen Kognak, Herr Ober, und den ‚Völkischen Beobachter'" „Aber Herr Graf, ich hab doch schon gesagt: Den ‚Völkischen Beobachter' gibt's nicht mehr!" „Ich weiß, aber ich hör's so gern."

übergeschnappt	verrückt
Graf Bobby	bekannte österreichische Witzfigur. Der dazugehörige Partner ist fast immer sein Freund Rudi.
die Melange (österr.)	Kaffee mit Milch
„Völkischer Beobachter"	nationalsozialistische Zeitung

Neubeginn 1945

1945 wurde wie schon einmal bei Null angefangen. Einen wesentlichen Unterschied gab es allerdings. Diesmal glaubten die Menschen an die Zukunft ihres Landes. Schon während der NS-Zeit hatten sich in den Konzentrationslagern Politiker aller Parteien getroffen und über eine Neuordnung Österreichs nach dem Krieg gesprochen. Alle waren sich einig, dass man sich von Deutschland trennen würde und man die Fehler aus der Ersten Republik nicht wiederholen dürfe.

Am 27. April 1945, drei Tage vor dem Selbstmord Adolf Hitlers und knapp zwei Wochen vor der Kapitulation Deutschlands, proklamierte die provisorische Regierung von Dr. Karl Renner (1870-1950) die Wiedererrichtung der Republik Österreich. Diese wurde von den Alliierten anerkannt und war für ganz Österreich zuständig. Die Alliierten teilten das Land in vier Besatzungszonen, die Einheit des Landes blieb aber bestehen. Trotz vieler Schwierigkeiten wurden die Kriegszerstörungen relativ schnell überwunden. Das „Wirtschaftswunder" sollte auch nach Österreich kommen. Tatsächlich hatten die Menschen aus den Fehlern der Ersten Republik gelernt. Die beiden großen politischen Parteien entschlossen sich zu einer stabilen und fruchtbaren Zusammenarbeit in einer Koalitionsregierung, die bis 1966 bestand.

Heute haben nicht alle Österreicher nur gute Erinnerungen an diese Koalition. Sie führte nämlich auch zu einem Proporzsystem, nach dem alle wichtigen Posten im Staat mit einem „Schwarzen" und einem „Roten" besetzt wurden. Ein Parteibuch war oft die wichtigste Qualifikation. Anpassung und Misswirtschaft waren an der Tagesordnung. Die Vorteile überwogen jedoch die Nachteile. Der gemeinsame Aufbau des armen, zerstörten und hungrigen Landes konnte nur in einer friedlichen, geregelten Zusammenarbeit erreicht werden.

Wachablöse am Wiener Heldenplatz

Ganz Österreich freut sich über den Staatsvertrag.

Auch Ponys müssen zum Bundesheer.

Der Kalte Krieg ließ Österreich zehn Jahre auf seine endgültige Freiheit und Unabhängigkeit warten. 1955 gelang es österreichischen Politikern, eine günstige weltpolitische Konstellation auszunützen. Nach langen Verhandlungen erklärte sich auch die Sowjetunion bereit, sich aus Österreich zurückzuziehen.

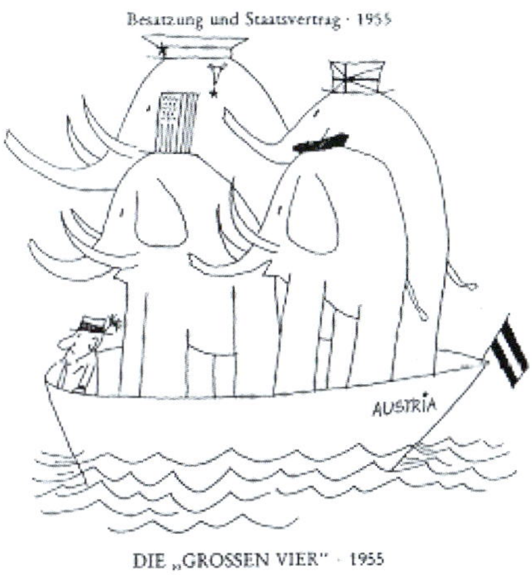

Karikatur der Besatzungsmächte

Am 15. Mai 1955 wurde im Wiener Schloss Belvedere der Staatsvertrag unterzeichnet. Nach siebzehn Jahren war Österreich nun wieder ein wirklich freies Land. Im Herbst 1955 verließen die Besatzungstruppen Österreich, und am 26. Oktober desselben Jahres beschloss das Parlament in Wien einstimmig das Neutralitätsgesetz.

Österreichs Außenminister Alois Mock und sein ungarischer Amtskollege Gyula Horn durchschneiden den „Eisernen Vorhang" (1989).

Seit 1955 genießt Österreich als neutraler, jedoch westlich orientierter Staat internationale Achtung. Jahrelang galt Österreich als beispielhaftes Asylland. 1956 etwa suchten 180 000 Ungarn hier vorübergehend Schutz. Seit dem Ende des Zweiten Weltkriegs hat Österreich mehr als zwei Millionen Flüchtlinge aufgenommen, von denen über 600 000 im Lande geblieben sind. Und seit vielen Jahren arbeitet Österreich aktiv an den großen internationalen Organisationen mit. So gibt es in etlichen Krisengebieten starke Kontingente österreichischer UNO-Soldaten.

Offen blieb die Frage, ob die Neutralität ein Hindernis für die angestrebte europäische Integration darstelle. Experten fanden keines, und ein großer Teil der Bevölkerung wollte ohnehin, dass Österreich weiterhin neutral bleibt, wenn auch die Neutralität heute nur noch ein Symbol darstellt.

ein „Schwarzer“	Mitglied oder Anhänger der Österreichischen Volkspartei (ÖVP), ein Konservativer
ein „Roter“	Mitglied oder Anhänger der Sozialdemokratischen (früher: Sozialistischen) Partei Österreichs (SPÖ), ein Sozialist
Dazu: ein „Blauer“	Mitglied oder Anhänger der FPÖ Das nach der Spaltung der FPÖ entstandene BZÖ nahm die Farbe orange an.

„Insel der Seligen“

Mitte der achtziger Jahre begannen Selbstbild und Fremdbild Österreichs auseinander zu klaffen. Dreißig Jahre nach dem Staatsvertrag herrschten Wohlstand und Zufriedenheit – und auch etwas Selbstgefälligkeit. Hatte nicht Papst Paul VI. Österreich als eine „Insel der Seligen“ bezeichnet? Die meisten Österreicherinnen und Österreicher genossen das „Inselgefühl“. Europa war in Ost und West geteilt, dazwischen lag die Alpenrepublik, klein zwar, aber eine Weltmacht in Tourismus und Kultur. Wer an Österreich dachte, dem fielen zuerst Mozart, die Strauß-Walzer, die Lipizzaner und die Sängerknaben, aber auch Sachertorte und Apfelstrudel ein. Und österreichische Gemütlichkeit verkaufte sich überall gut.

Nach einem Wahlsieg der SPÖ im Jahre 1970 übernahm der aus einer großbürgerlichen jüdischen Familie stammende Sozialdemokrat Bruno Kreisky das Amt des Bundeskanzlers. Dreizehn Jahre beherrschte Kreisky die politische Szene souverän und begann ein ehrgeiziges Reformprogramm, das Österreich zu einem modernen, toleranten und offenen Land machen sollte. Die kostenlosen Schulbücher, die Schulfreifahrten, die Abschaffung der Studiengebühren an den Universitäten und der großzügige Ausbau sozialer Leistungen des Staates sind nur einige Beispiele. Mit Recht kann man von ihm sagen, dass keine Regierung das Land so stark verändert hat wie er. Und dass viele Österreicher und Österreicherinnen in ihm die bedeutendste Politikerpersönlichkeit der Zweiten Republik sehen und er weltweit großes Ansehen genoss, hat sicher auch mit seiner „aktiven Neutralitätspolitik“ zu tun. Kreisky engagierte sich international und sah sich gerne als Ratgeber und Helfer in der großen Politik. Staatsmänner aus aller Welt gaben einander in Wien die Hand, man baute die UNO-City, internationale Konferenzen wurden abgehalten. Und die Österreicher, die jahrzehntelang an ihrem Staat gezweifelt hatten, waren nun in ihrer Mehrheit davon überzeugt, dass ihr Land eine bedeutende Rolle spiele und dass sie auf der ganzen Welt anerkannt und beliebt seien.

Der Waldheim-Schock

Dann kam der „Waldheim-Schock“: 1986 wurde der langjährige UNO-Generalsekretär Kurt Waldheim zum Bundespräsidenten gewählt. Der neue Präsident wurde beschuldigt, ein Nazi-Kriegsverbrecher zu sein. Das stellte sich zwar als falsch heraus, doch hatte Waldheim seine Dienstzeit als Soldat bei der deutschen Wehrmacht verschleiert. Seine Kriegsvergangenheit führte zu einer jahrelangen internationalen Debatte, an seiner Person entzündeten sich weltweit heftigste Emotionen, die sich rasch gegen Österreich selbst richteten.

Österreich wurde vorgeworfen, jahrzehntelang seine Vergangenheit verdrängt zu haben, noch immer eine Schwäche für Hitler zu zeigen und antisemitisch eingestellt zu sein. Ausländische Politiker mieden Wien, um Waldheim nicht begegnen zu müssen. Der Präsident wurde in kein westliches Land eingeladen; in die USA durfte er überhaupt nicht mehr einreisen. Österreich blieb sechs Jahre lang außenpolitisch isoliert.

Wenn Waldheim dadurch auch großen außenpolitischen Schaden anrichtete, hat er, ohne dies freilich beabsichtigt zu haben, doch eine historische Rolle erfüllt. Zum ersten Mal – und gerade rechtzeitig zum fünfzigsten Jahrestag des Anschlusses – setzten sich die Österreicherinnen und Österreicher intensiv mit ihrer NS Vergangenheit auseinander und akzeptierten eine Mitschuld an den Nazi-Verbrechen. In einer viel beachteten Rede vor dem Parlament gab Bundeskanzler Franz Vranitzky 1991 zu, dass Österreich nicht nur Opfer war, sondern auch Täter.

„Viele haben Widerstand geleistet, viele haben den Anschluss begrüßt.“ Aus einer Rede von Bundeskanzler Dr. Franz Vranitzky am 8. Juli 1991 vor dem Nationalrat

Es ist unbestritten, dass Österreich im März 1938 Opfer einer militärischen Aggression mit furchtbaren Konsequenzen geworden war: die unmittelbar einsetzende Verfolgung brachte Hunderttausende Menschen unseres Landes in Gefängnisse und Konzentrationslager, lieferte sie der Tötungsmaschinerie des Nazi-Regimes aus, zwang sie zur Flucht und Emigration. Hunderttausende fie-

len an den Fronten oder wurden von den Bomben erschlagen. Juden, Zigeuner, körperlich oder geistig Behinderte, Homosexuelle, Angehörige von Minderheiten, politisch oder religiös Andersdenkende – sie alle wurden Opfer einer entarteten Ideologie und eines damit verbundenen totalitären Machtanspruchs.
Dennoch haben viele Österreicher den Anschluss begrüßt, haben das nationalsozialistische Regime gestützt, haben es auf vielen Ebenen der Hierarchie mitgetragen. Viele Österreicher waren an den Unterdrückungsmaßnahmen und Verfolgungen des Dritten Reiches beteiligt, zum Teil an prominenter Stelle.
Über eine moralische Mitverantwortung für Taten unserer Bürger können wir uns auch heute nicht hinwegsetzen. Vieles ist in den vergangenen Jahren geschehen, um, so gut dies möglich war, angerichteten Schaden wieder gutzumachen, angetanes Leid zu mildern. Vieles bleibt nach wie vor zu tun, und die Bundesregierung wird auch weiterhin alles in ihrer Macht Stehende unternehmen, um jenen zu helfen, die von den bisherigen Maßnahmen nicht oder nicht ausreichend erfasst, oder bisher in ihren moralischen oder materiellen Ansprüchen nicht berücksichtigt wurden.
Wir bekennen uns zu allen Daten unserer Geschichte und zu den Taten aller Teile unseres Volkes, zu den guten wie zu den bösen; und so wie wir die guten für uns in Anspruch nehmen, haben wir uns für die bösen zu entschuldigen – bei den Überlebenden und bei den Nachkommen der Toten.

Auf dem Weg in das vereinte Europa

„Phantastisch!" „Ein Wahnsinn!" „Toll, einfach toll!" „Ein Freudentag für Österreich!" So lauteten die Kommentare einiger Politiker zum Ausgang des EU-Referendums am 12. Juni 1994. Zwei Drittel der Österreicher und Österreicherinnen stimmten an diesem Tag für einen Beitritt ihres Landes zur Europäischen Union (EU). Das überwältigende Ja zur EU hatte niemand erwartet. Tatsächlich stellt der Beitritt Österreichs zur EU am 1. Jänner 1995 eine Zäsur in der österreichischen Geschichte dar, vergleichbar dem Staatsvertrag von 1955. Als kleines Land kann Österreich nun die Zukunft Europas mitgestalten.

Der Weg Österreichs in das vereinte Europa ist so alt wie die Zweite Republik und begann mit der Teilnahme am Marshallplan, der amerikanischen Hilfe für den Wiederaufbau Europas nach dem Zweiten Weltkrieg. Österreichs Versuche, sich der Europäischen Gemeinschaft (EG) anzunähern, scheiterten zunächst vor allem am Widerstand der Sowjetunion, die von Österreich eine strikte Neutralitätspolitik erwartete. Österreich trat der EFTA (European Free Trade Association; Europäische Freihandelsassoziation) bei, das Thema Vollmitgliedschaft bei der EG wurde aufs Eis gelegt. Erst als sich 1989 die weltpolitische Lage geändert hatte, meldete Österreich wieder sein Interesse an einer EG-Mitgliedschaft an.

Ein völlig neues Gefühl

Seither hat sich die EU-Stimmung in Österreich allerdings immer wieder verändert. „Die Österreicher sind Europameister im EU-Skeptizismus“, in Österreich sei die Anti-EU-Strömung ganz besonders stark, schrieb der Journalist Hans Rauscher (*Der Standard*, 27. Jänner 2006). Nur etwa ein Drittel der Bevölkerung war der Meinung, dass die Mitgliedschaft in der EU eine „gute Sache“ sei, 25 Prozent hingegen hielten sie für schlecht. Die Mehrheit wählte eine diplomatische Antwort: weder gut noch schlecht. Gegenüber der EU hatten die meisten gemischte Gefühle, sie denken beim Stichwort „EU“ zuerst an den „Euro als T€URO“, und machten die EU für viele negative Entwicklungen wie Drogenhandel und die gestiegene Kriminalität, für Arbeitslosigkeit und Steuergeldverschwendung verantwortlich. Sogar die euroskeptischen Briten bewerteten ihre EU-Mitgliedschaft höher und hatten mehr Vertrauen in die EU.

In letzter Zeit hat sich die EU-Stimmung langsam verbessert, jedoch haben die meisten Österreicherinnen und Österreicher nach wie vor ein zwiespältiges Verhältnis zur EU-Mitgliedschaft ihres Landes. Nur 41 Prozent halten sie für eine „gute Sache“ (2021.) Vor einem Jahr war es 53 Prozent. Damit liegt Österreich freilich noch immer deutlich unter dem EU-Schnitt (62%). Besonders positiv sind die jüngeren Österreicherinnen und Österreicher (60%) gegenüber der EU eingestellt. Männer beurteilen die EU positiver als Frauen. Bedenklich ist, dass 33% das persönliche Gefühl haben, dass österreichische Interessen in der EU „nicht berücksichtigt“ werden. Zwar sehen die meisten Österreicherinnen und Österreicher die Vorteile der EU, beim Reisen etwa und bei der größeren Warenvielfalt, doch fühlen sie sich von der EU „bevormundet“ und fürchten sich davor, dass ihre Jobs in Mitgliedsländer mit niedrigen Produktionskosten ausgelagert werden. In Wirklichkeit hat Österreich von allen EU-Ländern die meisten Vorteile aus den EU-Beitritten der ost- und mitteleuropäischen Länder gezogen. Als neue Mitgliedsländer sind sie wichtige Handelspartner geworden, die für Tausende zusätzliche Arbeitsplätze sorgten.

Was die Aufnahme der Türkei betrifft, so ist eine große Mehrheit der Österreicherinnen und Österreicher vor allem aus kulturell-religiösen Gründen dagegen.

Mag auch ein Großteil der Österreicherinnen und Österreicher mit der EU nicht gerade glücklich sein, so sind siebenundzwanzig Jahre nach dem Beitritt (1995) immerhin 51 Prozent dafür, dass ihr Land Mitglied bleibt. Bei der Volksabstimmung von 1994 waren es 67 Prozent. 27 Prozent sind für einen Austritt.

Insgesamt – das geben die meisten zu – hat sich die EU-Mitgliedschaft für Österreich gelohnt. Trotz einiger ungelöster Probleme (Transitverkehr, Zunahme der Brüsseler Bürokratie, die EU-Verfassung) war der EU-Beitritt eine richtige Entscheidung. Österreich ist heute internationaler, offener und „eindeutig reicher" (der frühere österreichische EU-Kommissar Franz Fischler) als vor siebenundzwanzig Jahren. Jungen Menschen bietet die EU attraktive Bildungsprogramme („Leonardo da Vinci" und „Erasmus"), die eine Zusammenarbeit der Universitäten und die Mobilität europäischer Studierender fördern sollen und schon Tausenden jungen Menschen aus Österreich ein Studium im Ausland ermöglicht haben.

„Österreich und Europa sind keine Gegensätze"
Aus der Rede von Bundespräsident Heinz Fischer zum 50. Jahrestag des Abschlusses des österreichischen Staatsvertrages am 15. Mai 2005

Es wäre unklug und falsch, immer wieder zu versuchen, nationale Interessen gegen das Projekt Europa auszuspielen: So wie ein Wiener oder ein Tiroler nicht aufhört, ein guter Wiener oder ein guter Tiroler zu sein, weil er auch ein guter Österreicher ist, so hört ein Österreicher oder ein Schwede nicht auf, ein guter Patriot zu bleiben, nur weil er auch ein guter Europäer ist und ein noch besserer werden möchte.

Österreich und Europa sind keine Gegensätze, sondern ergänzen einander und helfen einander.

Von der Wende zur Großen Koalition

Die Nationalratswahlen vom 3. Oktober 1999 bedeuteten nicht nur einen Schock für die rot-schwarze Koalition, die seit 1986 an der Macht war, sondern lösten auch im Ausland Ängste aus. Mit 27 Prozent der Stimmen war die FPÖ knapp zweitstärkste Partei geworden. Noch nie hatte eine als rechtsradikal eingestufte Partei in einem europäischen Staat mehr als ein Viertel der Wählerstimmen errungen. SPÖ und ÖVP mussten ihr schlechtestes Abschneiden seit Bestehen der Zweiten Republik zur Kenntnis nehmen. Im Parlament gab es nun drei annähernd gleich große Parteien. Die Freiheitlichen konnten nicht länger ignoriert werden, und daran konnte auch ihr Ruf, eine rechtspopulistische, negative Partei zu sein, nichts ändern. Im Ausland wurde Jörg Haider, der charismatische Parteiobmann der FPÖ, immer wieder mit Hitler gleichgesetzt – zu Unrecht –, und die Frage wurde gestellt, ob Österreich nun auf dem Weg zu einem Nazi-Land wäre. Tatsache ist jedoch, dass Haider seinen Erfolg vor allem den Missständen verdankte, die den beiden bisherigen Regierungsparteien zu Last gelegt wurden. SPÖ und ÖVP hatten in diversen Koalitionen seit 1945 die Macht im Land ausgeübt und den Staat mehr oder weniger unter sich verteilt. Drei Jahrzehnte hatten die Sozialdemokraten den Bundeskanzler gestellt. Die meisten Wähler – darunter besonders viele Arbeiter und junge Leute – forderten einen Wechsel, überfällige Reformen, die Haider auch versprochen hatte: ein Ende der Parteibuchwirtschaft, Abschaffung der Überbürokratie und vieler Privilegien, Deregulierung und Privatisierung, kurz: einer Modernisierung Österreichs.

Am 4. Februar 2000 wurde die Wende vollzogen. Dreißig Jahre lang hatte es in der österreichischen Politik keine so große Veränderung gegeben. Nachdem Verhandlungen zwischen den Sozialdemokraten und der Volkspartei über die Bildung einer Koalition gescheitert waren, bekam Österreich erstmals eine „schwarz-blaue" Bundesregierung. Wolfgang Schüssel, Obmann der VP, wurde, obwohl seine Partei nur den dritten Platz erreicht hatte, neuer Bundeskanzler.

Die neue Regierung stieß bei vielen Menschen auf Ablehnung. Im In- und Ausland kam es zu Protesten und Demonstrationen, im Parlament gab es Auseinandersetzungen. Und die vierzehn anderen EU-Staaten verhängten über Österreich „Maßnahmen", mit denen das Land außenpolitisch isoliert wurde. Das fanden wiederum viele Österreicher – auch jene, die der neuen Regierung eher kritisch gegenüberstanden – ungerecht, und es kam zu einer Welle des

Nationalismus. Viele Österreicher verstanden die EU-Maßnahmen fälschlicherweise als Sanktionen, die sich gegen die Bürger richteten. Sie konnten nicht einsehen, warum Österreicher zum Beispiel von internationalen Veranstaltungen ausgeladen und sogar Schüleraustauschprogramme und Schikurse abgesagt wurden.

Als die Stimmung in Österreich immer EU-skeptischer wurde, suchten die Politiker der EU einen Ausweg, der darin bestand, dass „drei Weise" beauftragt wurden, einen Bericht über die Arbeit der österreichischen Regierung und über „die politische Natur" der FPÖ zu erstellen. Dieser Bericht fiel für die Regierung positiv aus, übte jedoch harte Kritik an der FPÖ, worauf die EU-14 das Ende der Sanktionen erklärten, gleichzeitig jedoch betonten, gegenüber der Regierungspolitik der FPÖ „besonders wachsam" zu sein.

Als Konflikte innerhalb der FPÖ drohten, die Regierungsarbeit immer mehr lahm zu legen, beendete Wolfgang Schüssel die Koalition. Die Neuwahlen im November 2002 brachten einen Triumph der ÖVP und eine klare Niederlage der FPÖ. Nach dem Scheitern von Verhandlungen mit den Sozialdemokraten und den Grünen ging die ÖVP aber wieder eine Koalition mit der FPÖ ein, um ihre Vorstellungen von Österreich als einem modernen, schlanken und wendigen Staat durchzusetzen.

„Traurig", „chaotisch", „katastrophal" und „desaströs" sei die Bilanz der schwarz-blau-orangen Regierung, meinten Kritiker Schüssels und verwiesen auf die hohe Jugendarbeitslosigkeit und auf die Probleme im Bildungsbereich. Schüssels Anhänger hingegen waren der Meinung, die Politik der ÖVP-FPÖ-Regierung habe Österreich zum Besseren verändert. Man habe die „Dinge in Gang gesetzt" und etliche wichtige Reformen, besonders im Pensions-, Gesundheits- und Universitätsbereich erfolgreich erledigt. Österreich sei heute ein wohlhabenderes Land mit steigenden Einkommen, mehr Wohnungen und viel mehr Autos als vor fünf Jahren. Die Bilanz könne sich sehen lassen. Tatsache ist freilich, dass die Nationalratswahlen des Jahres 2006 der ÖVP eine massive Niederlage brachten. Die Volkspartei rutschte als zweitstärkste Partei mit 34 Prozent hinter die SPÖ. Nach monatelangen Verhandlungen kam es zu einer Großen Koalition von SPÖ und ÖVP, einer Regierungsform, die den meisten Österreicherinnen und Österreichern sehr zusagt. Die rot-schwarze Regierung unter dem SP-Vorsitzenden, Dr. Alfred Gusenbauer, hatte aber nur ein kurzes Leben. Nach Konflikten zwischen den Regierungsparteien beendete die ÖVP die Zusammenarbeit, Gusenbauer trat zurück und der Wiener Politiker Werner Faymann wurde zum Bundeskanzler ernannt. 2013 wurde er wieder gewählt.

Nach parteiinternen Diskussionen trat Werner Faymann im Mai 2016 zurück und Christian Kern übernahm das Amt des Bundeskanzlers. Nach der Nationalratswahl im Oktober 2017 bildete Sebastian Kurz von der ÖVP/Liste Kurz eine Regierung mit der FPÖ und wurde im Dezember 2017 als jüngster Bundeskanzler angelobt. Diese Regierung scheiterte im Mai 2019 an der Ibiza Affäre, Kurz wurde abgewählt und eine Expertenregierung unter Brigitte Bierlein übernahm die Geschäfte. Nach der Nationalratswahl im September 2019, bildete die ÖVP unter Kurz mit den Grünen eine Regierung. Die Inseraten-affäre beendete aber auch diese Regierung, kurzzeitig übernahm Alexander Schallenberg die Führung bis am 6.12.2021 Karl Nehammer als Bundeskanzler angelobt wurde. So hatte Österreich innerhalb von vier Jahren sechs Bundeskanzler.

Am 6.12.2021 wurde in der Wiener Hofburg die neue österreichische Bundesregierung durch Bundespräsidenten Alexander Van der Bellen (rechts) angelobt. Im Bild Bundeskanzler Karl Nehammer (links). © Foto: Peter Lechner/HBF. Österreichische Präsidentschaftskanzlei

Ibiza-Affäre	FPÖ Vizekanzler H.C. Strache versprach einer angeblichen russischen Oligarchin gegen Geldspenden für die Partei einträgliche Geschäfte. Das Gespräch fand auf Ibiza (Insel bei Mallorca) statt.
Inseratenaffäre	noch nicht aufgeklärter Skandal um gefälschte Meinungsumfragen, deren Ziel es war, die öffentliche Meinung zu beeinflussen, damit Sebastian Kurz die Wahl gewinnen und seine Mitarbeiter davon profitieren konnten.

4 Staat und Politik

Österreich ist eine föderalistisch organisierte, parlamentarische Demokratie.

Föderalistisch: Österreich ist ein Bundesstaat, dem neun Länder angehören.

Parlamentarisch: Sowohl auf Bundesebene als auch in den Ländern besteht ein parlamentarisches System. Die Regierung muss das Vertrauen des Parlaments haben und ist diesem verantwortlich. Parlamentsmehrheit und Regierung arbeiten zusammen.

Das Parlament

Die erste Kammer des Parlaments ist der *Nationalrat*. Er hat 183 Abgeordnete, die vom Volk auf fünf Jahre gewählt werden. Die Partei mit der Mehrheit der Wählerstimmen übernimmt die Staatsführung.

Das Parlament hat auch eine zweite Kammer, den *Bundesrat*, der die Länderinteressen vertreten soll und von den *Landtagen* der Bundesländer gewählt wird. Er hat Einspruchsrecht gegen Gesetze des Nationalrats und daher Kontrollmöglichkeiten.

Der Bundespräsident

An der Spitze des Staates steht der *Bundespräsident*. Er wird vom Volk direkt auf sechs Jahre gewählt (und kann einmal wiedergewählt werden). Bis jetzt wurde keine Frau in das Amt der Bundespräsidentin gewählt. Macht hat der *Bundespräsident* keine, wohl aber so etwas wie „Autorität". In manchem erinnert seine Position an die des Kaisers: Er hat sein Büro, die „Präsidentschaftskanzlei", in der Wiener Hofburg, das Zeremoniell ist monarchisch. Seit Kurt Waldheim (*Bundespräsident* 1986-1992) und Thomas Klestil (*Bundespräsident* 1992-2004) ist das Amt jedoch „entsakralisiert" und „enttabuisiert" (Manfried Welan). Mit anderen Worten: Die Österreicher und Österreicherinnen bringen ihrem Staatsoberhaupt nicht mehr so viel Respekt entgegen.

Die politisch wichtigste Aufgabe des *Bundespräsidenten*: Er ernennt den *Bundeskanzler*/die *Bundeskanzlerin*. Und – obwohl er das nicht muss – ernennt er fast immer den Spitzenkandidaten der mandatsstärksten Partei. Das ist eine Tradition, die allerdings bei der Regierungsbildung im Jahr 2000 zerbrach.

Der *Bundespräsident* ernennt auch die Bundesregierung (auf Vorschlag des Bundeskanzlers), die Bundesbeamtinnen und -beamten und die Richterinnen und Richter. Er ist der Oberbefehlshaber des Bundesheeres und vertritt die Republik „nach außen". So fährt er oft auf Staatsbesuche und empfängt in Wien Staatsgäste.

Der Bundeskanzler und die Bundesregierung

An der Spitze der Bundesverwaltung steht die *Bundesregierung*. Sie besteht aus dem *Bundeskanzler*, dem *Vizekanzler* bzw. der *Vizekanzlerin* und den *Bundesministern* und *-ministerinnen*. Bisher gab es eine Bundeskanzlerin. Die wirkliche politische Macht hat der *Bundeskanzler*, er sucht sich sein Regierungsteam aus, er regiert, und er kann die Politik des Landes weitgehend bestimmen – sofern seine Partei die Mehrheit im Parlament hat und allein die Regierung stellt. Allerdings sind in Österreich Koalitionsregierungen eher die Norm, und in diesen beschränkt sich die Macht des Bundeskanzlers nur auf die eigene Partei.

Ein *Bundesminister* bzw. eine *Bundesministerin* leitet ein *Bundesministerium*. Wie in anderen Ländern haben die Ministerien verschiedene Aufgabenbereiche, z. B. europäische und internationale Angelegenheiten (früher: auswärtige Angelegenheiten), Finanzen, Landesverteidigung, Bildung, Wissenschaft und Kultur usw.

Föderalismus

Die neun Bundesländer sind historisch gewachsene Einheiten. Sie haben in manchen Angelegenheiten Selbstständigkeit, aber insgesamt sind die Länderkompetenzen eher gering. Die Landesparlamente heißen *Landtage*. An der Spitze der Verwaltung eines Bundeslandes steht eine *Landesregierung*, die aus dem *Landeshauptmann* /der *Landeshauptfrau*, dessen/deren Stellvertretern und weiteren Mitgliedern, den *Landesräten* und *-rätinnen*, besteht. In der Steiermark gab es von 1996 bis 2005 eine Landeshauptfrau (Waltraud Klasnic), die es aber vorzog, als „Frau Landeshauptmann“ angesprochen zu werden. Von 2004 bis 2013 hatte auch Salzburg eine Landeshauptfrau (Gabi Burgstaller). Seit April 2017 hat auch Niederösterreich eine Landeshauptfrau (Johanna Mikl-Leitner). Die *Landesregierung* wird vom *Landtag* gewählt. Der *Landeshauptmann* /die *Landeshauptfrau* hat innerhalb der Regierung eine relativ starke Position. Manche Landeshauptleute betonen gerne die Eigenständigkeit der Bundesländer und lassen es sich gerne gefallen, als „Landesfürsten“ bezeichnet zu werden.

Die politischen Bezirke

Die Bundesländer sind in *politische Bezirke* eingeteilt. Jeder Bezirk hat eine Verwaltungsbehörde, die *Bezirkshauptmannschaft*, an deren Spitze der *Bezirkshauptmann*/die *Bezirkshauptfrau* steht. Er/sie wird vom *Landeshauptmann*/der *Landeshauptfrau* ernannt. Ein Parlament auf Bezirksebene gibt es nicht.

Die Gemeinden

Neben dem Bund und den Ländern sind die *Gemeinden* die dritte Ebene des Bundesstaates. Sie sind für lokale Angelegenheiten verantwortlich (z.B. Ortspolizei, Müllabfuhr, Kanalisation, Straßen, Schneeräumung, aber auch Meldewesen und Standesamt. Das „Parlament“ der Gemeinden ist der *Gemeinderat*. An der Spitze einer Gemeinde steht der *Bürgermeister*/die *Bürgermeisterin*. Er/sie wird entweder vom Gemeinderat oder – in manchen Bundesländern – von den *Gemeindebürgern* und *-bürgerinnen* direkt gewählt.

Und so ist und bleibt Österreich ein Land, das sich eine üppige Regionalbürokratie leistet mit 95 Bezirken, 2093 Gemeinden (2022), 61 Bundesräten, 75 Landesräten und 440 Landtagsabgeordneten. Ab 2020 gibt es in der Steiermark statt 287 Gemeinden nur mehr 281.

Politische Parteien

Im Parlament sind derzeit (2022) fünf politische Parteien vertreten.

Die Österreichische Volkspartei (ÖVP)

Die Österreichische Volkspartei (ÖVP) entspricht international einer christlich-demokratischen Partei. Sie wurde 1945 von Vertretern der alten Christlichsozialen Partei gegründet, distanzierte sich jedoch von deren autoritärem Kurs und bekannte sich zur parlamentarischen Demokratie und zur österreichischen Nation.

Nach ihrem Programm ist die ÖVP eine bürgerlich-konservative Partei der Mitte und dem Wertesystem der christlichen und humanistischen Tradition Europas verpflichtet. Die frühere Bindung an die katholische Kirche gibt es allerdings nicht mehr. Die ÖVP will offen für alle Christen sein, ohne jedoch eine Bindung an eine Konfession oder kirchliche Institution einzugehen. Im Laufe der Jahre entwickelte sich die ÖVP zu einer breiten bürgerlichen Sammelpartei. Sie galt lange als die Partei der Bauern und hatte ihre größten Erfolge tatsächlich auf dem Lande. Ihre „Kernwähler“ sind Geschäftsleute, Beamte und leitende Angestellte.

Die ÖVP betont die persönliche Verantwortung und Freiheit des Einzelnen. Der Staat sollte sich nur auf das Notwendige beschränken, jedoch bei der Bekämpfung von Armut und sozialer Benachteiligung eingreifen. Er spielt in sozialen Fragen eine wichtige, aber nicht die alleinige Rolle.

Als Wirtschaftsmodell wurde Ende der 80er-Jahre die „ökosoziale Marktwirtschaft“ propagiert, eine Verbindung von sozialer Marktwirtschaft und Umweltpolitik. Im Übrigen betont die ÖVP das Privateigentum und den Leistungswettbewerb. Der Staat sollte nicht als Unternehmer auftreten.

Die ÖVP war viele Jahre die stärkste Partei und stellte von 1945 bis 1970 den Bundeskanzler. Dann stand sie für viele Jahre in der Opposition. Von 1986 bis Anfang 2000 war sie der Juniorpartner einer Koalition mit der SPÖ, konnte aber während dieser Zeit ihr Ziel, das Kanzleramt zu gewinnen, nicht erreichen. Die Wähler wiesen der ÖVP stets den zweiten Platz zu. Manchen war sie zu konservativ, noch immer zu ländlich, zu wenig urban und langweilig für junge Leute. Zwar hat die ÖVP als Regierungspartei wichtige Initiativen gesetzt, doch wurde sie dafür von den Wählern und Wählerinnen nicht belohnt, sondern hat von Wahl zu Wahl Stimmen verloren.

All das änderte sich im Februar 2000 unter dem Parteiobmann Wolfgang

Schüssel. FPÖ und ÖVP hatten eine Mehrheit im Parlament und konnten eine Regierung bilden. Obwohl die Volkspartei der kleinere Partner war, wurde Schüssel Bundeskanzler. Er sah sich als Neuerer und wollte ein ehrgeiziges Reformprogramm durchziehen, das grundsätzlich von der Mehrheit der Bevölkerung unterstützt wurde. Viele waren allerdings mit dem neuen Kurs nicht einverstanden und kritisierten an der ÖVP, dass sie in den letzten Jahren konservativer geworden sei und Positionen der britischen Konservativen und der amerikanischen Republikaner angenommen habe. Relativ stark ist die Volkspartei in den Bundesländern, wo sie die meisten Bürgermeister stellt. 2022 gehörten ihr sechs von neun Landeshauptleuten an.

Nach dem historisch schlechtesten Abschneiden bei der Nationalratswahl 2013 hat sich die ÖVP unter der Führung von Sebastian Kurz neu orientiert. Sie hat sich nach außen geöffnet. Türkis statt Schwarz. Mit ihrem Programm von Steuererleichterungen, Migrationspolitik, Digitalisierung, Bürokratieabbau und Bildungspflicht hat sie die Nationalratswahlen 2017 & 2019 gewonnen, aber durch die vielen Affären (2021) Sebastian Kurz zum Rücktritt gezwungen und massiv an Glaubwürdigkeit verloren. Sie rangiert jetzt nur noch am 2. Platz hinter der SPÖ.

Die Sozialdemokratische Partei Österreichs (SPÖ)

Die Sozialdemokratische Partei Österreichs (SPÖ) wurde zum Jahreswechsel 1888/89 von dem Armenarzt Dr. Viktor Adler gegründet. Bei der Errichtung der Republik noch eine treibende Kraft, wurde sie von der Regierung Dollfuß verboten und erst 1945 als „Sozialistische Partei" wiedergegründet. 1991 wurde die Partei in „Sozialdemokratische Partei" umbenannt.

In der Theorie verfolgte die SPÖ lange ein eher linkes Programm und hatte als ihr Ideal eine Gesellschaft ohne Klassen und Privilegien. Unter Bruno Kreisky (Bundeskanzler von 1970-1983) profilierte sie sich erfolgreich als „linke Volkspartei".

In ihrem gegenwärtigen Grundsatzprogramm bekennt sich die SPÖ zu Freiheit, Gleichheit, Gerechtigkeit und Solidarität und möchte sich von einer „Partei der Arbeiter" zu einer „Partei aller arbeitenden Menschen" entwickeln. Sie fühlt sich dem Ideal einer „humanen, demokratischen und gerechten Gesellschaft" verpflichtet und tritt für das Recht auf Arbeit ein. Der frühere Gegensatz zwischen Arbeit und Kapital existiert nicht mehr. Der SPÖ ist es ein Anliegen, den ihrer Meinung nach von früheren Regierungen vernachlässigten Sozialstaat zu modernisieren und auszubauen. So hat sie zur Armutsvermeidung ein Modell einer „Mindestsicherung“ ausgearbeitet. Auch sollen die Mindestpensionen erhöht werden. Gleichzeitig setzt sich die SPÖ ein ehrgeiziges wirtschaftliches Ziel: „Österreich muss in die Liga der fünf erfolgreichsten Industrienationen der Welt aufrücken.“ Verbesserte Kinderbetreuungseinrichtungen sollen es Frauen ermöglichen, Beruf und Familie zu vereinbaren.

Von 1970 bis zum Februar 2000 stellte die SPÖ den Bundeskanzler. Anschließend musste sie in Opposition gehen und hatte erst wieder ab dem Jahr 2003 einige Wahlerfolge. So wurde mit Dr. Heinz Fischer 2004 nach langer Zeit wieder ein Sozialdemokrat zum Bundespräsidenten gewählt, bei Landtagswahlen in den seit 1945 von der ÖVP dominierten Bundesländern Steiermark und Salzburg überflügelten die Sozialdemokraten erstmals die Volkspartei. Aber erst im Oktober 2006 kam für sie das große Glück. Zur Überraschung der meisten Meinungsforscher erlitt die ÖVP bei der Nationalratswahl schwere Verluste, während die SPÖ im Nationalrat wieder zur stärksten Parlamentsfraktion wurde. Es kam zu Koalitionsregierungen unter den Bundeskanzlern Dr. Alfred Gusenbauer, Werner Faymann und Christian Kern. Bei der Nationalratswahl 2017 & 2019 wurde die SPÖ trotz geringem Stimmenzugewinn nur zweitstärkste Partei.

FPÖ

Die Freiheitliche Partei Österreichs (FPÖ)

Die FPÖ ist schwer einzuordnen, da sie sich immer wieder gewandelt hat. 1956 aus dem antimarxistischen und national-liberalen „Verband der Unabhängigen“ und der „Freiheitspartei“ hervorgegangen, hat sich die FPÖ von einer bedeutungslosen Minipartei zur „Wähler-Millionärin“ und Koalitionspartnerin der ÖVP entwickelt. Das verdankte sie vor allem ihrem langjährigen charismatischen, aber auch sehr umstrittenen Obmann Jörg Haider. Seit er 1986 an die Spitze der Partei kam, war die FPÖ zunächst ganz auf ihn zugeschnitten und eilte von Wahlsieg zu Wahlsieg.

Viele Menschen waren lange von Haider fasziniert. Er sagte genau das, was sie dachten. Und ihnen gefiel, dass er Politik als Show betrieb, seine Auftritte perfekt inszenierte und ein guter, wenn auch provozierender Redner war. Und er verteilte, in der Art eines Feudalherren, viel Geld. Mütter bekamen „Kinderschecks“, Kleinpensionisten einen „Teuerungsausgleich“. Es gab „Pendlergeld“, „Geburtengeld“, „Schulstartgeld“ und großzügige Pensionen für Landesbeamte.

Für viele jedoch strahlte Haider eine negative Faszination aus. Sie sahen in ihm einen rechtsextremen, nationalistischen Politiker, der ausländer- und künstlerfeindlich wäre und für das Land eine Gefahr darstellte. Das Parteiprogramm spielte in der FPÖ nie wirklich eine Rolle. Es wurde immer wieder geändert.

Die meisten Politiker zeigten sich gegenüber dem Phänomen Haider ratlos und versuchten, ihn zu ignorieren und von Wien fernzuhalten. 1999 gelang ihm jedoch ein sensationeller Wahlerfolg. Bei den Nationalratswahlen wurden die „Blauen“ erstmalig – vor der ÖVP – die Nummer zwei. Damit war es Haider gelungen, die FPÖ zu einer von drei beinahe gleich starken Parteien zu machen. Von knapp vier kam die FPÖ in 13 Jahren auf 27 Prozent. Zwar wurde Haider nicht Bundeskanzler – dazu war er zu umstritten –, aber FPÖ und ÖVP bildeten unter Führung von Wolfgang Schüssel eine Koalitionsregierung. Mit Susanne Riess-Passer stellte die FPÖ die Vizekanzlerin. Seither befindet sich die Partei allerdings in einer Krise. Der Übergang von einer Oppositions- zu einer Regierungspartei hat ihr nicht gut getan, sie konnte viele Versprechen nicht halten und verlor viele Wähler. Bei den vorgezogenen Neuwahlen 2002 fiel sie von 42 Mandaten auf 18 zurück. Zwar blieb sie in der Regierung, doch hörten koalitionsinterne Differenzen und Spannungen innerhalb der Parteiführung nicht auf. 2005 gab die Spitze der FPÖ den Übertritt in eine neue Partei, das „Bündnis Zukunft Österreich“, bekannt, das die Koalition mit der ÖVP fortsetzte. Jörg Haider amtierte bis zu seinem Tod 2008 weiterhin als Landeshauptmann von Kärnten. (Haider starb, stark alkoholisiert, nach einem Verkehrsunfall.)

Die Führung der FPÖ übernahm Heinz-Christian Strache, der sich von Haider distanzierte und zunächst durch seine als fremdenfeindlich und homophob kritisierten Plakate mit Slogans wie „Deutsch, statt nix versteh’n“ oder „Der echte Wiener darf nicht untergehen“ bei vielen Wienerinnen und Wienern Zustimmung fand. Bei den Wiener Gemeinderatswahlen 2005 erreichte Strache sensationelle 15 Prozent der Stimmen, 2013 bei den Parlamentswahlen 20,5 Prozent. „Nächstenliebe“, aber nur für Österreicher, lautete der Wahlslogan 2013. 2017 erreichte die FPÖ mit ihrer Migrationspolitik bei den Nationalratswahlen 25,97 Prozent der Stimmen. Zusammen mit der ÖVP war sie zwei Jahre in der Regierung, die an der Ibiza Affäre zerbrach und H.C. Strache zur Aufgabe aller politischen Funktionen zwang. Die FPÖ war immer eine Protest- und Oppositionspartei. Ihr Programm ist rechtspopulistisch und nationalkonservativ. Einbürgerungen sollen schwerer gemacht und die Freiheit der Bürger soll gewährleistet werden.

DIE GRÜNEN
GRUENE.AT

Die Grünen

Wie in anderen europäischen Ländern gibt es auch in Österreich ein breites Spektrum von Gruppen, die sich als Grüne bezeichnen, auch wenn sie aus verschiedenen politischen Richtungen kommen. Die Grünen, die seit 1986 im Nationalrat und auch in den Landtagen mehrerer Bundesländer vertreten sind, verstehen sich heute nicht nur als Partei des Umweltschutzes und als Protestpartei, sondern engagieren sich auf allen Gebieten des Lebens. Einige ihrer Grundwerte sind: „ökologisch“, „solidarisch“, „selbstbestimmt“, „basisdemokratisch“, „gewaltfrei“ und „feministisch“.

Umweltpolitik hatte natürlich von Anfang an für die Grünen „höchste Priorität“. Sie wollten die „grenzenlose Ausbeutung der Natur“ nicht länger hinnehmen, und es kam zu verschiedenen Protestkundgebungen und Demonstrationen. Schon 1978 hatte die Umweltbewegung in Österreich einen großen Sieg errungen. Nach einer Volksabstimmung wurde das Atomkraftwerk Zwentendorf (in der Nähe von Wien) nicht in Betrieb genommen, und Österreich ist seither „atomkraftfrei“. Auf dem Energiesektor engagieren sich die Grünen nach wie vor. Sie wollen von der Abhängigkeit vom Öl wegkommen und mit Hilfe neuer Technologien und Energiequellen wie Sonne, Wind und Biomasse eine „Grüne Energiewende“ herbeiführen. Die Verbindung von Umweltschutz, Wachstum und Schaffung von Arbeitsplätzen ist ihrer Meinung nach möglich. Sie setzen sich für eine Landwirtschaft ohne Gentechnik ein und sind gegen Massentierhaltung.

Insgesamt haben die Grünen ein sehr ehrgeiziges, idealistisches Parteiprogramm, das vor allem jüngere Frauen in den Städten anspricht. Sie sehen sich auch als Frauenpartei, fordern nicht nur volle Gleichstellung von Männern und Frauen, sondern beanspruchen überhaupt die „Führungsrolle in der Opposition“. Österreich soll, wenn es nach ihnen geht, ein „Chefinnenland“ werden. Sie wollen Misswirtschaft und Geldverschwendung bekämpfen, treten für die Integration von Ausländern ein und verlangen nach dem Motto „Familie ist mehr als Mann, Frau und Kinder“, dass der Staat verschiedene Modelle von „Familie“ rechtlich anerkennt. Sie treten auch für die Rechte von Behinderten ein und engagieren sich stark in der Sozialpolitik. Das Modell einer „Grundsicherung“, ein Rechtsanspruch auf ein Leben ohne finanzielle Armut, ist der zentrale Punkt der Grünen Sozialpolitik.

Was Österreichs Verhältnis zur EU betrifft, so betrachten die Grünen die EU als „Friedensgemeinschaft“, an deren militärischen Einsätzen Österreich nur mit einem UN-Mandat teilnehmen darf. Vor allem aber treten sie dafür ein, dass ihr Land seine Neutralität beibehält und keinem Militärblock beitritt.

Nach der Nationalratswahl 2013, bei der die Grünen mit 12,4 Prozent erstmals ihr bisher bestes Ergebnis auf Bundesebene erreichten, machte die Partei Zugeständnisse an den Mainstream. Dadurch verloren sie ihr Alleinstellungsmerkmal. Nach Abspaltung der Liste Peter Pilz 2017 verlor sie zwei Drittel ihrer Wählerschaft und waren 2017 nicht mehr im Nationalrat vertreten. 2016 gewann Alexander van Der Bellen die Wahl zum Bundespräsidenten. 2019 kamen sie nach einer Neuaufstellung auf 13,9% der Wählerstimmen und sind seit 2020 Koalitionspartner der ÖVP.

Neos – Das Neue Österreich

Gegründet wurde die Partei im Oktober 2012 durch ein Bündnis von Bewegungen, die sich für mehr Demokratie in Österreich einsetzten. Im März 2013 schlossen sich das Liberale Forum (LIF) und die Jungen Liberalen an.

Der 9 ½ Punkte Plan auch als „Pläne für ein neues Österreich" bekannt setzt sich für Schulautonomie, Steuersenkung, Pensionssicherheit, nachhaltige Wirtschaft, und Kinderbetreuung ein. Auch soll der Staat effizienter werden und eine Verwaltungsreform soll Licht in den Dschungel der Sozialleistungen bringen. Europa soll neu strukturiert werden und bei den Wahlen sollen Personen statt Parteilisten im Mittelpunkt stehen.

Die Neos schafften im September 2013 auf Anhieb den Einzug in den Nationalrat und sind auch seit 2017 im Parlament vertreten.

Liste Pilz

Nach der Abspaltung von den Grünen will Peter Pilz dass seine Partei nicht wie jede andere sei. „Seine Kandidaten sind das Programm". Sie stehen für parlamentarische Kontrolle, Verbraucherschutz, Flexibilisierung der Arbeitszeit und Kampf gegen Steuerflucht. Seit den Nationalratswahlen 2019 sind sie nicht mehr im Parlament vertreten.

Team Stronach

Das Team Stronach wurde im Herbst 2012 von Frank Stronach, der mit seinem Unternehmen Magna sehr erfolgreich war, mit Hilfe von Abgeordneten des BZÖ gegründet.

Das Team Stronach erreichte bei den Landtagswahlen 2013 in Kärnten und Niederösterreich mit über 10 Prozent aus dem Stand ein beachtliches Ergebnis, in Salzburg waren es immerhin noch 8,3 Prozent. Bei der Nationalratswahl 2017 & 2019 trat das Team Stronach nicht mehr an.

Bündnis Zukunft Österreich (BZÖ)

Das BZÖ war die jüngste und kleinste der im Parlament vertretenen politischen Parteien bis 2013. 2005 kam es in der FPÖ zu einer Parteispaltung. Während eine Gruppe die Koalition mit der ÖVP beenden und eine „neue“ FPÖ gründen wollte, traten die regierungstreuen Mitglieder um Jörg Haider aus der Partei aus und gründeten das „Bündnis Zukunft Österreich“. Nach den Wahlen 2013 ist das BZÖ nicht mehr im Nationalrat vertreten und kandidierte 2017 & 2019 auch nicht mehr.

Die Österreicher und die Politik

Die politischen Parteien haben in den letzten zwanzig Jahren stark an Bedeutung eingebüßt. Waren SPÖ („die Roten“) und ÖVP („die Schwarzen“) bis in die achtziger Jahre noch Herausgeber von Tageszeitungen und Vermittler von Jobs und Wohnungen und konnten damit rechnen, 90 Prozent der Wählerstimmen zu bekommen, so haben sie heute viele ihrer Möglichkeiten, Macht und Einfluss auszuüben, verloren. Jahrzehnte hindurch herrschte (und herrscht zum Teil noch immer) ein starres Proporzsystem. Einer „roten“ Organisation oder Position stand immer eine „schwarze“ gegenüber. Die großen Parteien teilten sich nach einem Schlüssel die Macht im Staat.

In den letzten Jahrzehnten ist dieses System aufgebrochen in Richtung internationale Normalität. Ideologien sind nicht mehr gefragt, die „Lagermentalität“ hat sich geändert. So ist die SPÖ schon längst nicht mehr die Partei der Arbeiter, genauso wie die ÖVP nicht mehr die Partei der Landwirte und der Katholiken ist. Die Österreicherinnen und Österreicher sind politisch mobil geworden und orientieren sich immer mehr an den Massenmedien. Die Parteien werden programmatisch immer schwächer und sind schon heute in hohem Maß nur mehr Plattform und Rahmenparteien. Sie haben ihre Stammwähler verloren, das Wahlvolk wird immer flexibler. Besonders junge Leute mit höherer Bildung und höherem Einkommen sind nicht mehr so schnell bereit, sich einer Partei anzuschließen. So gibt es immer mehr Wechsel- und Protestwähler, einen spürbaren Rückgang bei Parteimitgliedern und eine sinkende Wahlbeteiligung. Das Interesse für Politik ist kleiner geworden, der Begriff „Politikmüdigkeit“ ist immer häufiger zu hören.

Der Sozialstaat

Österreich gilt als einer der fortschrittlichsten Sozialstaaten Europas. Auf Gebieten wie Arbeitszeit, Feiertage, Urlaub, Kündigung, Abfertigung, Pension und Arbeitslosenunterstützung liegt Österreich in Europa ganz vorne. Die Österreicherinnen und Österreicher haben ein sehr hohes Sicherheitsempfinden. Das Thema „Altersvorsorge" ist ihnen daher extrem wichtig. Noch verlassen sich die meisten auf die vom Staat garantierte Pension, die durchaus adäquat ist, in Zukunft jedoch nicht mehr so wie bisher finanzierbar sein wird. Der Grund liegt darin, dass das Verhältnis zwischen berufstätiger Bevölkerung und Menschen mit Pensionsanspruch problematisch geworden ist. Immer weniger Aktive müssen immer mehr Pensionisten finanzieren. Inzwischen hat die Bundesregierung eine Pensionsreform durchgeführt, die sicher stellen soll, dass auch in den nächsten Jahrzehnten die Pensionen ausbezahlt werden können.

Praktisch alle Österreicherinnen und Österreicher sind krankenversichert. Da die Beiträge für die Krankenversicherung nicht kostendeckend sind, leistet der Staat Jahr für Jahr Milliardenzuschüsse.

Seit einiger Zeit hört man aber in Österreich immer wieder den Vorwurf, dass manche soziale Einrichtungen überhand genommen hätten und gar nicht notwendig wären. In Form von „Sparpaketen" hat die Regierung allerdings in den letzten Jahren einige Sozialleistungen gestrichen, was verständlicherweise keine Freude auslöste. Trotz der hohen Kosten möchten die meisten Österreicher auf die Sicherheit, die ihnen die sozialen Einrichtungen gebracht haben, nicht verzichten.

Sozialpartnerschaft

Österreich gehört zu den Ländern, wo seit Jahrzehnten sozialer Friede herrscht und wo praktisch nie gestreikt wird. Die Österreicherinnen und Österreicher sind sehr auf Konsens und Ausgleich bedacht und führen ihren Erfolg auf einen politischen Stil zurück, den sie nach 1945 einführten. Um nicht wieder in eine so katastrophale wirtschaftliche Situation zu kommen wie in der Ersten Republik, entschlossen sich Vertreter der Arbeitgeber und der Arbeitnehmer zu einer in Europa einzigartigen Zusammenarbeit. Auf freiwilliger Basis schufen sie die „Paritätische Kommission", in der die „Sozialpartner" (Unternehmer, Gewerkschaften, Regierung) gleichberechtigt vertreten sind, daher gibt es nur wenige Arbeitskonflikte. Diese Kommission entscheidet praktisch über alle Lohn- und Preiserhöhungen. In der Sozialpartnerschaft treten die Einzelinteressen zurück. Im Zuge des EU-Beitritts und der Internationalisierung ist die Bedeutung der Kommission stark in den Hintergrund getreten.

Symbole

Rot-Weiß-Rot

Rot-Weiß-Rot sind seit langem die Farben der österreichischen Fahne. Man findet sie schon im Wappen der Babenberger. Ein Babenbergerherzog ist es auch, der einer Sage nach diese Farben für sein Land eingeführt hat.

Nach der Eroberung Jerusalems im Jahr 1187 nahm Herzog Leopold V. (der „Tugendhafte") mit Rittern aus Österreich und der Steiermark am Kreuzzug teil. Fast gleichzeitig mit ihm traf König Richard Löwenherz von England an der syrischen Küste ein. Die Kreuzfahrer belagerten zunächst die Hafenstadt Akkon. Es gab viele Kämpfe, bis die Christen endlich in die Stadt einziehen konnten. Leopold soll dabei so tapfer gekämpft haben, dass sein weißer Waffenrock nach der Schlacht blutüberströmt war. Als er ihn am Abend auszog, zeigte sich der weiß gebliebene Streifen im Gürtel. Zur Erinnerung daran erklärte Leopold den weißen Streifen im roten Feld zum Wappen seines Landes. So erzählt es die Sage. In Wirklichkeit dürften die Babenberger die rot-weiß-rote Fahne von einer ausgestorbenen Familie im nördlichen Niederösterreich geerbt haben.

Das Bundeswappen

Im österreichischen Wappen, das einen Adler zeigt, werden Arbeiterschaft, Bauern und Bürgertum durch Hammer, Sichel und Mauerkrone versinnbildlicht. Die gesprengte Eisenkette ist das Symbol für die Wiedererringung der Unabhängigkeit Österreichs 1945 und den Wiederaufbau des Staates.

1992 entwickelte sich eine heftige, leicht absurde Diskussion um den Bundesadler. Stimmen wurden laut, es sei an der Zeit, Hammer und Sichel, die im Ausland tatsächlich immer wieder als kommunistische Symbole missverstanden werden, zu entfernen. Alle möglichen Vorschläge wurden eingebracht, wie man das

Das Bundeswappen der Republik Österreich

Wappen ändern könnte, und die Karikaturisten hatten Hochkonjunktur. Backhendl, Friedenstaube und Chamäleon waren einige der (nicht ernst gemeinten) Vorschläge für ein neues Wappentier. Inzwischen haben es sich die Österreicher anders überlegt. Die Debatte über das Wappen ist verstummt, und man ist beim alten Adler geblieben. Anscheinend haben ihn die meisten doch lieb gewonnen und wollen ihn behalten.

Land der Berge, Land am Strome

In der Ersten Republik gehörte der Kampf um die „richtige" Hymne zum politischen Alltag. Die von Joseph Haydn komponierte populäre Kaiserhymne („Gott erhalte, Gott beschütze/unsern Kaiser, unser Land!") wurde aus verständlichen Gründen abgeschafft, die Melodie blieb jedoch lebendig. Auf eine neue Hymne konnten sich die Politiker nicht einigen.

Nach 1945 suchten die Österreicher wieder eine neue Hymne. Die in Frage kommende, noch immer populäre Haydn-Melodie war durch ihre Verwendung im Dritten Reich („Deutschland, Deutschland über alles") vorbelastet. In Form eines Preisausschreibens sollte nun zu einer Melodie von Mozart eine neue Hymne gefunden werden. Im Februar 1947 fiel die Entscheidung für einen Text der Dichterin Paula von Preradović. „Land der Berge" wurde zwar nie richtig populär und nur wenige Österreicher kennen den Text, konnte sich jedoch in den sechziger Jahren als Bundeshymne etablieren und ist heute ein akzeptiertes Symbol Österreichs, was nicht zuletzt auf die Erfolge österreichischer Sportler und Sportlerinnen bei internationalen Sportveranstaltungen, besonders bei Olympischen Spielen und alpinen Schiweltmeisterschaften, zurückgeht. Und dass die Musik nicht von Mozart, wie ursprünglich vermutet, sondern von seinem Zeitgenossen Johann Holzer stammt, stört inzwischen auch niemanden mehr.

Es gab allerdings schon seit den 1970er-Jahren immer wieder Rufe in entsprechenden Passagen auch den Frauen Rechnung zu tragen. Seit 2002 gab es verschiedene Vorschläge. Konkret wurden diese aber erst im Juli und November 2011, als bei Inititativanträgen im Parlament ein Text vorgelegt wurde, auf den sich die Mehrheit der Parteien einigen konnten. Mit 1. Jänner 2012 trat die neue Bundeshymne in Kraft.

Die österreichische Bundeshymne

Land der Berge, Land am Strome,
Land der Äcker, Land der Dome,
Land der Hämmer, zukunftsreich!
Heimat großer Töchter und Söhne,
Volk, begnadet für das Schöne,

vielgerühmtes Österreich,
vielgerühmtes Österreich.

Heiß umfehdet, wild umstritten,
liegst dem Erdteil du inmitten,
einem starken Herzen gleich.
Hast seit frühen Ahnentagen
hoher Sendung Last getragen,
vielgeprüftes Österreich,
vielgeprüftes Österreich.

Mutig in die neuen Zeiten
frei und gläubig sieh uns schreiten,
arbeitsfroh und hoffnungsreich.
Einig laß in Jubelchören,
Vaterland, dir Treue schwören,
vielgeliebtes Österreich,
vielgeliebtes Österreich.

Die „wirklichen" Symbole

Der Politologe und Medienforscher Peter Diem im Standard-Interview über die Symbole Österreichs. Das Gespräch führte Hans Rauscher.

Standard: Gibt's Symbole, die für junge Leute etwas bedeuten? Vor allem für junge Leute?

Diem: ... Da ist einmal die Sprache. Das österreichische Deutsch ist ein Symbol für Österreich... Zur Sprache gehören auch die Lieder, es ist keine Frage, dass die Nation sich auch in ihren Liedern wieder findet... Wenn Sie hören „In die Berg bin i gern", dann haben Sie Identität. Die Landschaft ist etwas ganz Wichtiges, vom Bodensee bis zum Neusiedler See... Was bestimmt die österreichische Identität? Immer die Landschaft, die Architektur und gewisse Mythen, die wir haben. Angefangen bei der Pummerin, beim Donauwalzer, beim Belvedere und bei der Uno-City... Die Kultur ist sicherlich auch ein Symbol, die Musik, das Neujahrskonzert – ganz wichtig ist der Sport.

Standard: Aber für die Landschaft können wir ja eigentlich nichts.

Diem: Nein, aber wir haben sie ja, und wir bewohnen sie. Wir haben den einzigen Steppensee Europas, wir haben den Großglockner, die Lieblichkeit der österreichischen Landschaft, ob das die Wachau ist oder der Lungau... Auf so Dinge wie Neujahrskonzert, große Erfinder, Küche und Keller – also der Veltliner und das Schnitzel – und die Popmusik darf man auch nicht vergessen. Der Fendrich, der „I am from Austria" gesungen hat, der ist auch da zu zitieren, und schließlich die soziale Sicherheit. Das sind die wirklichen Symbole. Die Staatssymbole, Wappen, Hymne und Fahne, sind nur Ausdruck dieser sozusagen realen Symbole.

5 Österreichs Wirtschaft

Bevor Sie weiterlesen: Nennen Sie Produkte, die Sie für „typisch österreichisch" halten. Welche Produkte sind Ihnen bekannt? Welche werden in Ihr Land importiert?

„Wie machen das die Österreicher?"

Den meisten Österreicherinnen und Österreichern fiel bis vor ein paar Jahren zum Thema „Wirtschaft" vermutlich nicht viel ein. Sie freuten sich, dass es ihnen gut geht, und sie dachten, dass ein sicherer Arbeitsplatz, möglichst beim Staat, noch immer das Beste ist. Begriffe wie „Umsatz", „Flat Tax" oder „Wertschöpfung" beschäftigten sie kaum, und für die Börsenberichte interessierten sie sich auch nicht unbedingt. Aber das Bild von den angeblich so gemütlichen und sorglosen Österreichern und Österreicherinnen täuscht. Klischees vom „liebenswerten, aber etwas rückständigen Völkchen" (*Manager-Magazin*, März 2005) haben mit der Realität nur wenig zu tun. In Österreich wird mindestens so schwer gearbeitet wie anderswo. Zweifelten in den dreißiger Jahren des vergangenen Jahrhunderts noch viele Österreicher an der Lebensfähigkeit ihres Landes, so kann sich das Land heute in jeder Hinsicht sehen lassen.

Österreich: Ein Erfolgsmodell

Die neue Geschichte Österreichs ist eine Erfolgsgeschichte, wirtschaftlich und sozial, politisch und auch kulturell. Der Erfolg lässt sich zunächst in Zahlen ausweisen. Das Land gehört heute zu den reichsten Ländern der Welt, die Arbeitslosigkeit ist mit 4,5 Prozent vergleichsweise gering, am Wohlstand hat die gesamte Bevölkerung teil... Das ist die eigentliche Grundlage des österreichischen Erfolgs in den letzten Jahren: In der Bevölkerung herrscht ein Wille zum Wandel, die Bereitschaft, alles zu prüfen, das Gute zu behalten und das Schlechte wegzuwerfen.

Neue Zürcher Zeitung, 29. Jänner 2005

Reformen und Veränderungen

Durch den Beitritt zur EU wurde Österreich zu einigen Reformen gezwungen, die große Veränderungen brachten, aber auch Ängste in der Bevölkerung auslösten. Traditionelle Strukturen wurden verändert, der Einfluss des Staates wurde zurückgedrängt. Unternehmen schlossen sich zusammen, und es kam zu Privatisierungen. Diese betrafen nicht nur große Stahlkonzerne und Banken, sondern auch so unterschiedliche Unternehmen wie die staatliche Mineralölgesellschaft OMV und die Postsparkasse; für die Post wurde ein Partner gefunden (Bank 99 AG). Liberalisierungen gab es im Energiesektor (Strom und Gas) und diese machen es auch privaten Haushalten möglich, ihren eigenen Energielieferanten zu wählen. Von der EU-Erweiterung hat Österreich von allen EU-Ländern am meisten profitiert. Die Alpenrepublik steht schon heute als der „Globalisierungsgewinner" da.

Eine der fünf reichsten Nationen

Bis 2008 lief die österreichische Wirtschaft auf Hochtouren. Die Marke „Österreich" war offenbar gefragt, der Export boomte, zahlreiche ausländische Firmen ließen sich in Österreich (besonders in Wien) nieder, Österreicher gehörten andererseits zu den größten Investoren in den neuen EU-Ländern. Die Arbeitslosigkeit war relativ niedrig.

Und dann kam die Finanz- und Wirtschaftskrise. In dieser Rezession, die in Österreich vor allem die Exportmärkte betraf, stieg die Arbeitslosenquote massiv an.

Langsam erholte sich die Wirtschaft in den Jahren 2010-2015, um dann 2017/2019 kräftig zu wachsen. In der Corona Pandemie 2020 brach die Wirtschaft noch stärker ein, wieder war Rekordarbeitslosigkeit die Folge, die die Regierung aber durch Kurzarbeit abfederte.

Aber der Krieg in der Ukraine erteilt dem Wachstum einen herben Dämpfer. Nach dieser Vorschau wird die Wirtschaft 2022 nur noch um 2,6% wachsen. Die Inflation bleibt hoch. Doch ein ganz wichtiger Pluspunkt für Österreich sind seine hochqualifizierten und produktiven Arbeitskräfte und gut geschulte und einfallsreiche Unternehmer. Sie haben wesentlich dazu beigetragen, dass Österreich es bis zu den „Top 5" der EU brachte (gemessen am BIP pro Kopf). Und dass ihr kleines Land das fünftreichste der EU ist, wollen viele Österreicherinnen und Österreicher erst gar nicht glauben. In der Studie des Internationalen Währungsfonds (IWF) nimmt Österreich den 17. Platz von 110 Ländern ein. Wien ist 2018 bei den wohlhabendsten EU Regionen auf Rang #7.

Wie zeigt sich nun all der Reichtum? Nun, was die „klassischen" Wohlstandssymbole (HD Farbfernseher, Tablets, Kühlschrank, Telefon, Handys usw.) betrifft, so sind Österreichs Haushalte damit praktisch voll ausgestattet. Österreich gehört auch zu den Ländern mit der höchsten Zahl von Autos pro Einwohner. Kamen im Jahr 1990 388 Autos auf 1000 Einwohner, so waren es 2021 bereits 572.

Für diesen Erfolg müssten noch viele Ursachen erwähnt werden. Die Marshall-Plan-Hilfe in den Nachkriegsjahren gab das Startkapital. Das marktwirtschaftliche Prinzip, die Konsenspolitik, die Sozialpartnerschaft, aber auch die ziemlich intakte Umwelt und das kulturelle Umfeld haben dazu beigetragen, dass sich Österreich weit vorne in den internationalen Rankings hinaufarbeitete.

Reiches Österreich – armes Österreich

Dass Österreich heute zu den reichsten Ländern der Welt zählt, ist zweifellos erfreulich für ein kleines Land, das bis zur Mitte des 20. Jahrhunderts den Ruf eines Armenhauses von Europa hatte.

Heute leben zwei Drittel der Österreicher und Österreicherinnen im Wohlstand und haben keine wirtschaftlichen und sozialen Probleme. Andererseits ist die Armut im Lande nicht zu übersehen. 1,22 Millionen Menschen (14% Stand 2020) gelten als arm oder „armutsgefährdet", sie haben pro Monat weniger als 1 328 Euro zur Verfügung und können sich wegen ihres niedrigen Einkommens „grundlegende Dinge" nicht leisten: Kleidung, ausreichende Heizung, den jährlichen Urlaub, ein Handy, Gesundheitsversorgung oder eine ordentliche Wohnung. Die Betroffenen, häufig Frauen, Familien mit mehreren Kindern, Alleinerzieherinnen und Arbeitslose sind oft krank, leben in feuchten, überbelegten Wohnungen und haben Jobs, von denen sie nicht leben können.

Auffällig sind in Österreich die mangelnden sozialen Aufstiegschancen von Kindern; sie sind oft von ihrer sozialen Herkunft abhängig. Die Bildungschancen hängen in Österreich ja noch immer stark vom Status der Eltern ab. Akademikerkinder beenden eher ein Studium als Kinder von Arbeitern.

Problematisch ist die Verteilung des Gesamtvermögens. Ein Prozent der Bevölkerung (die Reichsten der Reichen) besitzen 39 Prozent des Gesamtvermögens, die obersten zehn Prozent gleich 55%, die untere Hälfte gerade 2,8 Prozent.

Österreich 2007: Zwei Perspektiven

Mit Ausnahme der Schwachstelle „Arbeitslosigkeit“ mischen die Österreicher an der Weltspitze mit: Zweitwohnung, Zweitauto, Zweitjob und andere Vorteilsnahmen für die oberen Zehntausend. Und für den einfachen Mann eine Mischung aus Mallorca und Antalya, unterbrochen durch die 40-Stundenwoche mit reichlich bezahlten Überstunden.
Der Journalist Klaus Emmerich

Ene mene mu und raus bist du!
Armut grenzt aus.
Armut ist vor allem weiblich.
Armut ist jung.
Armut ist vererblich.
Armut macht krank.
Und Armut zeigt sich in
vielen verschiedenen Gesichtern:

„Mein Vater war Bauer, die Mutter Putzfrau. Wir haben genug Lebensmittel, Gewand und Spielsachen gehabt. Nur bei Schikurs und Schullandwoche konnte ich nie mitfahren, dazu war kein Geld da.“

Ich habe in der Kindheit bittere Armut erlebt: Kein Essen, kalte Wohnung, keine Winterschuhe, kein Geld für die Schule, alles ist nur für den Alkohol der Mutter verwendet worden. Ich hab' nur eine Puppe zum Spielen gehabt.

So erinnern sich zum Beispiel Frauen aus einer Caritas Wohngemeinschaft an ihre Kindheit. Frauen, die heute selber Kinder haben und Verantwortung tragen.

Aus einer Broschüre der youngCaritas.at

Grundlagen und Strukturen der österreichischen Wirtschaft

Österreich hat eine hoch entwickelte Industrie mit einem bedeutenden Dienstleistungsbereich. Obwohl dieser mit rund 70 Prozent den größten Anteil am Bruttoinlandsprodukt (BIP) stellt, gilt Österreich nach wie vor als Industrieland.

Österreichs Wirtschaft ist überwiegend klein- und mittelständisch strukturiert. 87 Prozent der Unternehmen beschäftigen weniger als zehn Arbeitnehmer und Arbeitnehmerinnen. Knapp 1,1 Prozent der Industrieunternehmen haben zwischen 50 und 250 Beschäftigten, und nur 1 Prozent beschäftigen mehr als 1000 Personen. Fast ein Drittel aller Arbeitsstätten sind Einmann- oder kleinste Familienbetriebe.

Die Einkommen in Österreich sind zwar hoch, aber nicht unbedingt höher als in vergleichbaren Ländern. Im Unterschied etwa zu den Japanern und Amerikanern, denen höhere Einkommen und weniger Freizeit wichtiger sind, haben sich die Österreicher nämlich für mehr Lebensqualität in Form von kürzerer Arbeitszeit und längerem Urlaub entschieden.

Industrie, Tourismus, Feinkostladen

Die Industrialisierung Europas hat Österreich relativ spät erfasst. Erst während der nationalsozialistischen Ära kam es aus kriegswirtschaftlichen Gründen zu einem Ausbau der Industrie. Heute ist die Industrie jedoch Kernstück der österreichischen Wirtschaft. Die wichtigsten Industriezweige sind Chemie, Maschinen- und Stahlbau, Elektro- und Elektronik sowie Fahrzeuge. Besonders leistungsstark zeigten sich österreichische Betriebe in folgenden Bereichen: Nahrungsmittel, Getränke, Verpackungstechnik, Mikroelektronik und Informationstechnologie sowie Wasser- und Umwelttechnik (Recycling, Abfallbehandlung). Eine lange Tradition hat die Textil- und Bekleidungsindustrie, die sich durch die Erzeugung von Qualitäts- und Nischenprodukten trotz großer Konkurrenz von Billiglohnländern behaupten konnte.

Mit zwei Dritteln des BIP ist der Dienstleistungsbereich der am schnellsten wachsende Sektor der österreichischen Wirtschaft. Zu den größten Wirtschaftsbranchen in Österreich gehört der Tourismus. Mit mehr als 25 Millionen Besuchern 2020 belegte Österreich den 11. Rang bei den weltweit beliebtesten Reisezielen. Obwohl der Tourismus durch die Pandemie um 31% eingebrochen war, erwirtschaftete er 2020 rund 5,5 Prozent des BIP.

Die Land- und Forstwirtschaft schließlich, die zwar nur zwei Prozent des BIP einbringt, ist für Landschaftspflege und Umweltschutz von großer Bedeutung. Führend sind Österreichs Bäuerinnen und Bauern in der Herstellung von Bioprodukten wie Frischmilch, Butter, Kartoffeln, Frischobst und Käse. Das Schlagwort vom „Feinkostladen Österreich“ darf freilich nicht darüber hinwegtäuschen, dass die österreichische Landwirtschaft, wie manche meinen, in einer Krise steckt. Das trifft besonders auf die Bergbauern zu. Vom Verkauf ihrer Produkte allein können sie kaum leben und werden so von Förderungen des Staates

Das Opernball-Diadem wird wieder klassisch: seit über 50 Jahren stammen die funkelnden Kronen der Opernball-Debütantinnen aus dem Hause Swarovski. Mannerschnitten sind Exporthits aus Österreich.

abhängig. Dazu kommen die harten Arbeitsbedingungen, die zu einer starken Abwanderung junger Leute in die Städte geführt haben.

„Made in Austria, aber kaum bekannt"

Manner-Schnitten, Riedel-Gläser, Swarovski-Kristallschmucksteine und Red Bull. Das sind nur einige der Markenprodukte aus Österreich. Aber weiß auch jeder, woher sie kommen? Für Red Bull, den Energy-Drink, mit dem der gebürtige Steirer Dietrich Mateschitz die Welt eroberte, und für Swarovski kann man das annehmen, sie sind längst ein Begriff, in den USA genauso wie in Asien. Im Allgemeinen haben österreichische Produkte ja nur dann eine Chance, im Ausland auch als solche bekannt zu werden, wenn sich Österreich-Assoziationen ergeben. Sacher kennen alle, Steyr nur wenige.

Viele österreichische Unternehmer sind in kleinen Marktnischen sehr erfolgreich, aber man kennt sie nicht. Manchmal verdanken sie ihr internationales Ansehen einer Tradition, wie dies zum Beispiel beim Klavierhersteller Bösendorfer der Fall ist. „Es gibt Klaviere und dann gibt es Bösendorfer", meinte Österreichs populärster Jazzmusiker Joe Zawinul einmal. Bösendorfer Flügel sind Einzelstücke, die in allen berühmten Konzertsälen der Welt gespielt und als

Mozartkugeln. Wer in Österreich an Energy Drinks denkt, denkt automatisch an Red Bull.

Prestigeobjekte gehandelt werden. Vor allem aber gelten sie als österreichisches Kulturgut. Weltweites Ansehen hat auch die traditionsreiche Wiener Porzellanmanufaktur Augarten, die in Japan sogar eine Vertretung hat.

Österreichische Firmen sind weltweit in den verschiedensten Branchen führend. Hier sind einige Beispiele:

- Die Kuppel des Reichstagsgebäudes in Berlin wurde 1999 von einer österreichischen Firma (Arbeitsgemeinschaft Waagner-Biro) geplant, produziert und montiert, ebenso das Kuppeldach des Louvre in Abu Dhabi (2015).
- Führende Opernhäuser der Welt verwenden österreichische Bühnentechnik: das Teatro Real in Madrid, das Gran Teatro Liceo in Barcelona, das Opernhaus in Kopenhagen, das Oriental Arts Center in Shanghai u.a.m. (Waagner-Biro); die Casa da Musica (Opernhaus) von Porto; Zusammenarbeit der Firmen Enzfelder, BTH und Rollo-Teufel.
- Doppelmayr ist einer der Weltmarktführer im Seilbahnbau mit Hauptsitz in Wolfurt und baut derzeit in Bolivien ein spektakuläres Seilbahnprojekt.
- Plasser & Theurer ist mit seinem Stammwerk in Linz Weltmarktführer für Gleisbaumaschinen.
- Die Waggons für die U-Bahn in Bangkok wurden von der Siemens AG gebaut.
- Das Wiener Neustädter Unternehmen Diamond Aircraft baut jährlich 400 Kleinflugzeuge, die zu den sichersten der Welt gehören.
- Frequentis, Weltmarktführer bei Informations- und Kommunikationssystemen für Flugsicherheit, hat nicht nur Scotland Yard, sondern auch die Deutsche und die Schweizer Bahn sowie praktisch alle Flughäfen der Welt als Kun-

den. 2007 erhielt die Wiener Firma einen Großauftrag der amerikanischen Raumfahrtbehörde NASA. 2022 startet es ein Verkehrsmanagementsystem für Drohnen.

- Beim Start der NASA Artemis 1 Rakete zum Mond (2022) liefern die österreichischen Unternehmen TTTech und Magna wichtige Komponenten für das Navigationsnetzwerk.

Rund hundert österreichische Unternehmen liefern die unterschiedlichsten Produkte in alle Welt. Hier seien einige genannt: Maschinen, Autozubehör, Dirndlkleider, Designermöbel, Computerchips, Strümpfe, Pistolen, Marmelade, Stempel und Spezialfahrzeuge für Feuerwehren. Schifabriken sind in Österreich eine Selbstverständlichkeit, aber dass sich in Graz das weltgrößte private und unabhängige Hochtechnologiezentrum für die Entwicklung von Motoren und Testsystemen (AVL List), sowie eine Firma für Rehabilitationsgeräte (Tyromotion) befindet, ist nicht selbstverständlich. Christoph Industries verarbeitet mit Hilfe von Fliegenlarven Müll zu Proteinfutter für Tiere. Die Anton Paar Group AG spezialisiert sich auf Mess- und Dichtemessgeräte und Robotiklösungen.

Aber es sei erstaunlich, meint der Journalist Klaus Emmerich, dass Österreich international mit Weltmarktführern an der Spitze „mitmischt". Das kleine Land kann sich in der Tat „industriell sehen lassen, wenn es um Kreativität, um modernste Technologie, um Patente oder um Marktanteile geht."

Tourismus

Österreich ist weltweit eine der beliebtesten Feriendestinationen. Trotz Finanz-Wirtschafts- und Coronakrise wurde das Jahr 2020 ein gutes Jahr im österreichischen Tourismus. Die Tourismuswirtschaft ist für das Land von großer Bedeutung, schafft sie doch zahlreiche Arbeitsplätze und trägt mit 5,5 Prozent zum Bruttoinlandsprodukt bei.

Zwei Drittel der Gäste kommen aus dem Ausland, die meisten aus Deutschland (50 Prozent), den Niederlanden, Großbritannien, der Schweiz sowie aus Italien und sie verbringen ihren Urlaub am liebsten in Tirol, Salzburg und Kärnten. Allerdings ist es in den letzten Jahren zu Nächtigungsrückgängen gekommen. Das Land braucht neue Märkte mit hohen Wachstumsraten und diese liegen im Osten. Besucher aus Russland, Indien, China, Arabien, Polen und der Tschechischen Republik haben sich vervielfacht.

Natürlich ist Wien mit seinen Sehenswürdigkeiten ein sehr beliebtes Reiseziel, das im Jahr 2020 mit knapp 5 Millionen Nächtigungen einen Tiefstand aufstellte. Die Wien-Besucher kommen aus der ganzen Welt, vor allem aus Deutschland, den USA, Italien und Russland. Die Bundeshauptstadt ist aber auch für die Österreicherinnen und Österreicher selbst ein beliebtes Reiseziel.

Als Haupturlaubsort mag Österreich an Attraktivität verloren haben, als Ziel für Kurzurlaube hat es jedoch gewonnen. Besonders der Städtetourismus (acht Landeshauptstädte und Wien) hat in den letzten zehn Jahren einen unglaublichen Boom erlebt.

Zwar gibt es in Österreich vom Luxushotel bis zur Almhütte alle Arten von Fremdenunterkünften, typisch ist jedoch der Familienbetrieb mit bodenständiger Kost und individueller Gästebetreuung. Und Experten meinen, dass beim weiteren Ausbau der Fremdenverkehrswirtschaft Qualität vor Quantität den Vorrang haben sollte.

Der Tourismus bringt manche Nachteile. Besonders in den Wintersportzentren ist die Landschaft durch den Ausbau von Skipisten und Liftanlagen oft stark belastet, sodass heute manche Orte gegen einen weiteren Ausbau des Fremdenverkehrs sind.

6 Wer sind die Österreicher?

Nationalcharakter

Nach den gängigen Klischees sind die Österreicher immer lustig und fidel, dazu auch höflich, liebenswürdig und gastfreundlich. (Natürlich gilt dies auch für die Österreicherinnen.) Tagsüber sitzen sie am liebsten im Kaffeehaus, und am Abend gehen sie zum Heurigen. Wenn sie Landbewohner sind, gehören sie einer Jodlerband oder einer Schuhplattlergruppe an. Die Arbeit nehmen die Österreicher nicht so ernst. Gutes Essen und guter Wein sind ihnen viel wichtiger.

Kann man aber überhaupt von „den Österreichern" sprechen? Was haben sie alle gemeinsam? Es ist sehr schwierig, alle Österreicher unter einen Hut zu bringen. Es gibt große Unterschiede im Temperament und in der Lebensführung. Ein Vorarlberger fühlt sich den alemannischen Schweizern näher verwandt als einem Burgenländer. Der obersteirische Bergbauer hat mit einem raunzigen Wiener wahrscheinlich nur wenig gemeinsam. So verschieden wie die Landschaften Österreichs sind auch seine Menschen. Und mit den Klischees ist es so eine Sache. Die meisten enthalten nur eine halbe Wahrheit. Sicher wollen die Österreicher das Leben genießen. Aber letzten Endes wird auch in Österreich fleißig gearbeitet. Woher kommen schließlich all die Kraftwerke, Fabriken und modernen Bauten?

Dass die Österreicher immer lustig und vergnügt sind (ein „Volk der Tänzer und der Geiger" nach einem Dichterwort), stimmt auch nicht ganz. In ihnen steckt auch eine gehörige Portion Aggressivität, Sentimentalität, Melancholie und Depression. Wie könnte man sonst erklären, dass Österreich zu den Ländern mit den meisten Autounfällen gehört und in der EU an 10. Stelle des Selbstmordraten-Spitzenfelds ist? (Slowenien, Kroatien und Ungarn übertreffen Österreich.)

Im Grunde sind die Österreicher freilich Optimisten, lassen sich nicht so leicht erschüttern und geben nicht so schnell auf. Man will seine Ruhe haben und liebt es nicht, gejagt und reglementiert zu werden. Wenn wirklich einmal etwas schief geht, bleibt man gelassen und sagt: „Na, es hätt' ja schlimmer kommen können" oder „Da kann man halt nichts machen."

Die Österreicher haben auch den Ruf, Meister im Improvisieren zu sein. Letzten Endes klappt aber bei ihnen alles doch ganz gut.

Wie steht es mit der Höflichkeit und Liebenswürdigkeit der Österreicher? Nun, zu ihren Minderheiten, aber auch zu den Migranten und Flüchtlingen aus

Südost-Europa sind nicht alle Österreicher unbedingt liebenswürdig. Und die Höflichkeit ist auch nicht immer ganz echt. In Fremdenverkehrsorten tarnt sie manchmal nur den Nepp. Die österreichische Gemütlichkeit gibt es sicher, aber hinter dem populären Motto „Nur net hudeln" können sich auch Gleichgültigkeit, Teilnahmslosigkeit und Resignation verbergen. So ist die Mentalität der Österreicher voller Widersprüche und oft nur schwer zu verstehen. Gute und schlechte Eigenschaften liegen bei ihnen oft ganz eng nebeneinander, aber wie bei anderen Völkern halten sie sich wohl auch bei den Österreichern die Waage.

der Heurige	ein Weinlokal (auch Wein der letzten Lese)
der Schuhplattler	ein Volkstanz
raunzen (österr.)	weinerlich jammern, dauernd unzufrieden klagen
„Nur net hudeln!"	umgangssprachlich: Nur keine Eile!
fidel	lustig, vergnügt

Identität – Österreichbewusstsein – Nationalstolz

Im Laufe ihrer Geschichte haben sich die Österreicher immer wieder die Frage gestellt: Wer sind wir? Die Frage war auch gar nicht so leicht zu beantworten, denn der Begriff „Österreich" änderte sich sowohl territorial als auch inhaltlich immer wieder.

Im 19. Jahrhundert verstand man unter Österreich das aus verschiedenen historisch gewachsenen Teilen bestehende Kaisertum (seit 1804), später die Doppelmonarchie Österreich-Ungarn (seit 1867). Österreich war ein von der Dynastie der Habsburger zusammengefasster ethnisch und sprachlich überaus differenzierter Staatenverband.

Nach dem Ausgleich mit Ungarn von 1867 bezeichnete man die nicht-ungarischen Teile der Monarchie als Österreich, zugleich gab es jedoch auch den übernationalen Österreichbegriff. Die deutschen Österreicher hatten in der gesamten Monarchie eine eindeutige Vorzugsstellung. Je stärker sich die nicht-deutschen Völker ihrer Identität bewusst wurden, desto mehr verstärkte sich der Deutschnationalismus.

Mit dem Zusammenbruch der Donaumonarchie war es für die deutschen Österreicher klar, dass sie Deutsche waren. Die 1918 gestellte Forderung nach dem Anschluss an die neue deutsche Republik war eine logische Konsequenz dieses

Denkens. Dagegen legten allerdings die Alliierten ein Veto ein. Österreich musste Österreich bleiben, und die Österreicher, die Deutsche werden wollten, mussten Österreicher bleiben. In den dreißiger Jahren des 20. Jahrhunderts sah sich Österreich als der zweite, jedenfalls bessere deutsche Staat. Das in der Ersten Republik quer durch das politische Spektrum gehende deutsch-österreichische Nationalgefühl erklärt die Tatsache, dass die Mehrheit der Österreicher 1938 für den Anschluss war.

Erst während des Krieges entwickelte sich so etwas wie ein österreichisches Nationalgefühl, und seit 1945 fühlen sich die Österreicher mehrheitlich als Nation. Kein Österreicher sieht sich heute als Deutscher. Der Staatsvertrag, die Neutralität und die UNO-Mitgliedschaft wurden wichtige Identifizierungssymbole für das neue österreichische Nationalbewusstsein. Der Staatsvertrag brachte die Souveränität, die Neutralität hielt das Land aus dem Ost-West-Konflikt heraus, und in der UNO verschaffte sich Österreich mit Kurt Waldheim als Generalsekretär eine Rolle auf der Weltbühne. Die Prosperität, die soziale Sicherheit und die internationale kulturelle Geltung des Landes („Kulturgroßmacht") trugen ebenfalls stark zu seiner Identitätsfindung bei.

Die überwältigende Mehrheit der Österreicher bejaht die Frage nach der eigenen Nation. Das haben praktisch alle Umfragen in den letzten Jahrzehnten ergeben. Waren es zum Beispiel 1964 nur 47 Prozent, die sich als Österreicher fühlten, sind es 2019 schon 73 Prozent. Wie Hans Rauscher bemerkt, haben die Österreicher ein „gefestigtes", nicht-deutsches Nationalbewusstsein. Es geht dabei weder um die gemeinsame Sprache noch um eine bestimmte Volkszugehörigkeit. Entscheidend ist die Zustimmung des Volkes zu seinem Land, Österreich. Die im Vergleich mit anderen Staaten noch immer junge Republik ist also, ähnlich wie die USA oder die Schweiz, eine „Willensnation".

Die Österreicher sind stolz auf sich und auf ihr Land und möchten im Grunde nirgendwo anders leben. Aber worauf sind sie eigentlich stolz? Staatsvertrag und Neutralität, obwohl längst zu Mythen erstarrt, sind bis heute Pfeiler der österreichischen Identität. Sie sind zu Symbolen für das neue Österreich geworden, auf das man stolz sein kann. Stolz sind die österreichischen Menschen auf die liebliche Landschaft mit ihren Bergen und Seen, auf die heimische Küche und die hohe Lebensqualität, aber auch auf die Leistungen der Medizin, gefolgt von Sport, Musik, Wissenschaft, Kunst und den Verzicht auf die Atomkraft. Die Heimat, die vertraute Sprache, das gute Essen und die sprichwörtliche Gemütlichkeit, aber auch das Sozialsystem, das viele für das beste der Welt halten, sind Teile dieser Identität.

Es versteht sich von selbst, dass der Nationalsport Nummer eins, Schifahren, ein wichtiger Faktor der österreichischen Identität ist. Auf die Frage schließlich, welche Eigenschaften sie sich als nationales Kollektiv selbst zuteilen, kommen die Antworten rasch: „sympathisch“, „gesellig“, „fleißig“, „gebildet“, „gescheit“ „erfolgreich“, „verlässlich“, „tolerant“, „leistungsorientiert“ und „charmant“. All die erwähnten Eigenschaften (und noch andere) lassen also auf ein hohes Maß an Selbstzufriedenheit schließen und sind Elemente des kollektiven österreichischen Selbstbildes geworden, wie es sich in den letzten Jahrzehnten herausgebildet und im Grunde nur wenig verändert hat.

Wer bin ich? Wo?
Überlegungen zum Thema „Identität“
Von Barbara Coudenhove-Kalergi

Ich bin als Kind unter drei verschiedenen Nationalhymnen aufgewachsen. Doch eine eigene Identität zu finden, das ist heute nicht einfacher geworden, im Gegenteil. Sind wir am Ende lauter vaterlandslose Gesellen?

Wo ist mein Heim, mein Vaterland?“ So beginnt die tschechische Nationalhymne. Ich sang sie in der ersten Klasse der Prager deutschen Volksschule und gleich anschließend die slowakische, etwas holprig in der deutschen Übersetzung, „Auf der Tatra blitzt und dröhnt und donnerkracht es“. In der zweiten Klasse sangen wir „Deutschland, Deutschland über alles“, denn inzwischen war aus meiner Heimat das „Protektorat Böhmen und Mähren“ geworden und ich als Angehörige der deutschen Minderheit Bürgerin des Deutschen Reiches. 1945 wurde unsere Familie aus Böhmen vertrieben, ich war jetzt Österreicherin und lernte im österreichischen Gymnasium „Land der Berge, Land am Strome“. Drei verschiedene Hymnen, drei verschiedene Staatsbürgerschaften, drei verschiedene Identitäten, innerhalb einer einzigen Kindheit. Aber wer war ich wirklich?
Ah, du bist Sudetendeutsche, sagten meine neuen österreichischen Landsleute. Nein, nein, setzte ich mich zur Wehr, ganz und gar nicht. Ich bin nicht aus dem Sudetenland, ich bin aus Prag. Verständnislose Blicke. Wo war da der Unterschied? Mein Vater hatte unsere Nationalität mit einer Definition des aufklärerischen Philosophen Bernhard Bolzano beschrieben.
Ich bin ein Böhme deutscher Zunge. Schwer, das einem an derlei Feinheiten nicht sonderlich interessierten Frager zu erklären. Aber damit war die Verwirrung noch nicht beendet.

Nach der Wende ging ich als ORF-Korrespondentin in meine Heimatstadt Prag und musste neuerlich über meine nationale Identität Auskunft geben. Ach, Sie leben in Wien? Sie sind Emigrantin? Das nun auch wieder nicht...

Wir glauben zu wissen, wie „der“ Österreicher aussieht. Vom Ständestaat über die Nazizeit bis heute hat sich in den Köpfen ein Begriff des Österreichertums durchgesetzt, das immer weniger der gesellschaftlichen Wirklichkeit entspricht? ... Das Land verändert sich und mit ihm seine Bevölkerung. Aber das ist nicht unbedingt etwas Neues.

Am Beginn des 20. Jahrhunderts hat sich die österreichische und insbesondere die Wiener Gesellschaft ebenfalls stark verändert, weil vor allem aus Böhmen und aus Galizien Zehntausende tschechische und jüdische Immigranten in die Hauptstadt strömten. Auch damals fürchtete man Überfremdung und Kulturverlust. Es gab eine vehemente antitschechische und antisemitische Propaganda. Doch die viel gepriesene Kultur Wiens um 1900 mit ihren Höchstleistungen in Literatur, Kunst, Musik, Wissenschaft war ein Produkt dieser Blutauffrischung.
Heute scheint sich die Geschichte zu wiederholen. Seit der Öffnung der Grenzen 1989 ist die Zuwanderung nach Österreich wie nach Europa allgemein sprunghaft gestiegen. Ihr Tempo hat viele Österreicher überfordert...
Wir leben in einer Welt, die sich rapide verändert. Das stellt Anforderungen an Zuwanderer wie an Einheimische. Wohin soll man sich orientieren? Welche Werte sind unverrückbar, welche unterliegen einer Entwicklung? Woran muss man unter allen Umständen festhalten? Was kann man von anderen Kulturen übernehmen? Muss es in einem Land eine verbindliche „Leitkultur" geben? Oder können mehrere verschiedene Kulturen nebeneinander bestehen?
Die eigene Identität zu finden ist unter den heutigen Bedingungen keine Selbstverständlichkeit wie noch vor einer Generation, sondern eine Leistung. Man „erbt" sie nicht mehr von den Eltern. Nation, Religion, Rang und Stand, politische Orientierung, der Platz in der Gesellschaft – all das schafft sich in zunehmendem Maße jeder selbst. Je komplexer die Umstände, desto schwieriger die Aufgabe.
Lauter vaterlandslose Gesellen? Ist eine gesichtslose Mischmasch-Gesellschaft im Entstehen, in der gewachsene Kulturen verloren gehen und sich niemand mehr „daham" fühlen kann. Ich denke, das muss nicht sein. Ich für meinen Teil bin jedenfalls ganz froh darüber, dass ich mir, nolens volens, meine eigene Identität geben musste.
(*Die Presse/Spectrum*, Print-Ausgabe, 05.09.2009. leicht gekürzt)

Die Österreicher und die Deutschen

Das Verhältnis zwischen Österreich und Deutschland steht im Mittelpunkt aller Diskussionen um die österreichische Identität. Gleichgültig ob Österreich nach Osten oder nach Westen blickt, der Schatten des großen Bruders lässt sich nicht übersehen. Die beiden Länder haben zwar viel gemeinsam, unterscheiden sich jedoch in vielen Einzelheiten voneinander.

Zum Vergleichen:

- Die Bevölkerungszahl der Bundesrepublik Deutschland beträgt ungefähr 84 Millionen gegenüber 9 Millionen in Österreich. Das ist ein Verhältnis von ca.10:1.
- Deutschland ist mehr als viermal so groß wie Österreich.
- Als Nachbarn und EU-Mitglieder teilen die beiden Länder viele Interessen. Mit Deutschland hat Österreich die längste gemeinsame Grenze (816 km).
- Rund 217 000 deutsche Staatsbürger leben 2022 in Österreich, dazu kommen 80 000 Zweitwohnsitze. Jährlich wandern 10 000 netto zu. In Wien wohnen 54 000 Deutsche. Das entspricht etwa der Einwohnerzahl von zwei Wiener Bezirken.
- Etwa 80 000 Deutsche arbeiten in Österreich. Diese Zahl ist größer als die der türkischen Staatsangehörigen. 12 000 Deutsche jobben im Gastgewerbe.
- 60 000 Österreicher verdienen ihr Geld in Deutschland.
- Deutschland und Österreich unterhalten engste wirtschaftliche Beziehungen, wobei Österreich in den letzten Jahren Deutschland bei manchen Wirtschaftsdaten überholt hat.
- Deutschland und Österreich gehören zu den reichsten Ländern der Welt.
- Österreich und Deutschland haben eine lange gemeinsame Geschichte, die freilich vielfach von Konflikten und schrecklichen Kriegen geprägt ist. Schwierig war die Nachbarschaft immer.
- Im Laufe der Geschichte verhielten sich die beiden Staaten immer wieder wie die sprichwörtlichen ungleichen Geschwister.
- Die gemeinsame Sprache hat zu engen kulturellen Bindungen geführt, sei es in Literatur, Theater und Film und vor allem in den Medien. Anders ausgedrückt: Deutschland und Österreich haben bei aller Vielfalt ihrer Ausprägungen eine gemeinsame „Sprachkultur“ (Gerald Stourzh). Dementsprechend intensiv ist der deutsch-österreichische Kultur- und Wissenschaftsaustausch.
- Gut jeder zehnte Student an einer österreichischen Universität kommt aus Deutschland, vor allem in Wien, Salzburg und Innsbruck. Derzeit studieren zirka 30 000 Deutsche in Österreich.

Zwischen Deutschland und Österreich gibt es, wenn man von gelegentlichen Beschimpfungen deutscher Urlaubsgäste absieht, keine gravierenden Probleme. Umfragen geben genau Auskunft, was die Deutschen über die Österreicher denken und umgekehrt. So ist für die Masse der Deutschen Österreich das „schöne Alpenland mit netten Leuten“ (Bretschneider). Der typische Österreicher ist aus der Sicht des Bundesbürgers ein „geselliger, sympathischer, friedliebender, gescheiter Mensch, der sein Leben fröhlich, optimistisch und großzügig lebt". Viel sympathischer können sich die Österreicher wohl selbst nicht finden. Umgekehrt zeichnen auch die Österreicher ein durchaus vorteilhaftes Bild von den Deutschen. Sie werden als „zielstrebig", „gesellig", „erfolgreich" und „modern", allerdings auch als „laut" charakterisiert. Deutschland führt jedenfalls – zusammen mit der Schweiz – in der Beliebtheitsskala der Österreicher klar vor allen Ländern.

Wenn auch das Verhältnis Österreichs zu Deutschland offiziell in bester Ordnung ist und intensivste Kontakte zwischen den beiden Ländern bestehen, gibt es ein paar Reibungspunkte. So ärgern sich die Österreicher immer wieder über die „deutsche Unfähigkeit", Österreicher als „Nichtdeutsche" zu begreifen (Gabriele Holzer) und als eigene Nation zu akzeptieren. Manche beklagen sich über die mangelnden Österreichkenntnisse ihrer Nachbarn und ärgern sich über die „Vereinnahmung" österreichischen Kulturgutes. Die „Eingemeindung" österreichischer Schriftsteller und Künstler in Deutschland hat zwar Tradition, tut aber dem österreichischen Selbstwertgefühl gar nicht gut. Zwar veröffentlichen seit jeher viele österreichische Autoren und Autorinnen in Deutschland und könnten ohne das deutsche Lesepublikum gar nicht existieren, doch legen die meisten schon Wert darauf, als Österreicher zu gelten. Das Wort vom „deutschen Kulturkolonialismus" geht immer wieder um. Auch von einem „Sprachimperialismus" ist manchmal die Rede, der bereits bis in die österreichische Gastronomie vorgedrungen sei. Tatsächlich finden sich auf vielen Speisekarten in Österreichs Touristenzentren häufig deutsche Bezeichnungen für Speisen, was manche Österreicher ärgert. Andererseits erhebt sich die Frage, ob dies nicht ein Zeichen österreichischer Unterwürfigkeit ist.

Deutsche Verlage tolerieren manchmal bei österreichischen Autoren Eigenheiten des österreichischen Sprachgebrauches nicht. In deutschen Wörterbüchern wird das österreichische Deutsch immer wieder zu Unrecht als veraltet abqualifiziert. Fremdsprachige Filme werden in Österreich fast immer in bundesdeutscher Synchronisation gezeigt.

Bei all dem müssen die Österreicher zugeben, dass sie gerade in den Bereichen Wissenschaft, Kunst und Kultur einen ziemlich großen Einfluss in Deutschland haben. Erfolgsnamen wie der Autokonstrukteur Ferdinand Porsche, die Starköche Sarah Wiener und Johann Lafer, der Schauspieler Klaus Maria Brandauer und die Autorin Eva Menasse sind einige Beispiele. Verrät die Ängstlichkeit der Österreicher in Sachen „deutsch" vielleicht doch eine Portion Unsicherheit?

Herbert Lackner
„Ösis und Piefkes: Neue Freunde in Zeiten der Krise oder Liebe und Waschtrog“

Die Deutschen schnappen den Österreichern Studienplätze weg, überschwemmen den Arbeitsmarkt und führen bei der Ausländerkriminalität. Dennoch sind die „Piefkes“ beliebt wie schon lange nicht. Eine merkwürdige Nachbarschaft.

Als damals, 1978 in Cordoba, die Kameras ausgeschaltet waren, trat Berti Vogts, Kapitän der deutschen Nationalmannschaft, auf Hans Krankl zu und gratulierte: „Mensch, Junge. Ich freu mich tierisch für euch.“ – „Dafür gewinnt ihr heuer sicher einmal ein Skirennen“, erwiderte Hans Krankl. „Außerdem, Bruder – wenn ihr noch eine Chance gehabt hättet, ins Finale zu kommen, hätten wir euch gewinnen lassen.“ Deutschland und Österreich, Liebe und Waschtrog – allerdings nur in der Satire „Cordoba. Das Rückspiel“ von Rupert Henning und Florian Scheuba. Die Wirklichkeit war etwas anders: „Tooor! Tooor! Tooor! Tooor! I werd narrisch! Krankl schießt ein! 3:2 für Österreich! Wir fallen uns um den Hals, wir busseln uns ab!“, kreischte Edi Finger. Hans Krankl freute sich in „Sport am Montag“, „dass jetzt die Deutschen den Mund halten müssen“. Die „Bild“-Zeitung erklärte ihn daraufhin zum Staatsfeind und veröffentlichte seine private Telefonnummer.
Und dennoch hat Henning und Scheubas pfiffiger Schlussabsatz eine Wahrheit: Die Österreicher können mit den Deutschen ganz gut, wenn es denen einmal nicht so prima geht. Seit Kellner aus Castrop-Rauxel auf den diversen Sonnberghütten in Österreichs Alpen den Jagatee servieren und im Wiener Brunnenmarktviertel deutsches Servicepersonal unter türkischen Chefs werkt, werden sie noch viel mehr gemocht. Seit es den Deutschen nicht mehr so gut geht, hat Österreich erstmals in der Geschichte ein einigermaßen entspanntes Verhältnis zum großen Nachbarn im Nordwesten, gegen den und an dessen Seite es blutige Kriege gefochten hatte. Lange hatte Deutschland dominiert: als preußischer Aufsteigerstaat; als neues Kaiserreich; als Verbündeter im Ersten und Betreiber des Zweiten Weltkriegs; schließlich nach dem Krieg als Wirtschaftswunderland.
Das ist vorerst vorbei. „Deutschland ist nicht mehr der primäre Bezugspunkt der Österreicher, sie brauchen die Deutschen nicht mehr, um sich selbst zu definieren“, sagt der Politikwissenschafter Peter Ulram.

Waschtrog	Waschzuber
I werd narrisch	Ich werde verrückt
Jagatee	Schwarztee mit Rum

7 Die Österreicherinnen und Österreicher heute

Die Familie: Traditionen und Realitäten

Auch in Österreich kann man von einer Krise der Familie sprechen. Soziologen weisen auf die „moralische Überlastung“ der Familie hin und meinen damit den Widerspruch zwischen den traditionellen Normen und der Wirklichkeit des Familienlebens. So stammt das Idealbild der Hausfrau und Mutter aus einer Zeit, als nur wenige Frauen berufstätig waren.

Trotzdem genießt die Institution der Familie in Österreich nach wie vor ein sehr hohes Ansehen. Die meisten jungen Leute wünschen sich eine feste Partnerbeziehung und Kinder. Auch die traditionelle Ehe hat ihre Stellung überraschend gut behauptet. Unter den verschiedenen Formen des Zusammenlebens steht sie auch heute an erster Stelle. Uneheliche Lebensgemeinschaften, die freilich häufig zu einer formellen Ehe führen, sind jedoch längst für viele zu einer akzeptablen Alternative geworden.

Die breiteste Bevölkerungsgruppe Österreichs sind derzeit die Singles. Das Leben als Single ist in erster Linie eine Lebensform älterer Menschen, insbesondere älterer Frauen („unfreiwillig“ Alleinlebende) nach dem Tod des Partners. So lebten 2021 33 % aller Frauen im Alter von 65 und mehr Jahren in Einpersonenhaushalten.

Erst in zweiter Linie findet man Singlehaushalte im jungen Erwachsenenalter, wobei hier männliche Singles überwiegen. Singles gelten als erfolgreich und verdienen überdurchschnittlich gut. Kein Wunder, dass das Alleinleben immer mehr an Popularität gewinnt. Das Single-Leben ist aber nicht unbedingt Endzweck. Für die meisten ist es eine Übergangslösung, sie möchten gar nicht ewig Single bleiben und sich mit einer Katze begnügen. (Jeder dritte Single ist angeblich Besitzer einer Katze und beschäftigt sich mehr als eine Stunde pro Tag mit dem geliebten Tier.)

Die Realität der Familie entspricht nicht unbedingt den Wunschvorstellungen der meisten Österreicher und Österreicherinnen. Das sieht man an der hohen Scheidungsrate. Im Jahr 2020 wurden 36,9 Prozent der Ehen geschieden, und jede fünfte Familie ist eine „unvollständige“ Familie im traditionellen Sinn. Die aus Vater, Mutter und Kindern bestehende „Kernfamilie“ hat längst auch in Österreich Konkurrenz bekommen und ist für viele Menschen nur ein Modell unter anderen. Patchworkfamilien, also Familien, die sich nach Trennungen wieder zusammenfinden, sind keine Seltenheit. Dazu passt treffend ein Satz des Sozi-

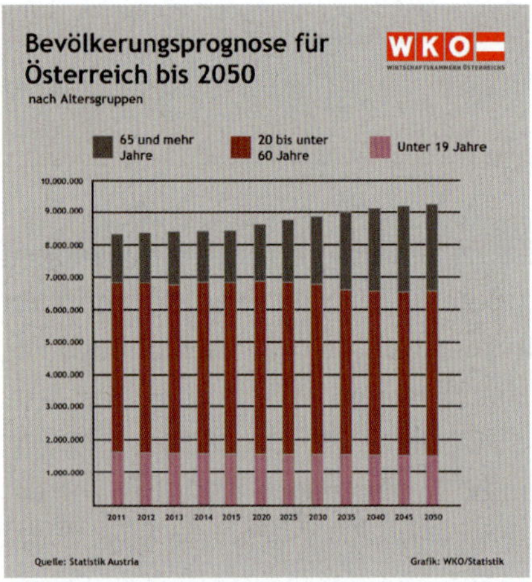

alhistorikers Michael Mitterauer: „Das moderne Kind hat zwei Kinderzimmer und acht Großeltern“, also je ein eigenes Zimmer bei einem geschiedenen Elternteil und zusätzliche Großeltern.

Auch im Haushalt sind Ideal und Wirklichkeit oft weit voneinander entfernt. Zwar sind – zumindest theoretisch – Gleichberechtigung und Partnerschaft in der Ehe verwirklicht, doch helfen nur wenige Männer im Haus und in der Familie. 74 Prozent der Hausarbeit übernehmen Frauen, bei Männern sind es 26 Prozent. Frauen kümmern sich zu 52 Prozent um die Reinigungsarbeiten. Eine Arbeitsteilung gibt es nur in 17 Prozent der Haushalte. Staubsaugen und Bügeln sind besonders unbeliebt. Frauen putzen das Bad, Männer gehen gerne einkaufen, am liebsten wird gekocht (73%). Allerdings wird es gerade Männern und Frauen, die sich eine partnerschaftliche Familie wünschen, nicht leicht gemacht. Die Arbeitszeiten sind nicht flexibel genug, es gibt zu wenig Teilzeitarbeitsmöglichkeiten und vor allem nicht genügend Kinderbetreuungseinrichtungen. Groß ist auch der Mangel an Kindergärten, die durchgehend (also auch über Mittag) geöffnet sind.

Zwar ist der Anteil der „klassischen“ Familie mit berufstätigem Ehemann und „Nur-Hausfrau“ noch immer wesentlich geringer als 1992, aber er ist im Ansteigen begriffen. Trotzdem: Liebe, Ehe, Familie und Treue werden nach wie vor hoch eingeschätzt.

Die Frau in Österreich

„Ist Österreich ein Macho-Land?“ Diese Frage stellte das Nachrichtenmagazin *profil* seinen Lesern. Die Antworten waren widersprüchlich. Einerseits haben Männer 94 Prozent der Geschäftsführungspositionen in der Wirtschaft inne und verdienen wesentlich mehr als Frauen. Die Gehaltsunterschiede zwischen Männern und Frauen liegen bei 23 Prozent. Alle anderen EU-Staaten, selbst „Macho Regionen“ wie Italien (5 Prozent) und Spanien (17 Prozent) erzielen bessere Werte.

2020 sind 28% Frauen als Professoren an einer Universität beschäftigt. Allerdings sind 2022 bei den umsatzstärksten 200 österreichischen Unternehmen nur 8,9 Prozent Frauen in der Geschäftsführung vertreten. Bei Debatten im Fernsehen überwiegen die Männer. Frauen spielen die Rolle des Moderators.

Im Grunde hat sich für Frauen also nicht viel geändert. Alte Rollenklischees sind keineswegs überwunden. Buben lernen mit Maschinen zu arbeiten und Mädchen wollen Models werden. Die Life-Style-Magazine zeigen ihnen, wie sie auszusehen haben.

Aber man muss zugeben, dass sich manches doch geändert hat. Mehr Frauen sind heute in politischen Spitzenpositionen tätig, die früher Männern vorbehalten waren. So hatte Österreich eine Nationalbankpräsidentin (1990-1995) und eine Kanzlerin (2021). Von 2006 bis 2017 hielt eine Frau das Amt der Ersten Nationalratspräsidentin und bekleidete damit die protokollmäßig zweithöchste Position der Republik. Seit 2018 ist eine Frau Rechnungshofpräsidentin. Dass es in der Bundesregierung Ministerinnen gibt, ist beinahe eine Selbstverständlichkeit. Die Steiermark war das erste Bundesland mit einer Frau im Amt des Landeshauptmannes. (Auch Salzburg hatte von 2004-2013 eine Landeshauptfrau, in Niederösterreich ist eine Frau Landeshauptfrau) In Innsbruck übte von 2002-2010 eine Frau das Amt des Bürgermeisters aus.

Das sind zwar erfreuliche Trends, ändert aber nichts an der Gesamtsituation. Frauen müssen besser sein als Männer, um eine Stelle zu bekommen. Frauen kommen langsamer voran, weil sie sich um ihre Familien kümmern. Auch Karrierefrauen wünschen sich einen „flexiblen" Job, um für ihre Familie und ihre Kinder da sein zu können. Die Gleichstellung von Mann und Frau ist noch immer die Ausnahme. Beim privaten Konsum sind die Frauen im Übrigen eine „Supermacht". (profil) Sie entscheiden einen Großteil der Haushaltsausgaben wie Autos, Bildung und Finanzprodukte.

Angeblich putzen viele Österreicherinnen sogar die Schuhe für die ganze Familie. Sind sie wirklich die glücklichen Hausfrauen, als die sie in vielen Fernsehreklamen noch immer gezeigt werden? Immerhin standen 2020 72 Prozent aller erwerbsfähigen Frauen im Berufsleben. Diese Frauen haben einen um vier bis sechs Stunden längeren Arbeitstag als die Männer.

Der Alltag der meisten Frauen, auch der berufstätigen, wird von den Anforderungen der Familie (Arbeitszeiten des Mannes, Schulzeiten der Kinder, Öffnungszeiten von Kindergärten, Geschäften und Ämtern) bestimmt. Daran ändert auch die Tatsache nichts, dass sich junge Männer viel häufiger an Hausarbeit und Kinderbetreuung beteiligen als ihre eigenen Väter. Sie sind auch bereit, ihre Arbeitszeit bei der Geburt eines Kindes zu reduzieren, nicht aber ganz aus dem Berufsleben auszusteigen.

Nach einer Umfrage (2003) sind 49 Prozent der österreichischen Männer der Meinung, dass eine Frau berufstätig sein sollte. Den meisten Männern ist es wichtiger, dass ihre Traumfrau eine gute Figur hat und attraktiv ist. Auf jeden Fall sollte sie auch eine gute Köchin sein.

Nun, ist Österreich ein Macho-Land?

Die Jugend

„Die heutige Jugend ist ein Puzzle aus Gruppen und Untergruppen, deren Mitglieder sich vor allem über Lebensstile, Wertvorstellungen und Outfits definieren und gegen andere abgrenzen", schrieb der Jugendforscher Bernhard Heinzlmaier vor einigen Jahren, und daran hat sich nicht viel geändert. Eine einheitliche Jugend gibt es in Österreich schon lange nicht mehr. Sie ist wie nie zuvor zersplittert. Was die rund 1 Million Österreicher zwischen 14 und 24 verbindet, ist ihr Alter, die Tatsache, dass die meisten mit ihrem Leben durchaus zufrieden sind – und dass sie immer weniger werden. Laut Prognosen von Demografen wird diese Altersgruppe nämlich stark schrumpfen. Das macht vielen – mit Recht – Sorgen, denn immer mehr junge müssen Belastungen für immer mehr alte Menschen tragen. Die heutigen jungen Leute müssen einmal für ihre Eltern die Pensionen zahlen, was in einem Land, in dem es mehr Früh- und Mehrfachpensionisten gibt als Kinder im Kindergarten, zu einem großen Problem werden könnte.

Wie ist nun die heutige Jugend? Das Bild ist widersprüchlich. Österreichs Jugendliche waren noch nie so reich, sie hatten noch nie so viele Chancen, Freizeit-, Sport und Ausgehmöglichkeiten wie heute. Noch nie waren Eltern toleranter, noch nie waren Jugendliche pragmatischer, „ich-konzentrierter", geforderter als heute. Gleichzeitig lässt sich beobachten, dass noch nie so viele 14- bis 19-Jährige neben Schule und Ausbildung so viel gejobbt haben. Warum? Um sich „coole" Kleidung, CDs, Kino, Konzerte und ein eigenes Handy zu leisten. (*Jugend in Österreich*, Teil 1)

Aber es gibt auch Probleme. 30% der unter 15-Jährigen raucht. 21Prozent der 10-14-Jährigen konsumieren regelmäßig Schnaps und Alkoholika, der Gruppendruck ist vorherrschend. 25 Prozent der unter 15-Jährigen sind bereits übergewichtig.

Wie Beate Großegger im *4. Bericht zur Lage der Jugend in Österreich* schreibt, sieht die heutige Jugendgeneration die Welt, in der sie aufwächst, als unüberschaubar und kompliziert. Die Zukunft ist unsicher, die Ehen ihrer Eltern zerbrechen, und die Jugendlichen reagieren auf all das mit einem verstärkten Bedürfnis nach Orientierung. Diese erwarten sie vor allem von den Eltern. Später übernehmen Freunde und Freundinnen diese Rollen. Die emotionale Bindung an das Elternhaus bleibt bestehen. Vom Generationenkonflikt ist im Übrigen nur wenig zu spüren. In ihren Lebenszielen und Werten gehen die jungen Leute nicht mit ihren Eltern auf Konfrontationskurs. Die Sehnsucht nach einem harmonischen Familienleben, Spaß im Leben und nach einem Beruf, der nicht nur Pflicht ist, gehören zu ihren Lebenszielen.

Die Familie ist ganz wichtig, gefolgt von Gesundheit, Spaß haben, Freundschaft, Beruf und Bildung. Werte, die gewonnen haben, sind das Wahlrecht, Frieden, Umweltschutz und Fairness. Es gibt einen Schub zur Ernsthaftigkeit und weg von Spaß und Party, Markenmodelle sind weniger wichtig. Die meisten jungen Leute wollen das Leben genießen, viel Freizeit und gute Freunde haben. Besonders für die unter 20-Jährigen ist Freizeit ein Kriterium für Lebensqualität und ein Ausgleich zum stressigen Schulalltag. Freizeit bedeutet für Jugendliche eine richtige Mischung aus attraktiven Erlebnissen und Nichtstun.

Was macht nun die Jugend in ihrer Freizeit? Die Burschen zwischen 14 und 19 betreiben viel Sport oder suchen „Action“. Mädchen verbringen ihre Freizeit gerne mit Freundinnen und Freunden daheim, gehen einkaufen, oder auf Partys. Ganz wichtig ist ihnen die Kommunikation: via WhatsApp, Telegram Web, Instagram, SnapChat, SMS oder Handy. Und natürlich gehen sie gerne aus. „Ausgehen“ bedeutet „langes“ Wegbleiben. Wie lange, darüber herrscht Uneinigkeit. „Normal“ sei jedenfalls zweimal pro Woche. Bevorzugt werden „chillige“ Lokale (wo man „relaxt“) mit guter Musik. Überhaupt ist Musik sehr wichtig. Ohne Musik, meinen viele, „geht gar nichts“. Was den Geschmack betrifft, ist man flexibel. Von der Ö3-Hitparade, HipHop bis zu Ethno und Jazz wird alles gehört. Wie viel Geld für Musik ausgegeben wird, lässt sich nicht leicht rekonstruieren. Das Downloaden aus dem Internet findet man jedenfalls auch in Österreich, es gilt als „cool“, obwohl die meisten durchaus wissen, dass es Diebstahl ist. (*Jugend in Österreich*, Teil 4)

Aber die Jugend plagt mehr Sorgen als noch vor einigen Jahren: Brexit, Flüchtlingswelle, Terroranschläge (*Generation 2017*, Teil 1). Die Coronapandemie hat sie gefordert, aber sie wollen nicht eine „verlorene Jugend“ sein. Diese Zeit war der Inbegriff für die Zeit der versäumten Erlebnisse, aber auch die Zeit, in der sie gelernt haben, selbständig zu sein, Verantwortung zu übernehmen. Sie sind die Krisen- und Konfliktmanager von morgen. „Distance learning“ hat ihnen viel abverlangt; viele fühlten sich sozial ausgehungert. Was half, war die Tatsache, dass es im nächsten Chatroom Leute gab, denen es ähnlich ging.

Der Drogenkonsum ist in Österreich kein jugendspezifisches Problem. Alkohol, vor allem in Form von Bier und Wein, wird weitgehend akzeptiert. Der Zugriff auf Alkohol und Zigaretten ist sehr leicht. Der Konsum von Heroin und Kokain ist stabil oder geht zurück, als Modedrogen gelten Cannabis und Ecstasy. Erfreulicherweise ist der Drogenkonsum in den letzten Jahren nicht gestiegen. (*Jugend in Österreich*, Teil 12)

Die Jugendszene in Österreich ist vielfältig und man findet alles: musik-, sport- und medienorientierte Gruppen, Fankulturen, aber auch ideologisch ausgerichtete Gemeinschaften. Ob HipHopper, Skater oder Tierbefreier, es gibt für jeden Geschmack und jede Lebensweise die passende Szene. (*Jugend in Österreich*, Teil 5)

Zu den weitest verbreiteten „Hobbys" der jungen Österreicherinnen und Österreicher gehört Einkaufen. Die Mädchen geben ihr Geld am liebsten für Mode aus, gefolgt von Ausgehen, Handy, Kino und Kosmetik. Die Burschen verwenden ihr Geld hauptsächlich für ihr Handy und fürs Fortgehen. Zwar waren die österreichischen Jugendlichen noch nie so wohlhabend, aber sie waren auch noch nie so hoch verschuldet wie heute. (*Jugend in Österreich*, Teil 2)

Eine wichtige Rolle im Leben der jungen Leute spielt das Internet. Die meisten Jugendlichen verbringen 5 bis 6 Stunden pro Tag mit dem Smartphone, telefoniert wird allerdings nicht. 90 Prozent aller Jugendlichen tummeln sich auf WhatsApp, YouTube, Instagram Snap Chat oder Facebook. Für Jugendliche zwischen 14 und 19 Jahren ist jedenfalls ein Leben ohne Handy nicht mehr vorstellbar. Für sie ist die schnelle und einfache Kommunikation mit Handy ganz selbstverständlich. (*Generation 2017*, Teil 2)

Was Sexualität betrifft, so hat mit 16 oder 17 Jahren die Hälfte der Jugendlichen die ersten Erfahrungen gesammelt. Im Übrigen sind die meisten jungen Leute eher konservativ. Eine fixe Beziehung gehört für die meisten zum Lebensglück, Treue ist für eine gute Partnerschaft wichtig. Sex ohne Liebe sollte es möglichst nicht geben. Beim Sex sollte allerdings alles erlaubt sein, was Spaß macht, meinen die meisten Jugendlichen. Mit Homosexualität haben die meisten jungen Österreicher und Österreicherinnen keine Probleme und zeigen sich erstaunlich offen.

Geheiratet wird in Österreich immer später, frühestens mit Ende 20. Derzeit (2020) liegt das mittlere Heiratsalter der Braut bei 31, des Bräutigams bei 33,3 Jahren. Insgesamt hat die Ehe an Bedeutung verloren, während „ehelose Lebensgemeinschaften" stark zugenommen haben. Mit dem Kinderkriegen lassen sich die jungen Österreicherinnen auch mehr Zeit. Sie werden mit durchschnittlich beinahe 31 zur Mutter – viele von ihnen zur alleinerziehenden.

Die meisten jungen Österreicherinnen und Österreicher haben, je älter sie werden, den Wunsch, eine Familie zu gründen, wobei das klassische Ehepaar mit Kindern noch immer der häufigste Familientyp ist. Während die Mehrzahl der jungen Frauen die Kombination von Beruf und Familie als ideale Lebenssituation ansieht, vertreten viele junge Männer eher eine konservative Position. Sie sprechen sich gegen eine Berufstätigkeit der Frau aus und meinen, dass die Familie leide, wenn die Frau berufstätig sei. Überhaupt halten die Österreicher wenig von berufstätigen Müttern kleiner Kinder. Rund 60 Prozent wollen die Frauen ausdrücklich daheim sehen. Die meisten jungen Frauen wollen aber vom Daheimbleiben nicht viel wissen. Die partnerschaftliche Teilung der häuslichen Verpflichtungen wie Kochen, Putzen und Kindererziehung ist auch in Österreich noch keine Selbstverständlichkeit. Zwar meinen 91 Prozent der jungen Frauen, dass sich die Männer genauso darum kümmern sollten wie die Frauen, doch schließen sich dem nur 68 Prozent der Burschen an. Ihnen ist die berufliche Karriere wichtiger.

Die „Jugendphase" dauert in Österreich – verursacht durch die starke Verschulung – immer länger. 97 Prozent der 15- bis 18-Jährigen sind Schüler; in der Generation ihrer Eltern waren es nicht einmal 60 Prozent. Der Anteil der Studierenden hat sich seit den sechziger Jahren dramatisch vergrößert. Das erklärt auch die Tatsache, dass der Auszug aus dem „Hotel Mama" möglichst lange aufgeschoben wird. 95 Prozent aller 15 bis 20-Jährigen leben noch bei ihren Eltern; von den 20- bis 25-Jährigen sind es immerhin noch zwei Drittel. Das durchschnittliche Auszugsalter liegt heute bei ungefähr 25 Jahren, wobei Söhne meist 2 Jahre länger zu Hause bleiben als Töchter. Zum Teil liegt dies aber auch an den hohen Mieten, die sich viele junge Leute nicht leisten können.

Global gesehen, sind heute neun von zehn Jugendlichen in Österreich mit ihrem Leben zufrieden. Tatsächlich gibt es viele Bereiche, in denen junge Leute es viel besser haben als ihre Eltern. Aber natürlich machen sich auch die jungen Österreicher Sorgen. Zu den Zukunftsängsten zählen vor allem Arbeitslosigkeit, Krieg und Umweltschäden. Und auch wenn es ein weit entferntes Ereignis in ihrem Leben ist: viele machen sich Sorgen über ihre Pension und wer diese einmal finanzieren wird.

Die Seniorinnen und Senioren

Wenn man der Statistik glaubt, sehnen sich alle Österreicherinnen und Österreicher nur danach, möglichst rasch alt zu werden und in den „wohlverdienten Ruhestand" zu treten. Tatsache ist, dass in Österreich seit Jahren das „Pensionsfieber" grassiert. Im Durchschnitt geht man 2020 mit 61,6 Jahren in Pension. Den glücklichen Österreicher beziehungsweise die glückliche Österreicherin erwarten dann etwa 24 volle Pensionsjahre. Nicht zu Unrecht hat eine Zeitung vom „Land der taufrischen Frührentner" geschrieben (*Kleine Zeitung*, 19. Juni 1994). Österreich ist wirklich ein Rekordhalter bei vorzeitigen Pensionen. Derzeit sind in Österreich nur etwa 30 Prozent der 60- bis 64-Jährigen auf dem Arbeitsmarkt aktiv. Kaum fünf Prozent der Männer und Frauen über 64 stehen noch im Berufsleben. (In Schweden und Deutschland, aber auch in Japan geht immerhin noch mehr als die Hälfte der 60-Jährigen einem Beruf nach, in Japan arbeiten sogar noch 40 Prozent jener, die älter als 64 sind.) Ältere Arbeitnehmer sind in Österreich die Ausnahme, ältere Arbeitslose haben so gut wie keine Chancen, noch einen Job zu finden.

> Man wird sehr schnell alt in Österreich (lacht). Ab 39 ist man hier uralt. Mit 40 bekommt man keinen Job mehr. Wenn man vom Ausland kommt, fällt es einem auf, dass es hier so viele alte Leute gibt, die in Wirklichkeit nicht einmal so alt sind. Nur im Vergleich mit den Engländerinnen und den Amerikanerinnen sehen sie auch alt aus. Jetzt ist es ein bisschen besser, seitdem die plastische Chirurgie populärer geworden ist (lacht).
>
> (Aus einem *Standard*-Interview mit der Performerin Elinor Mora)

Die Senioren als einheitliche Gruppe gibt es auch in Österreich nicht. Altersforscher teilen die ältere Generation ein in die „aktiven neuen Senioren" (25%), die lebensfroh und vital sind und ihre Pension genießen. Die „sicherheits- und gemeinschaftsorientierten Senioren" (29%), sind froh, endlich in Pension zu gehen, und wollen vor allem Ruhe und Zurückgezogenheit. Zwei Drittel der „pflichtbewusst-häuslichen Senioren" (31%) sind Frauen, die bescheiden leben und sich gerne den Kindern, Enkeln und dem Garten widmen. Die „resignierten Senioren" (15%) leiden an Einsamkeit und haben nur wenig Geld.

Eine andere Einteilung kann nach dem Alter erfolgen: die „Jung-Alten" (50-65) die „aktiven Senioren" (65-80) und schließlich „betagte Menschen" (ab 80). Die meisten fühlen sich aber jünger, als sie tatsächlich sind. Die Jung-Alten betreiben Sport, gehen gerne mit Freunden aus, betreuen Enkelkinder und Pflegefälle, verteilen Geldgeschenke, versehen Ehrenämter und sind in der Nachbarschaftshilfe tätig. Sie befeuern die Gesellschaft und entschärfen so den Generationenkonflikt.

Die „50-plus-Generation", immerhin ca.3,75 Millionen stark, ist ein bedeutender Wirtschaftsfaktor. Zwar weiß man, dass sich das Leben der meisten älteren

Leute in den eigenen vier Wänden abspielt (Fernsehen ist Freizeitbeschäftigung Nummer eins), doch sind viele Seniorinnen und Senioren auch konsumfreudig, reiselustig – und zahlungskräftig. Österreichische Pensionisten in Neuseeland oder am Grand Canyon zu treffen ist jedenfalls nichts Außergewöhnliches. Die Über-50-Jährigen verfügen über die Hälfte des Vermögens der privaten Haushalte. In der Wintersaison buchen sie die Hälfte aller Flugreisen. Auch auf den Unis nimmt ihre Zahl zu. Umgekehrt nimmt ihre Scheu vor dem Computer immer mehr ab. Omas und Opas, die mit ihren Enkelkindern e-mailen und chatten, sind auch in Österreich keine Seltenheit mehr.

Praktisch alle älteren Österreicher und Österreicherinnen erhalten ihren Lebensunterhalt in Form einer Pension, die vierzehnmal im Jahr ausbezahlt wird. Pensionisten, die eine ständige Hilfe und Betreuung brauchen, erhalten neben der Pension ein „Pflegegeld". (Ab 1.1. 2020 gibt es für Angehörige eine ein- bis dreimonatige Pflegekarenz). Für Pensionisten, deren Einkommen gering ist, gibt es außerdem eine Reihe von Steuerbegünstigungen und Ermäßigungen. So können sie ihre Medikamente umsonst bekommen, sind von der Rundfunk-, Fernseh- und Telefongrundgebühr befreit und können stark verbilligt mit der Bahn fahren.

Viele Senioren leben heute besser denn je. Mussten sie vor dreißig Jahren noch mehr als sechzig Prozent ihres Einkommens für Lebensmittel ausgeben, sind es heute 12 Prozent. So bleibt ihnen relativ viel von ihrer Pension für Freizeit, Sport, Gesundheit und Bildung übrig, und sie können so den Jungen sehr viel, ideell, aber auch finanziell helfen. Das „Feindbild" vom egoistischen Pensionisten, der nur das Leben genießt und sich in die eigene Konsumwelt zurückzieht, stimmt daher nicht.

Trotzdem gibt es Probleme. Österreichs Bevölkerung wird immer älter, immer mehr Junge müssen immer mehr Alte erhalten. So machen sich viele Sorgen über die Finanzierung des Pensionssystems und fürchten einen „Verteilungskrieg" zwischen Jung und Alt. Und natürlich gibt es in Österreich auch arme Pensionisten. Dazu gehören vor allem die Bauern, die oft nur ein Mindesteinkommen erreichen und medizinisch schlecht versorgt sind. Armut im Alter betrifft auch häufig Frauen. Ihre Benachteiligung im Berufsleben setzt sich im Alter fort.

Die steigende Lebenserwartung hat auch zur Folge, dass immer mehr Hochbetagte hilfs- und pflegebedürftig werden. Für sie bedeutet Altsein Einsamkeit, Isolierung, Abschieben in ein Pflegeheim oder eine geriatrische Klinik, in der sie mehr oder weniger eingesperrt leben. Mit harten Worten kommentiert dies der Wiener Altersforscher Leopold Rosenmayr: „Der soziale Tod erreicht die Alten lange vor dem physischen Tod."

8 Religionen und Kirchen

In Österreich gibt es eine Vielzahl religiöser Gemeinschaften, die rechtlich in drei Gruppen unterteilt werden können. Diese haben jeweils unterschiedliche Privilegien, Rechte und Pflichten. Sie dürfen zum Beispiel Privatschulen betreiben und an öffentlichen Schulen Religionsunterricht erteilen. Bei den drei Gruppen handelt es sich um:

- gesetzlich anerkannte Kirchen- und Religionsgemeinschaften
- eingetragene religiöse Bekenntnisgemeinschaften
- religiöse Vereine

Im Mai 2009 wurden zum Beispiel die Zeugen Jehovas gesetzlich anerkannt und sind mit 21 000 Mitgliedern eine der größeren Kirchengemeinschaften des Landes.

Die römisch-katholische Kirche

Bis zum Beginn der Neuzeit herrschte in Österreich konfessionelle Einheitlichkeit. Das Land war durch Jahrhunderte christlich – und katholisch. Andere Religionsbekenntnisse – mit Ausnahme der Juden – waren auf dem Gebiet des heutigen Österreich kaum vertreten. Erst im 16. Jahrhundert änderte sich das. Die Reformation machte weite Teile Österreichs überwiegend evangelisch. Im Zuge der habsburgischen Gegenreformation wurde das Land nach dem Dreißigjährigen Krieg jedoch wieder katholisch. Davon zeugt heute noch die glanzvolle Barockkultur.

Im 19. Jahrhundert kam es zu einem „Bündnis von Thron und Altar". Der Kaiser spielte die Rolle eines Schutzherrn der katholischen Kirche, und die enge Bindung der Kirche an den Staat überlebte die Monarchie und hielt bis 1938. Nach dem Zusammenbruch des Habsburgerreiches und der Gründung der Republik übernahm die Christlichsoziale Partei die Rolle des Monarchen. Die Kirche glaubte, nicht ohne den Schutz des Staates auskommen zu können. Katholische Geistliche nahmen führende Stellungen in der Politik ein. Es schadete der Kirche jedoch sehr, dass sie die Christlichsoziale Partei, die noch dazu autoritär regierte, unterstützte. Vor allem vertiefte es die Kluft zu den Sozialdemokraten und führte zu einer Kirchenfeindlichkeit vieler Menschen.

Nach dem Anschluss von 1938 kam es zu Verfolgungsmaßnahmen durch die Nationalsozialisten. Viele Priester und Laien wurden in Konzentrationslager gebracht und hingerichtet. Zugleich jedoch war die verfolgte Kirche während des

Weltkrieges ein Hort der Freiheit und Humanität.

Nach der Devise „freie Kirche in neuem Staat" zog sich die Kirche nach 1945 aus der aktiven Tagespolitik zurück. Ihre Beziehungen zum Staat und zu den politischen Parteien begannen sich zu verbessern, was nicht zuletzt daran lag, dass die großen Parteien nicht mehr in Opposition zueinander standen, sondern Koalitionsregierungen bildeten und auf verschiedene Weise zusammenarbeiteten.

Die Basilika von Mariazell

Laut aktueller Kirchenstatistik nimmt die Zahl der Katholikinnen und Katholiken in Österreich weiter ab. 2021 bekannten sich 4,9 Millionen Österreicherinnen und Österreicher zur römisch-katholischen Kirche. Das sind nur mehr 55% Prozent der Bevölkerung. 1951 waren es noch 89%. Die Säkularisierung der Gesellschaft geht weiter. Nur jeder zehnte der Österreicher und Österreicherinnen ist traditioneller Christ. Binnen zweier Jahrzehnte ist die Zahl der regelmäßigen Gottesdienstbesucher um die Hälfte gesunken.

Allerdings bleiben viele Menschen vor allem aus Tradition in der Kirche, lassen ihre Kinder taufen und firmen, „weil es sich gehört", gehen zu Weihnachten in die Christmette und wollen einmal ein kirchliches Begräbnis. Kirche bedeutet für sie Tradition, Brauchtum und Feiertage. Ansonsten besuchen sie keine Messen und beten auch nicht. Sie werden als „Taufscheinkatholiken" bezeichnet und machen bereits 17,6 Prozent der katholischen Bevölkerung aus.

Viele Katholiken sind mit ihrer Kirche nicht mehr zufrieden und wünschen sich eine „andere" Kirche. Fragen des Zölibats, des Priesteramts für Frauen und Unzufriedenheit mit der Mitbestimmung von Laien stehen an vorderster Stelle der Diskussionen. Die katholische Sexualmoral wie auch die päpstlichen Lebensregeln halten die meisten für lebensfremd. Nicht wenige stoßen sich auch daran, wie die Kirche mit Leuten umgeht, die nach einer Scheidung und Wiederverheiratung vom kirchlichen Leben praktisch ausgeschlossen sind.

So stehen heute viele Menschen der katholischen Kirche bestenfalls gleichgültig gegenüber, oder sie kehren ihr überhaupt den Rücken. Besonders in den letzten Jahren war die Zahl der Kirchenaustritte ständig gewachsen. Die Gruppe der Menschen „ohne Bekenntnis“ hat sich auf ca. zwei Million verdoppelt. Sie bilden die zweitgrößte Gruppe (22,4%)

Dennoch bleiben ihr wichtige Rollen im öffentlichen Leben. In den Schulen ist der Religionsunterricht nach wie vor Pflichtgegenstand. (Eine Abmeldung ist möglich.) Auch gibt es zahlreiche katholische Privatschulen, deren Personalkosten freilich zur Gänze vom Staat getragen werden. Im Übrigen wird an den öffentlichen Schulen nicht nur römisch-katholischer Religionsunterricht erteilt. Auch Kinder aus kleineren Kirchen erhalten ihren vollen Religionsunterricht, wobei die Religionslehrer ebenfalls vom Staat bezahlt werden.

Beachtlich ist das Engagement der Kirche in Fragen der Menschenrechte, im sozialen Bereich und in der Lehrerausbildung. Dazu kommen Aktivitäten im kulturellen Bereich (12 000 kulturhistorische Gebäude wie Kirchen, Bibliotheken und Museen). Neben der breiten Seelsorgetätigkeit in ca. 3016 Pfarren und Seelsorgestellen ist die Kirche auf vielen Gebieten aktiv (2017).

Auch wenn man auf dem Land die katholischen Traditionen viel stärker als in den Städten spürt, ist die zunehmende Verweltlichung Österreichs nicht zu übersehen. Hat sich also Papst Benedikt XVI. mit Recht darüber besorgt gezeigt?

Die evangelische Kirche

Die evangelische Kirche A.B. und H.B. ist 2021 mit ungefähr 340 000 Mitgliedern, besonders in Wien und im Burgenland, die fünftgrößte Glaubensgemeinschaft. Ihre Anhängerschaft hat sich aber von 5,0 Prozent 1991 auf 3,8 Prozent bei der Volkszählung 2021 reduziert.

Neben der Seelsorge, dem Religionsunterricht und der Mission sieht die evangelische Kirche die Betreuung sozial Benachteiligter und Kranker als ihre wichtigste Aufgabe. Es existieren auch evangelische Volks- und Hauptschulen sowie ein evangelisches Gymnasium in Oberschützen (Burgenland). An der Universität Wien gibt es eine eigene evangelisch-theologische Fakultät. Während die römisch-katholische Kirche unter einem Priestermangel leidet, gibt es in der evangelischen Kirche keine Probleme mit dem Pfarrernachwuchs.

Was allerdings die Mitgliederzahlen betrifft, hat auch die evangelische Kirche ihre Probleme. Die Zahl der Kirchenaustritte ist ebenfalls sehr groß. Unzufriedene Katholiken treten eher aus ihrer Kirche aus und werden konfessionslos, als in die evangelische Kirche überzutreten. Außerdem möchte diese das gar nicht und würde einen „Kampf um Seelen“ als unzeitgemäß ablehnen. Ihr Verhältnis zur katholischen Kirche ist heute eher kooperativ als konfrontativ, wie es in der Vergangenheit immer wieder der Fall war.

Die jüdische Religion

Die neue Synagoge in Graz

Nach historischen Quellen lebten bereits zu Beginn des 10. Jahrhunderts Juden in Wien. Jahrhunderte grausamer Verfolgungen und systematischer Unterdrückung begrenzte ihre Zahl bis ins 19. Jahrhundert. An der Wende zum 20. Jahrhundert hatte Wien jedoch ein reichhaltiges jüdisches Leben, die Stadt wurde zum Mittelpunkt des Zionismus, und das Wiener Judentum zeichnete sich durch bemerkenswerte Leistungen auf allen Gebieten von Kultur und Wissenschaft aus. 1938 gab es in Wien rund 180 000 Juden, von denen die meisten den Holocaust nicht überlebten.

Heute zählt die Wiener Israelitische Kultusgemeinde nur etwa 8000 Mitglieder. Kleine jüdische Gemeinden gibt es auch in Graz, Linz, Salzburg und Innsbruck.

Der Islam in Österreich

Vor allem durch die Zuwanderung vieler „Gastarbeiter“ und Flüchtlinge aus den arabischen Staaten und dem ehemaligen Jugoslawien ist der Islam mit mehr als 645 000 Anhängern (Stand 2021) zur drittstärksten Religionsgemeinschaft in Österreich geworden. In Wien hat sich die Zahl der Musliminnen und Muslime in einem Jahrzehnt sogar verdoppelt. Islamische Religionsgemeinden findet man auch in Graz, Linz und Bregenz. Die größte muslimische Gruppe sind die türkischstämmigen Bewohner mit etwa 45 Prozent, die zweitgrößte jene der bosnischen Muslime mit rund 15 Prozent. 85 Prozent sind Sunniten, die übrigen 15 Prozent Schiiten. Viele leben schon in zweiter oder dritter Generation in Österreich.

Dass sich Muslime in Österreich niederlassen, hat Tradition. Die geografische Lage der österreichisch-ungarischen Monarchie führte dazu, dass sich nach dem

Ende der Türkenkriege zahlreiche Untertanen des osmanischen Reiches auf österreichischem Gebiet niederließen, wo sie Handlungs-, Glaubens- und Gewissensfreiheit vorfanden. Das änderte aber nichts an der Tatsache, dass sie als Anhänger einer gesetzlich nicht anerkannten Religionsgemeinschaft galten und diskriminiert wurden. Bestrebungen, diesen Zustand zu ändern, setzten schon früh ein, doch dauerte es lange, bis eine Lösung gefunden wurde. Nach der Annexion von Bosnien und der Herzegowina kam mit einem Schlag rund eine halbe Million Muslime unter österreichische Herrschaft und musste rasch integriert werden. Sie dienten in der Armee, der Kaiser hatte eine bosniakische Leibgarde, und Imame waren zur Betreuung bosnischer Soldaten tätig. Um das gute Verhältnis zwischen Muslimen und Andersgläubigen zu illustrieren, sollte in Wien eine große Moschee gebaut werden, an deren Finanzierung sich der Kaiser höchstpersönlich beteiligen wollte. Der Erste Weltkrieg durchkreuzte all die schönen Pläne.

1912 wurde das sogenannte Anerkennungsgesetz verabschiedet, das den Anhängern des Islam den Status als Religionsgemeinschaft zuerkannte. Das Gesetz ermöglichte u.a. eine gemeinsame öffentliche Religionsausübung, das Recht, innere Angelegenheiten selbst zu regeln, und vor allem die rechtliche Gleichstellung mit anderen Religionen. 1971 wurde auf der Basis dieses Gesetzes die „Islamische Glaubensgemeinschaft" gegründet, der alle Muslime angehören, die in der Republik Österreich ihren Aufenthalt haben. Zugleich ist die Gemeinschaft auch eine Art Ansprechpartner für die staatlichen Behörden.

Alle Kinder erhalten islamischen Religionsunterricht in staatlichen Schulen. Auch wenn sie wie ihre Lehrerinnen und Lehrer aus verschiedenen Herkunftsländern kommen, ist ihr Unterricht ein österreichischer und die Unterrichtssprache ist deutsch. Lehrer werden in eigenen Islamischen Fortbildungsinstituten ausgebildet. 1999 wurde das erste Islamische Gymnasium in Wien eröffnet. Seither folgten eine Islamische Fachschule für soziale Berufe und mehrere Kindergärten. In allen Fällen wird das Lehrpersonal vom österreichischen Staat bezahlt, der sich dadurch eine gewisse Kontrolle sichert. Während der Religionsunterricht an den staatlichen Schulen erteilt wird, findet das eigentliche religiöse Leben vorwiegend in den Moscheen statt.

Ihre Religion können Muslime im heutigen Österreich frei und ungestört ausüben. Aber eine Moschee, gar mit Minarett, in einem österreichischen Dorf? Das lieber nicht. Gebetsräume gibt es reichlich, aber man sieht sie kaum, da sie oft in alten Häusern versteckt sind. Eine Moschee wurde in der Nähe der UNO-City in Wien errichtet und gilt als das Wahrzeichen der Islamischen Glaubensgemeinschaft. In Wien haben Muslime ihren eigenen Friedhof.

Wenn auch das Verhältnis der Österreicherinnen und Österreicher zu ihren islamischen Mitbewohnerinnen und Mitbewohnern nicht friktionsfrei ist und von Vorurteilen und Intoleranz begleitet wird, so fühlt sich offenbar die Mehrheit der Muslime in Österreich einigermaßen wohl. Der Islam steht in Österreich auf einer rechtlichen Basis, die es in Europa sonst nirgends gibt. Ob der Wunsch, eine gemeinsame österreichisch-muslimische Identität zu erreichen, wie sie vielen jüngeren Muslimen vorschwebt, in Erfüllung geht, bleibt freilich eine offene Frage.

Wien, Moschee

Die orthodoxen Kirchen

Etwa 436 000 Menschen orthodoxen Glaubens leben in Österreich (Stand 2021). Sie sind die sechstgrößte Glaubensgemeinschaft. Durch die Novellierung des 1967 beschlossenen Orthodoxen-Gesetz im Sommer 2011 wurde die Anerkennung der orthodoxen Pfarren und Diözesen geschaffen. All diese orthodoxen Kirchen haben die gleiche Glaubenslehre, die gleiche Liturgie, die gleiche Organisation und gleiche Kirchenstrukturen und das gleiche Kirchenrecht. Sie anerkennen sich gegenseitig.

Schon ab dem VIII. Jahrhundert begann die Römische Kirche sich von der Ostkirche zu entfernen, und die endgültige Trennung kam 1054, es kam zum Großen Schisma. Im Osten blieben die vier alten Patriarchate, und mit der Zeit bildeten sich die Nationalkirchen heraus, und bekamen ihre Eigenständigkeit, größtenteils unter slawischen Völkern.

Die größte Gruppe stellen die SerbInnen, aber auch die orthodoxen Kirchen der RussInnen, BulgarInnen, RumänInnen, GriechInnen, SyrerInnen, ArmenierInnen und KoptInnen werden dazugezählt. 18 Prozent der MigrantInnen feiern Weihnachten am 6. und 7. Jänner und orientieren sich nach dem Julianischen Kalender, 62 Prozent feiern am 24. und 25. Dezember und orientieren sich am Gregorianischen Kalender, viele feiern aber an beiden Terminen. Es ist das wichtigste religiöse Fest.

Andere Religionen und Konfessionen sind mit 472 000Mitgliedern die viertgrößte Glaubensgemeinschaft.

9 Österreichische Lebensart

Von Titeln und vom Grüßen

Von den Österreichern und Österreicherinnen sagt man, dass sie Titel lieben und dass bei ihnen das Grüßen eine Kunst sei, die ein Ausländer nie erlernen könne. Das stimmt aber nur zum Teil. Titelsucht ist nicht auf Österreich beschränkt. Richtig ist allerdings, dass Titel in Österreich eine größere Rolle spielen als in vielen anderen Ländern. Dass man aber in Österreich jeden, der keinen Titel hat, gleich als „Herr Doktor" oder „Herr Professor" anspricht, wie man dies manchmal zu lesen bekommt, ist eine Übertreibung.

Viele Titel gehen auf die Monarchie zurück. Als Entschädigung für ihre schlechte Bezahlung überhäufte der Staat seine Beamten mit schönen Titeln. 900 Titelbezeichnungen gibt es heute noch. Dazu gehören akademische Grade wie „Magister" oder „Doktor". Der häufigste akademische Grad ist (derzeit noch) der „Magister" (abgekürzt „Mag."). Dazu kommen aber noch Berufsbezeichnungen („Herr Architekt") und Amtstitel wie „Hofrat" (für höhere Beamte). Schauspieler am Wiener Burgtheater können es bis zum „Kammerschauspieler" bringen. Sängerinnen können zu „Kammersängerinnen" aufsteigen, eine Lehrerin wird vielleicht „Schulrätin", der Schuldirektor kann sich mit dem Titel „Oberschulrat" schmücken.

Österreich sei vernarrt in seine Titel, sagen viele und möchten sie am liebsten abschaffen. Sie seien nichts als eine „Alterserscheinung" und hätten nichts mit Leistung zu tun. Doch die Beamten verteidigten ihre Titel mit Erfolg als „ein Stück Kultur" ihres Landes.

Norbert Mappes-Niediek: „Ein Herr Hofrat"

Ein „Herr Hofrat" erwartet diese Anrede für höhere Beamte nicht nur von anderen, niedriger gestellten Beamten, sondern auch von den Bürgern, mit denen er zu tun hat. Er ist ja irgendwie unser aller Chef. Da Zivilisten, die dem System fernstehen, unmöglich die passenden Funktionsbezeichnungen alle parat haben können, verwenden sie gern vorsorglich einen möglichst wohlklingenden Titel, sagen „Frau Direktor" oder wenigstens „Herr Doktor", was sich in unseren Ohren wie böser Spott anhört. Aber jemanden so anzusprechen ist in Österreich nicht schon an und für sich servil; die Servilität kommt häufig noch gesondert hinzu. Man kann das System individuell nicht durchbrechen. „Anfangs habe ich meinen

Studenten und Mitarbeitern gesagt, sie sollen mich mit dem Namen anreden", erzählt ein in Österreich lehrender deutscher Professor. „Aber da wurden sie unverschämt."

Einer der begehrtesten Titel ist der „Professor". Ältere Personen, die sich auf kulturellem Gebiet Verdienste gemacht haben, können diesen Berufstitel vom Bundespräsidenten bekommen – unterrichten müssen sie nicht, wohl aber müssen sie über fünfzig Jahre alt sein. Derartige Professoren sind zum Beispiel der Entertainer Udo Jürgens und die erste Frauenministerin Johanna Dohnal. Den Professorentitel tragen traditionell auch Lehrerinnen und Lehrer an den höheren Schulen.

Was machen die Österreicher nun mit all ihren schönen Titeln? Sie verwenden sie natürlich, und zwar nicht nur im Amt, sondern auch im Privatleben. Ein Herr Maier, der zum Doktor promoviert, verliert gewissermaßen für immer seinen Familiennamen und wird ein „Herr Doktor". Bekommt er später noch einen Titel, wird er eben damit angesprochen („Herr Direktor", „Herr Professor").

In letzter Zeit haben sich bei den Titeln feminine Formen eingebürgert (Magistra, Ministerin, Obfrau, Professorin, Vorsitzende u.a.). Manche klingen in der weiblichen Form noch ungewohnt und werden nur wenig verwendet (Doktorin, Ingenieurin). Und als in der Steiermark von 1996 bis 2005 mit der ÖVP-Politikerin Waltraud Klasnic eine Frau an der Spitze der Landesregierung stand, gab es eine Debatte, ob sie ein LandeshauptMANN (wie es in der Verfassung steht) oder eine Landeshauptfrau ist. (Sie selbst bevorzugte die Anrede „Frau Landeshauptmann").

Wenig Freude dürften die neuen, international gebräuchlichen akademischen Grade „Bachelor" und „Master" bei den Liebhabern von Titeln auslosen. Sie müssen nämlich hinter den Namen gestellt werden. („B. phil."). Einen „Herrn Bachelor" oder eine „Frau Master" wird es wohl kaum geben.

Von Ausländern wird im Übrigen nicht erwartet, dass sie sich im Labyrinth der Titel zurechtfinden. Aber niemand in Österreich sieht es ungern, wenn er (oder sie) mit dem Titel angesprochen wird.

Das Grüßen in Österreich kann vielleicht dann etwas kompliziert werden, wenn man die vielen traditionellen, oft veralteten Grußformeln, die es gibt, verwenden will. Phrasen wie „Mein Kompliment" oder „Küss die Hand, gnädige Frau" werden mit Österreich assoziiert und haben den Österreichern den Ruf eingebracht, freundlich und charmant zu sein. Die jungen Leute von heute kümmern sich aber nur wenig darum und sind eher informell und international. Sie grüßen ihre Freunde mit „Tschüs“, „Ciao“ oder „Hi“. Ältere Leute halten das „aus dem Norddeutschen kommende Tschüs für eine „Sprachseuche“, besonders in seiner Diminutivform „Tschüschen“ oder „Tschüsli“

Ausländer kommen mit wenigen Grußformeln aus: „Grüß Gott“ ist überall akzeptabel. „Guten Tag“ dagegen hört man in Österreich nicht so oft wie in Deutschland. Viele Österreicher finden diesen Gruß eher unpersönlich und kalt. Noch immer beliebt ist das traditionelle „Servus“. Man kann es beim Kommen und Weggehen benutzen, aber – Achtung! – nur bei Personen, die man duzt. Bei der Verabschiedung gibt es das klassische „Auf Wiedersehen“. Schon vor etlichen Jahren ist ein „liebevolles“ Grußwort in Mode gekommen: „baba“ (mit der Betonung auf dem zweiten a). Früher sagte man „baba“ nur zu kleinen Kindern. Heute verwenden es auch Leute, die „Sie“ zueinander sagen. Gipfel des Schreckens, wie ein Journalist meint, oder Zug der Zeit?

Bräuche, Feste, Feiertage

In Österreich sind noch viele alte Bräuche lebendig. Und was Feiertage betrifft, zählt Österreich zu den Weltmeistern. Fast alle Feiertage gehen auf katholische Feste zurück. Gesetzliche Feiertage, an denen nicht gearbeitet wird, sind der 1. Jänner (Neujahr), 6. Jänner (Heilige Drei Könige), Ostermontag, 1. Mai, Christi Himmelfahrt, Pfingstmontag, Fronleichnam, 15. August (Mariä Himmelfahrt), 26. Oktober (Nationalfeiertag), 1. November (Allerheiligen), 8. Dezember (Mariä Empfängnis), 25. Dezember (Weihnachtstag), 26. Dezember (Stephanitag).

Viele Wiener begrüßen das neue Jahr mit einem großen Fest auf dem Stephansplatz und in der ganzen Innenstadt. Die „Pummerin“, die große Glocke im Nordturm des Stephansdomes, läutet das neue Jahr ein. Um Mitternacht wird dann über Lautsprecher der Donauwalzer, die „heimliche Hymne Österreichs“, gespielt. Viele tanzen und trinken Sekt, Knallkörper und Feuerwerksraketen sausen durch die Luft. Ähnlich wird in den Landeshauptstädten gefeiert.

Am Vormittag sitzen viele Familien vor dem Fernseher und verfolgen die Übertragung des traditionellen Neujahrskonzerts der Wiener Philharmoniker aus dem Großen Musikvereinssaal. Karten für das Konzert sind sehr begehrt und schwer zu bekommen.

Zwischen dem 2. und 6. Jänner ziehen in ganz Österreich Tausende Mädchen und Buben als „Sternsinger“ von Haus zu Haus, verkünden die Botschaft der Geburt Christi, singen Lieder und wünschen den Hausbewohnern ein gutes neues Jahr. Einer der „Könige“ schreibt mit Kreide die Buchstaben C+M+B über die Haustür. Sie sollen das Haus segnen und beschützen. Die Sternsingeraktion dient aber vor allem einem guten Zweck. Das gesammelte Geld – 2022 waren es trotz Pandemie noch immer 15,3 Millionen Euro - soll Not leidenden Menschen in Afrika, Lateinamerika und Asien helfen. Zur Tradition gehört, dass Caspar, Melchior und Balthasar von Spitzenvertretern aus Politik, Wirtschaft, Kirche und Sport empfangen werden.

Früh übt sich...

Im Jänner setzt in ganz Österreich der Fasching (in Westösterreich auch „Fasnacht“) ein. Das ist die Zeit der Faschingsumzüge, der Faschingskrapfen und der Faschingsprinzen und -prinzessinnen. Sehr beliebt ist der „Villacher Fasching“, eine nach dem Vorbild des Rheinischen Karnevals gestaltete „Spaß-Show“, die auch im Fernsehen übertragen wird. Vor allem aber ist der Fasching die Zeit der Bälle und Tanzunterhaltungen. Viele Vereine und Berufsgruppen (z. B. Ärzte, Juristen, Rauchfangkehrer, Zuckerbäcker, Fleischhauer) veranstalten ihre Bälle, zu denen oft prominente Politikerinnen und Politiker als Ehrengäste eingeladen werden. Die Gymnasiasten haben ihre Maturabälle, und wer sich gern verkleidet, geht zum „Gschnasfest“ oder auf einen Maskenball.

Die Goldhauben werden bei festlichen Anlässen gerne getragen.

Für die Reichen und Schönen (aber auch für Prominente aus Politik, Wirtschaft und Kultur) ist am letzten Donnerstag im Fasching der Opernball das gesellschaftliche Ereignis. Die Wiener Staatsoper wird mit Tausenden Blumen geschmückt und in einen riesigen Ballsaal verwandelt. Alljahrlich folgt die Eröffnung dieses Balles einem eigenen Ritual. Immerhin handelt es sich um einen „Staatsball“. Der Bundespräsident trifft ein, die Bundeshymne erklingt, 144 Debütantenpaare tanzen eine Polonaise. Es folgt ein Auftritt des Staatsopernballetts, und einige Solisten geben ihre Arien zum Besten , und und erst dann dürfen die fünftausend zahlenden Besucher auch tanzen. Inzwischen hat der Wiener

Opernball in verschiedenen Weltstädten Nachahmer gefunden, und Demonstrationen gegen den Opernball gehören auch schon zur Tradition.

Am Ende des Faschings steht der Aschermittwoch, der gerne mit einem Fischessen, dem „Heringsschmaus“, abgeschlossen wird. Mit dem ursprünglichen Sinn (Fisch als Fastenspeise) hat der Heringsschmaus allerdings heute nicht mehr viel gemeinsam. Aus dem einfachen Essen ist vielfach ein opulentes Schlemmen geworden.

Ostern ist ein bewegliches Fest, das in den März oder April fallen kann. Mit dem Palmsonntag beginnt die Karwoche (kara = Kummer, Sorge), die das Osterfest einleitet. Zur Erinnerung an den Einzug Jesu in Jerusalem finden überall Palmprozessionen statt. An Stelle von Palmblättern nimmt man in Österreich Palmkätzchen, die zu „Palmbuschen“ zusammengebunden und in der Kirche geweiht werden. Damit wollen die Gläubigen ihre Freude über den einziehenden Christus ausdrücken. Besonders auf dem Land werden die Palmbuschen zum Schutz des Hauses oder der Wohnung hinter ein Kreuz oder ein Heiligenbild gesteckt.

Woher die Bezeichnung „Gründonnerstag“ kommt, ist nicht sicher. Man leitet sie von „greinen“ (= weinen) oder von der Farbe grün ab, weil man an diesem Tag etwas Grünes (wie Spinat) essen sollte. Ab dem Gründonnerstag schweigen die Kirchenglocken. Nach einem alten Brauch sind sie „nach Rom geflogen“. Bis zur Auferstehung am Karsamstag ersetzen die „Ratschenbuben“ mit ihren Ratschen die Glocken.

Der Karfreitag ist für evangelische Christinnen und Christen der höchste Feiertag des Kirchenjahres. Ostern, das Fest der Auferstehung Christi, feiern viele Menschen mit einem festlichen Essen. Die Kinder suchen Ostereier, die der Osterhase gebracht hat. Auf dem Land findet man noch viele alte Osterbräuche. So werden zum Beispiel in der Osternacht auf Berghöhen Osterfeuer abgebrannt.

Mit dem 1. Mai („Tag der Arbeit“) assoziiert man die traditionellen Maiaufmärsche der Sozialdemokraten. Einzigartig in Europa ist die Maikundgebung vor dem Wiener Rathaus und über die Ringstraße, die an diesem Tag für den Verkehr gesperrt ist.

Der 1. Mai ist auch der traditionelle Tag für das Maibaumaufstellen. Ein Maibaum ist eine hohe, schlanke Tanne oder Fichte, deren Rinde entfernt wird. Nur der Wipfel bleibt und wird mit bunten Bändern geschmückt. In manchen Orten ist das Maibaumaufstellen mit einem Maibaumkraxeln und einem Tanz verbunden.

Mai und Juni sind für die Österreicher angenehme Monate. Es gibt nämlich sehr viele Feiertage, die sich hervorragend für Kurzurlaube eignen. Pfingsten ist der traditionelle Firmungstermin, und am zweiten Donnerstag nach Pfingsten folgt Fronleichnam, ein Fest, das seit der Gegenreformation die Macht und Pracht der katholischen Kirche zeigen sollte. Höhepunkt dieses Festes sind die Prozessionen, an denen festlich gekleidete, Blumen streuende Kinder, aber auch prominente Politiker teilnehmen. Der Priester trägt das Allerheiligste in der Monstranz zu vier Altären im Freien. Der Weg ist mit Birkenzweigen gesäumt. Eine große Touristenattraktion sind die Wasserprozessionen auf dem Hallstätter See und dem Traunsee.

Im Sommer gibt es in vielen Orten, vor allem auf dem Land, Kirtage (= Kirchtage) und andere Volksfeste, bei denen getanzt, gegessen und getrunken wird.

Der 26. Oktober ist der österreichische Nationalfeiertag. Er wurde zur Erinnerung an jenen Tag eingeführt, an dem 1955 alle Besatzungssoldaten das Land verlassen hatten und das Gesetz über die Neutralität Österreichs verabschiedet wurde. Der historische Anlass für diesen Feiertag ist heute für viele verloren gegangen. Eine Zeit lang gab es rund um den 26. Oktober eigene Feierstunden und verschiedene staatsbürgerliche Aktivitäten, heute denken die meisten jedoch eher an Sport- und Freizeitgestaltung und beteiligen sich an Fitnessmärschen.

Dass sich in der Nacht vom 31. Oktober auf den 1. November Vampire, Gespenster und andere dunkle Gestalten auf den Straßen tummeln, zeigt, dass der Halloween-Boom auch vor Österreich nicht Halt gemacht hat. Im Wesentlichen handelt es sich dabei um einen von der Wirtschaft und den Medien getragenen Brauch, der keine Verbindung mit österreichischen Traditionen hat. Die Kinder gehen, gespenstisch verkleidet als Hexen, Zauberer und Geister unter dem Motto „Trick or treat“ (wörtlich: Streiche oder Süßes“; besser: „Gib mir was Süßes oder ich spiel dir einen Streich“) von Haus zu Haus und erbetteln sich Süßigkeiten. Wer nichts gibt, dem wird ein Streich gespielt.

Allerheiligen (1. November) und Allerseelen (2. November) sind die Tage für Friedhofsbesuche. Die Menschen denken an ihre verstorbenen Angehörigen, bringen die Gräber in Ordnung, schmücken sie mit Blumen und Kränzen und zünden Grablichter an.

Der Dezember ist von Bräuchen und Veranstaltungen der Advent- und Weihnachtszeit geprägt. Die Einkaufsstraßen werden weihnachtlich beleuchtet, in den Geschäften sieht man Weihnachtsmänner und hört Weihnachtslieder. Es gibt Christkindlmärkte und Krippenausstellungen, Adventkalender und Adventkränze und sehr viele Weihnachtsfeiern.

Für die Kinder sind der 5. und 6. Dezember aufregende Tage. Da kommt nämlich der Nikolo (St. Nikolaus), ein freundlicher älterer Herr im Bischofsgewand

Sternsinger

und mit einem weißen Bart, und beschenkt die braven Kinder mit Süßigkeiten. Für die schlimmen ist sein Begleiter, der Krampus, zuständig, eine pelzige Teufelsgestalt mit zwei Hörnern und einer langen roten Zunge. Vor ihm sollten sich die schlimmen Kinder fürchten. Ihnen droht der Krampus, sie in seiner Butte mitzunehmen oder mit seiner Rute zu schlagen. Die braven Kinder hingegen werden vom Nikolaus gelobt und belohnt.

Im Jahr 2006 wurde der gute Nikolaus allerdings, und zwar ausgerechnet in der Vorweihnachtszeit, auf einmal zu einer umstrittenen Figur. Aus „pädagogischen Gründen" (er verbreite Angst) bekam er in den Wiener Kindergärten Hausverbot. Aber in den Bundesländern wollten sich viele diesen alten Brauch nicht nehmen lassen und kamen dem Nikolo rasch zur Hilfe. Seinen Begleiter allerdings, vor dem sich wirklich viele Kinder fürchten, hat man ohnehin schon längst aus Kindergärten und Schulen verbannt, und die meisten Familien verzichten schon lange auf seine Auftritte. In vielen Orten, besonders in Tirol, Kärnten, Salzburg sowie der Steiermark, finden Krampusumzüge statt, bei denen die Krampusse kunstvoll geschnitzte Masken (Larven) tragen. Und einzelnen jungen Männern macht es immer wieder Spaß, am 5. und 6. Dezember durch die Straßen zu ziehen und die Leute mit ihren klirrenden Ketten zu schrecken.

Zu Allerheiligen schmücken die Leute die Gräber ihrer verstorbenen Angehörigen.

Wenn man Umfragen glauben darf, empfinden 42 Prozent der Österreicher Weihnachten tatsächlich als religiöses Fest. Für genauso viele (44%) ist Weihnachten jedoch ein „alter Brauch", zu dem Lichterketten, Weihnachtsbäume, „Stille Nacht" und vor allem viele Geschenke ganz einfach dazugehören. Die Weihnachtsvorbereitungen, Einkaufen, Parkplatz suchen, die vielen Leute in den Geschäften machen aber den meisten nicht unbedingt Spaß.

Am Nachmittag des 24. Dezember müssen alle Weihnachtsvorbereitungen beendet sein. Am Heiligen Abend kommt das Christkind. Viele Geschäfte und Restaurants schließen schon am Nachmittag, denn alle wollen an diesem Tag mit ihrer Familie zu Hause sein. Der Heilige Abend ist das Familienfest schlechthin. Abends ist die Bescherung. Da werden die Geschenke ausgepackt, und dann sitzt man noch gemütlich im Wohnzimmer. Viele Leute besuchen anschließend die Christmette. Immer mehr Menschen wollen jedoch in letzter Zeit dem Weihnachtsrummel und dem Winterwetter entkommen und machen in exotischen Ländern Urlaub.

Den letzten Tag des Jahres (Silvester) feiern viele – oft laut und fröhlich – zu Hause, in Lokalen oder auf den Straßen. Zur Silvestertradition gehört auch die Aufführung der Operette *Die Fledermaus* in der Wiener Staatsoper. Man trinkt Sekt (und anderes), vertreibt die Zeit mit Bleigießen und anderen Spielen und tauscht kleine Glückssymbole aus: Hufeisen, ein vierblättriges Kleeblatt oder einen Rauchfangkehrer.

Vor dem Krampus fürchten sich nicht nur die Kinder.

C+M+B	Caspar, Melchior, Balthasar. Lateinisch bedeuten die Buchstaben: Christus mansionem benedicat (Christus segne dieses Haus).
der Fasching (süddeutsch)	Karneval
der Faschingskrapfen	eine beliebte Mehlspeise
der Rauchfangkehrer (österr.)	Schornsteinfeger
das Gschnasfest	Maskenfest
der Palmbuschen	Buschen aus blühenden Weidenzweigen (für die Palmweihe)
die Ratsche	Klapper, Rassel; ein Gegenstand, den man dreht und der dabei ein hartes Geräusch macht

Der Nikolo kommt.

Freizeit und Sport

In Österreich haben die Menschen immer mehr Freizeit. Theoretisch verfügt jeder Österreicher und jede Österreicherin täglich über drei Stunden und 19 Minuten reiner Freizeit. Die Arbeitszeit beträgt 40 Stunden pro Woche, in vielen Branchen sogar weniger. Und was bezahlte Feiertage betrifft, gehört Österreich gewiss zu den Weltmeistern. Der bezahlte Urlaub beträgt je nach Länge der Dienstzeit 30-36 Werktage. Das sieht zwar gut aus, doch ist die frei verfügbare Zeit für Jugendliche (vor allem für Schülerinnen und Schüler) rückläufig. Der Leistungsdruck in der Schule ist sehr groß.

Unter der Woche sind die Österreicherinnen und Österreicher in letzter Zeit weniger freizeitaktiv, ziehen sich zur Entspannung am liebsten in ihre vier Wände zurück und verbringen ihre Zeit mit Fernsehen (84 %), Zeitunglesen, Telefonieren, surfen am Internet und all den anderen Unterhaltungsmedien. In 99 Prozent aller Haushalten findet man ein Farbfernsehgerät, meist ein HD-Flatscreen oder Smart-Screen Fernseher, über 94 Prozent verfügen über Kabel- oder Satellitenempfang. Durchschnittlich fast 5 Stunden pro Tag (2020) verbrachten die Österreicher vor dem geliebten TV-Gerät. Kein Wunder, dass für traditionelle Freizeitaktivitäten in der Familie immer weniger Zeit bleibt. Überhaupt hat man festgestellt, dass durch die wachsende Benützung digitaler Medien menschliche Beziehungen instabiler werden, Beziehungen zu Verwandten zurückgehen und sich echte Freundschaften nur schwer entwickeln können. Aber noch immer gehen die Österreicher gerne spazieren und wandern, unternehmen etwas mit ihren Freunden, gehen essen und machen Besuche. Viele begnügen sich aber damit, sich zu Hause zu entspannen und zu faulenzen. Auf Musikhören wollen sie dabei nicht verzichten, ganz im Gegenteil. Volksmusik ist am populärsten, Klassisches ist hingegen weniger gefragt.

Erfreulicherweise hat man auch in Österreich wieder entdeckt, dass Lesen Spaß machen kann. Der Bücherschrank im Wohnzimmer gehört zwar zur Standardeinrichtung vieler Haushalte, den Büchern geht es aber oft so ähnlich wie jenen in Ernst Jandls Gedicht.

bibliothek

die vielen buchstaben
die nicht aus ihren wörtern können

die vielen wörter
die nicht aus ihren sätzen können

die vielen sätze
die nicht aus ihren texten können

die vielen texte
die nicht aus ihren büchern können

die vielen bücher
mit dem vielen staub drauf

die gute putzfrau
mit dem staubwedel

Die Österreicher gelten als Lesemuffel, was aber nicht Schuld der Computer ist. Im Gegenteil, man hat festgestellt, dass der Anteil der Viel-Buchleser gerade bei Personen, die den Computer häufig benutzen, überdurchschnittlich hoch ist.

Laut einer Markant-Umfrage sind 66 Prozent der Österreicher „praktizierende Kulturliebhaber“, besuchen häufig das Theater, gehen ins Museum oder in die Oper.

Das Auto: Hobby, Statussymbol, Gebrauchsgegenstand

An den Wochenenden sind die meisten Österreicherinnen und Österreicher „voll freizeitaktiv“, stürmen die Kaufhäuser, Baumärkte und Freizeitparks, machen Ausflüge und verbringen vor allem sehr viel Zeit in ihren Autos – und im Stau. Für viele Männer ist Autofahren das Hobby Nummer eins, ihr Auto das Statussymbol schlechthin. Aber das Auto ist längst auch ein Gebrauchsgegenstand des täglichen Lebens geworden. Seit dem Jahr 1990 ist die Zahl der Autos von drei auf über 7,2 Millionen gestiegen (2021). So ist Österreich im weltweiten Vergleich eine der größten Autofahrernationen. Innerhalb Europas sind nur die Deutschen und die Italiener autoverrückter.

Die Motorisierungswelle hat freilich auch ihre Probleme gebracht: Luftverschmutzung, Lärmbelästigung und wachsende Unfallzahlen. Zu den diszipliniertesten Autofahrern zählen die Österreicher nicht unbedingt. Sie gelten als Raser, weshalb sich ausländische Besucher auf ihren Landstraßen und Autobahnen oft verunsichert fühlen. Warum Österreich im Übrigen die meisten „Geisterfahrer" der Welt hat, weiß kein Mensch. Tatsache ist jedenfalls, dass durchschnittlich zwei Autofahrer pro Tag mitten auf der Autobahn einfach umdrehen und in die falsche Richtung fahren. Im Jahr 2021 lag Österreich mit rund 359 Verkehrstoten leicht über dem EU-Durchschnitt.

Dominik Thiem stand in der Weltrangliste ganz oben.

Lieblingssportarten

Radfahren, Schwimmen, Laufen, Nordic Walking, Wandern und natürlich Skilaufen sind die Lieblingssportarten der meisten Österreicher und Österreicherinnen. Vor einigen Jahren wurde auch eine Reihe von „Fun-Sportarten" populär, vor allem das Inlineskaten im Sommer und das Snowboarden im Winter. Zu den „Traumsportarten", vor allem für junge Leute, zählen Paragleiten oder Drachenfliegen. Auch Surfen und Segeln gehören zum „Sporttraum".

Marcel Hirscher: acht Mal Gesamtweltcup-sieger

Zwar erwecken Werbung und Medien den Eindruck, Österreich wäre eine Nation von Hochleistungssportlern, doch entspricht das nicht den Tatsachen. Zweidrittel der Bevölkerung betreibt zweimal pro Woche Sport, aber ein Fünftel aller Österreicher ist mutig genug, sich als „völlig unsportlich und inaktiv" zu bekennen. Groß ist allerdings das passive Interesse. Sportsendungen im Fernsehen erreichen fast immer hohe Einschaltquoten, besonders beim alpinen Skisport. Mit Marcel Hirscher, dem achtfachen Worldcup Sieger (2019), haben die Österreicher und Österreicherinnen nach dem legendären Toni Sailer (Olympiasieger 1956), Franz Klammer (Olympiasieger 1976 und 5-mal Abfahrts-Weltcup-Gesamtsieger) und „Herminator" Hermann Maier (Olympiasieger 1998 und vierfach Worldcup Sieger) wieder einen Skisuperstar. Bei den Olympischen Spielen 2022 in Peking holten die Österreicher 18 Medaillen. Der erst 23-jährige Gregor Schlierenzauer feierte 2014 seinen 53. Sieg im Skifliegen. Auch Dominik Thiem (Tennis), Fußballspiele wie das EM-Achtelfinale im Herren Fußball gegen Italien (2021) hatten Millionen von Zusehern.

Aktuelle „Freizeitbeschäftigungen“

Das Geschäft mit der Freizeit lässt derzeit nicht nur in Österreich deutlich nach. Der wirtschaftliche Wettbewerb ist überall härter geworden, was viele Leute motiviert, sich stärker im Beruf zu engagieren. EDV- und Sprachkurse sind gut besucht, ansonsten ist das Interesse für Fortbildung in der Freizeit eher gering.

Dem internationalen Trend, Geldgeschäfte und Einkäufe elektronisch zu erledigen, kann man sich auch in Österreich nicht entziehen. Homebanking und E-Commerce sind die neuen „Freizeitaktivitäten“, auch wenn sie nicht konventionellen Vorstellungen entsprechen.

Ferien und Urlaub

Den Traum vom Urlaub können sich die meisten Österreicherinnen und Österreicher seit vielen Jahren erfüllen. Spontan gebuchter Urlaub ist gefragt. Manche sind sogar zweimal oder öfter im Jahr unterwegs. Konnten sich 1969 nur 28 Prozent der Bevölkerung einen Urlaub leisten, waren es 2021 72 Prozent. Ihr Lieblingsreiseziel? Dank der Corona Pandemie das eigene Land. Zwei Drittel aller Reisen waren 2020 Inlandsreisen. Und was gefällt den Leuten im eigenen Land? Die Sauberkeit und Sicherheit, sagen viele, aber auch die zahlreichen schönen Ausflugsziele, die unberührte Natur, die Gastfreundschaft und das reichhaltige kulturelle Angebot. Dass die meisten Urlaubsziele leicht und schnell zu erreichen sind, ist auch ein Vorteil. Kärnten steht an der Spitze, dahinter rangieren die Steiermark, Salzburg und Tirol.

Trotzdem gingen 38 Prozent der Reisen ins Ausland. Das traditionelle Urlaubsland der Österreicher ist freilich Italien, bietet es doch beinahe alles, was sich viele Menschen das ganze Jahr über wünschen: Sonne, Strand und Meer. Im Jahr 2021 sah die Hitparade der populärsten Reiseziele so aus: Auf Italien folgten Kroatien, Deutschland und Spanien. Auch Griechenland gehört zu den

Wandern gehört zu den Lieblingsfreizeitaktivitäten der Österreicher.

beliebtesten Reisezielen. Zwar beschränken sich die meisten Reisen auf europäische Länder, doch ist der Trend zu Fernreisezielen nicht zu übersehen. Die USA sind trotz verschärfter Einreisebestimmungen noch immer ein beliebtes Reiseziel. Thailand, Kuba und die Vereinigten Emirate mit Dubai liegen hoch im Kurs. Das unbeständige Wetter im eigenen Land, aber auch die relativ billigen Flugreisen und ein besseres Freizeitangebot sind der Grund, warum viele Urlauber exotische Meeresstrände den heimischen Seen vorziehen.

Für einen Großteil der Österreicher bedeutet Urlaub noch immer am Strand liegen, baden und faulenzen. Besonders gilt das für Kinder. Das Bedürfnis, möglichst viel zu erleben und neue Bekanntschaften zu machen, ist für ein Drittel der Urlauber wesentlich, besonders in der Altersstufe bis 19 Jahre. Junge Leute empfinden das Urlaubsland Österreich allerdings oft als zu kalt und zu teuer, aber auch als erlebnisarm und überaltert.

Kultur- und Besichtigungsreisen sprechen vor allem höhere Bildungsschichten an. Besonders junge Leute, aber auch Pensionisten verbringen den Urlaub gerne mit Freunden und Bekannten. In den letzten Jahren haben sich die Urlaubsgewohnheiten stark verschoben. Der dreiwöchige Urlaub ist zum Beispiel nicht mehr so gefragt wie einst, außerdem gibt es nicht mehr viele Menschen, die es sich leisten können, so lange auf Urlaub zu gehen. Die Alternative heißt, bei schlechtem Wetter im Reisebüro oder gleich am Flughafen einfach einen Restplatz zu buchen und für eine Woche irgendwo im Süden

Schifahren in Tirol

zu verschwinden. Last Minute Urlaubsangebote werden immer günstiger, gebucht wird buchstäblich in letzter Minute. Im Winter machen viele Österreicher Kurzurlaube zum Schifahren oder in die Nachbarländer. Und begeisterte Ausflügler sind die Österreicher, besonders Familien mit Kleinkindern, seit jeher. Zu einem richtigen Urlaubsprogramm gehören jedenfalls Tagesausflüge zum Wandern, Baden und Schifahren.

Die Österreicher scheinen in ihrer Reiselust kaum zu bremsen zu sein. Das sollte aber nicht darüber hinwegtäuschen, dass viele Menschen auf einen Urlaub verzichten müssen. Besonders Pensionistinnen und Pensionisten und arbeitslose Menschen, aber auch Berufsgruppen wie Bauern und Arbeiter können sich oft keinen Urlaub leisten. Sie machen Ferien zu Hause auf dem Balkon.

10 Essen und Trinken

Gut und reichlich zu essen und zu trinken hat bei den meisten Österreichern und Österreicherinnen einen sehr hohen Stellenwert. Vielen ist es wichtiger als etwa Reisen, Mode und Sport. Auf dem Gebiet der Gastronomie hat die Alpenrepublik weltweit einen sehr guten Ruf, und das Bild Österreichs im Ausland wird stark von seiner Küche geprägt. Wiener Schnitzel, Apfelstrudel und Sachertorte kennt man fast überall. Österreich gilt als das Land der kulinarischen Genüsse.

Wenn von österreichischer Küche die Rede ist, meint man im Allgemeinen die Wiener Küche, wie sie sich im 19. Jahrhundert herausgebildet hat. Wien war das Zentrum vieler Nationen mit verschiedenen Kulturen, Sprachen – und unzähligen „nationalen" Küchen. Die Köchinnen aus allen Teilen der Monarchie brachten ihre Kochrezepte, ihre Gewürze und Zutaten, ihre Ess- und Kochkulturen mit und modifizierten, vereinfachten und kombinierten sie. Das Resultat war die Wiener Küche, wie sie bis heute ohne wesentliche Änderungen besteht.

Neben der bodenständigen österreichischen Küche gibt es viele verfeinerte Traditionsgerichte, die durch zeitgemäße Zubereitung und Würzung hervorstechen, sowie eine hervorragende kreative und kulinarische „Haubenküche".

Hausmannskost und Haubenküche

Viele Wiener Speisen sind fester Bestandteil der österreichischen Hausmannskost. Neben dem Wiener Schnitzel gehört das Backhendl zu den „Klassikern" der Wiener Küche (Franz Maier-Bruck). Dass das Wiener Schnitzel keine Wiener Erfindung sei, sondern aus Italien käme, hat sich als falsche Ansicht erwiesen (vgl. Heinz Dieter Pohl, *Die österreichische Küchensprache*, 2007). Das „echte" Wiener Schnitzel wird aus Kalbfleisch zubereitet, häufig wird dafür aber auch (weil billiger) Schweinefleisch verwendet. Als Beilage zum Schnitzel essen die meisten Leute Kartoffel- oder grünen Salat, auch Reis oder Petersilkartoffeln.

Für viele Österreicher ist das Backhendl, ein mit Mehl, Ei und Semmelbröseln paniertes, in heißem Fett herausgebackenes junges Huhn, noch immer der „Inbegriff" des guten Essens. Andere beliebte Zubereitungsarten für das Huhn sind das Brat-, Paprika- und Grillhendl.

Im Allgemeinen essen die Österreicher gerne und (zu) viel Fleisch. Mit rund 60,5 Kilogramm pro Kopf gehören sie zu den größten Fleischkonsumenten in der

EU. Ganze 36,4 Kilo Schwein, 12,4 kg Geflügel 12 Kilo Rind, Kalb und noch andere Fleischsorten konsumiert der Durchschnittsösterreicher pro Jahr (2019). Rindfleischgerichte gelten als „feinere“ Speisen, besonders der Tafelspitz, das in einer Suppe gekochte „Gustostückerl“ vom Rind, und der Lungenbraten (= Rindsfilet). Das ursprünglich aus Ungarn kommende Gulasch können viele Österreicher zu jeder Tages- und Nachtzeit essen – besonders nach Festen und durchtanzten Nächten.

Österreich ist und bleibt das Schnitzelland.

Extrem hoch ist in Österreich der Schweinefleischkonsum, und beliebt wie eh und je: der Schweinsbraten. Ja, manche Österreicher können sich ein Leben ohne Schweinsbraten mit Knödeln überhaupt nicht vorstellen. (Entsprechend hoch ist auch die Zahl der Herzkranken!)

Auf jeden Fall ist Österreich ein Land der Suppen. Zu einem „richtigen“ Essen gehört nach wie vor eine Rindsuppe mit Einlagen wie Grießnockerln, Frittaten, Lungenstrudel, Leberknödel oder Backerbsen. Obst und Gemüse sind nicht so sehr gefragt, aber erfreulicherweise ist in letzter Zeit der Obst- und Gemüsekonsum gestiegen.

Mehlspeisen

Wirklich berühmt ist Österreich für seine Mehlspeisen und Süßigkeiten, die oft die schönsten Namen haben: Gugelhupf, Palatschinken, Vanillekipferl, Kokosbusserl... So wie ein richtiges Essen mit einer Suppe beginnt, schließt es mit etwas Süßem.

Zu den bekanntesten Mehlspeisen zählt der in vielen Varianten existierende Strudel. Apfel-, Topfen-, Mohn- und Zwetschkenstrudel sind die bekanntesten, aber es gibt auch Erdäpfel-, Kraut- und sogar einen Bohnenstrudel.

Unendlich groß ist das Tortenrepertoire der Österreicher. Die berühmteste Torte ist wohl die von Franz Sacher im 19. Jahrhundert erfundene und von dessen Sohn Eduard, dem Besitzer des Wiener Nobelhotels Sacher, in aller Welt bekannt gemachte Sachertorte, eine mit Marillenmarmelade und Schokoglasur

Salzburger Nockerln

überzogene Schokoladetorte. Um den Namen „Originalsachertorte“ gab es sogar einen siebenjährigen Krieg zwischen dem Hotel Sacher und der Wiener Nobelkonditorei Demel. Die Streitfrage lautete: Wird die Originalsachertorte in der Mitte durchgeschnitten und mit Marillenmarmelade gefüllt? Zwar wusste das Gericht das auch nicht, aber es entschied, dass beide Häuser Sachertorte herstellen dürfen. Allerdings darf nur Sacher sie „Originalsachertorte“ nennen. Aber die meisten Österreicher kümmert das wenig. Sie kaufen sich ihre Sachertorte ohnehin weder beim Demel noch im Sacher. Fast jede Hausfrau kann ihre Variante selbst backen und serviert sie mit einer Portion Schlagobers gerne zur Kaffeejause.

Spezialitäten der Bundesländer

Selbstverständlich gibt es in allen Bundesländern kulinarische Spezialitäten. In Kärnten etwa sind es die Kasnudeln, mit Topfen gefüllte Teigtaschen. Bei steirischen Buffets bekommt man oft Verhackert, einen Brotaufstrich aus Schweinespeck. Und da in Vorarlberg viel Käse produziert wird, gibt es dort viele Speisen aus Käse: Käsesuppe, Käseknödel, Käsespätzle, Käseknöpfle. Eine Salzburger Spezialität, die man allerdings selbst eher nicht zubereiten sollte (sehr kompliziert), sind die Salzburger Nockerln, eine souffléartige Mehlspeise aus gezuckertem Eischnee – und Luft.

Knödel werden in ganz Österreich gerne gegessen, nicht nur in Oberösterreich gibt es unzählige Varianten. Der Tiroler Knödel wird aus Weizenbrot und Speck bereitet, der Wiener Semmelknödel – natürlich – aus Semmeln, und unter den Knödeln aus Erdäpfelteig ist der Marillenknödel die Lieblingsspeise vieler Mehlspeistiger.

Kaffeetrinken

Zur österreichischen Lebensart gehört unbedingt auch das Kaffeetrinken. Kaffee ist geradezu ein Nationalgetränk – nach den Skandinaviern haben die Österreicher den höchsten Kaffeekonsum in Europa –, und die Kaffeejause ist angeblich sogar eine österreichische „Erfindung". Die nachmittägliche Kaffeestunde in der Café-Konditorei ist nicht nur bei älteren Damen, die sich dem Genuss von Torten widmen, beliebt. Das Wiener Kaffeehaus hat eine lange Tradition als kulturelles Zentrum, in dem sich – besonders um die Jahrhundertwende – Künstler und Literaten trafen. Für manche Österreicher ist das Café zugleich Ort der Entspannung, Büro und Wohnzimmer zugleich.

Kaffeespezialitäten

Mokka = starker schwarzer Kaffee
Kleiner Brauner = kleine Tasse Kaffee mit etwas Milch
Großer Brauner = große Tasse Kaffee mit etwas Milch
Melange = Kaffee mit Milch
Verlängerter = mehr Wasser im Kaffee, daher schwächer
Schale Gold = Kaffee (etwas heller, goldbraun)
Einspänner = Glasbecher mit heißem Mokka und Schlagobers
Eiskaffee = Vanilleeis mit kaltem Mokka und Schlagobers
Cappucchino =Italienischer Kaffee mit aufgeschäumter Milch
(Es gibt noch mehr!)

Ein Krügerl Bier und ein Glaserl Wein

Zwar ist Bier das Lieblingsgetränk der Österreicher – nur die Tschechen trinken mehr –, doch wollen viele auch auf ihr „Glaserl Wein" nicht verzichten. Wein ist ebenfalls fester Bestandteil der österreichischen Lebensart. Statistisch gesehen zählt Österreich zu den zehn Ländern mit dem höchsten Weinkonsum pro Kopf. Legendär sind einige „trinkfeste" Politiker der jüngeren Geschichte. Dem Weintrinken sind aber alle sozialen Gruppen verfallen. Viele Leute beschaffen sich ihren Wein direkt beim Weinbauern und gehen gerne zu Weinverkostungen. Im Sommer ist der „G'spritzte" (halb Wein, halb Mineralwasser) ein sehr beliebtes Getränk.

Eine traditionsreiche Wiener Institution ist der „Heurige". Das Wort kommt von „heuer" (=dieses Jahr) und bezieht sich zugleich auf den „heurigen" (=neuen) Wein und auf die rustikalen Lokale der Weinbauern, wo die Wiener ihren Wein „beißen" und besingen. Für viele Österreicher ist ein Heurigenbesuch der Inbegriff der Gemütlichkeit. Man sitzt an langen Holztischen, holt sich sein Essen am Buffet und ist fröhlich. Sentimental und melancholisch sind die vielen Heurigenlieder. Einheimische bevorzugen eher versteckte Heurige, Touristen werden meistens nach Grinzing, den wohl bekanntesten Wiener Weinort, gebracht.

Wiener Schnitzel oder Nudeln: Trends im Küchenalltag

Obwohl die Österreicherinnen und Österreicher, was Essen und Trinken betrifft, konservativ sind und ungesundes Essen noch immer überwiegt („schleichender Selbstmord mit Messer und Gabel"), haben sich ihre Ernährungsgewohnheiten und ihre Einstellung zum Essen in den letzten Jahren doch etwas geändert.

Einem Trend der Zeit folgend, essen viele Österreicher jetzt gesundheitsbewusster als noch vor zehn Jahren. Reduziert werden zum Beispiel süßes Gebäck, Kuchen oder Butter zum Frühstück. dafür gibt es mehr Joghurt, Müsli und Margarine. Zu Mittag verzichten viele auf Suppen und essen auch weniger Schweinefleisch, Wein und Bier werden reduziert, man trinkt mehr Mineralwasser. Und vor allem Frauen essen mehr frisches Obst. Der überhöhte Verbrauch von Zucker hat dazu beigetragen, dass sich auch in Österreich die Zahl der Übergewichtigen und Fettleibigen stark erhöht hat.

Dennoch war die Überraschung groß, als eine Umfrage ergab, dass die Österreicher offenbar ihrem Schnitzel untreu wurden und neuerdings lieber Nudeln essen. Eine andere Umfrage brachte aber ein anderes Ergebnis und überließ dem Schnitzel den ersten Platz.

Ob nun das klassische Wiener Schnitzel seine Herrschaft auf den österreichischen Esstischen verloren hat oder nicht, es gehört nach wie vor zu den Lieblingsgerichten der Österreicherinnen und Österreicher. Österreich bleibt das Schnitzelland.

Zeit für das Essen haben die Österreicher und Österreicherinnen – bedingt durch das Berufsleben – immer weniger. Die Familie trifft sich gerade noch beim Frühstück. Das Mittagessen ist nur mehr für ältere Menschen die Hauptmahlzeit, von den jungen unter dreißig leisten sich nur mehr 40 Prozent diesen Luxus. In dieser Altersgruppe ist vor allem wichtig, dass es schnell geht. Man begnügt sich mit einer Wurstsemmel vor dem Bildschirm oder isst sie gleich auf der Straße Die Erlebnisqualität des Essens ist also auch in Österreich gesunken.

Kochen ist übrigens noch immer Frauensache. Etwa 70 Prozent der Frauen tun dies täglich, Männer oft nur am Wochenende. Doch nach wie vor bestimmen sie, was auf den Tisch kommt. Das Einkaufen erledigen hauptsächlich die Frauen.

Fastfood gibt es inzwischen auch in Österreich –der Trend geht vor allem bei den jüngeren Menschen immer mehr zur Tiefkühlkost, Konserven und Fertiggerichten. Und für Kochmuffel gibt es Hilfe: die vielen kleineren Gasthäuser, wo die ganze Familie mitarbeitet und wo man vorzüglich und preiswert essen kann. Wer Exotisches bevorzugt, wird nicht nur in Wien genügend Lokale mit ausländischer Küche finden. Nicht zu übersehen sind die vielen asiatischen Restaurants, die in den letzten Jahren eröffnet wurden.

Österreich, das Land der Dicken

„Die Österreicher essen viel zu viel und fett. Die Folge: 35 Prozent der Männer und 20 Prozent der Frauen haben Übergewicht. Jeweils sechs Prozent beider Geschlechter sind sogar fettsüchtig (adipös). Das zeigen die Zahlen des aktuellsten Ernährungsberichts des Gesundheitsministeriums.
Laut dem Bericht ernähren sich die Österreicher nach wie vor sehr traditionsbewusst und deftig. Fleischwaren sind äußerst beliebt. Beispielsweise werden pro Kopf und Monat fünf Kilo Schweinefleisch verbraucht. Dagegen liegt der Fischkonsum bei nur 450 Gramm pro Kopf und Monat.
Aber nicht nur das zu fette Essen, auch die vielen Süßspeisen schlagen an: Der Zuckerverzehr stagniert seit einigen Jahren auf einem relativ hohen Niveau. Hingegen kommt der Konsum von pflanzlichen Lebensmitteln oft zu kurz.

Ernährungsbericht 2003 nach der *standard.at*. 6.März 2007

„Erdäpfelsalat bleibt Erdäpfelsalat“: Essen und Sprache

Vom Stellenwert des guten Essens zeugen viele Ausdrücke und Phrasen in der Alltagssprache der Österreicher. „Backhendlfriedhof“ zum Beispiel ist eine scherzhaft-umgangssprachliche Bezeichnung für den Bauch, die „letzte Ruhestätte“ des verspeisten Huhnes. Wer sich „abstrudelt“, müht und hetzt sich, und wenn etwas sehr langsam oder gar nicht weitergeht, zieht es sich „wie ein Strudelteig“.

Im Verlauf der EU-Beitrittsverhandlungen zeigte sich, dass gerade die Terminologie des Essens für das Österreichbewusstsein sehr wichtig ist. Die Ängste vieler Österreicher um einen Verlust ihrer Identität in der EU manifestierten sich vor allem auf dem Gebiet des Essens und Trinkens. Viele hatten Angst vor neuen

Produkten und wollten sich nicht mit dem (vermeintlichen) Verlust alter, lieb gewordener Bezeichnungen abfinden. So gab es eine hitzige Debatte über den drohenden „Verlust" von Marillen, Ribiseln und Weichseln. Im Europäischen Wirtschaftsraum sollten nur die in Deutschland gebräuchlichen Bezeichnungen gelten: Aprikosen, Johannisbeeren und Sauerkirschen. Viele Menschen wehrten sich gegen eine „Preußifizierung" ihrer Sprache und wollten sich nicht mit einem Sprachdiktat aus Bonn und Brüssel abfinden.

In den Medien gab es immer wieder Horrormeldungen, was den Österreichern in der EU bevorstünde: „Blutschokolade", genetisch veränderte Schnitzel und bestrahlte Tomaten. Aber der Wiener Bürgermeister versuchte, die Leute zu beruhigen, und verkündete in einem Zeitungsinserat: „Erdäpfelsalat darf weiter Erdäpfelsalat heißen und muss nicht auf Kartoffelsalat umgetauft werden." So konnten die Österreicher am Ende nicht nur ihren Erdäpfelsalat in die EU retten, sondern – im so genannten Protokoll Nr. 10 – eine ganze Liste von spezifisch österreichischen Ausdrücken aus dem Bereich des Lebensmittelrechts, die in der EU den gleichen Status wie die in Deutschland verwendeten Bezeichnungen haben. Einige Beispiele:

Österreich	**Deutschland**
Beiried	Roastbeef
Eierschwammerl	Pfifferlinge
Erdäpfel	Kartoffeln
Faschiertes	Hackfleisch
Fisolen	grüne Bohnen
Karfiol	Blumenkohl
Kren	Meerrettich
Melanzani	Auberginen
Marillen	Aprikosen
Obers	Sahne
Paradeiser	Tomaten
Powidl	Pflaumenmus
Ribisel	Johannisbeeren
Topfen	Quark
Vogerlsalat	Feldsalat
Weichseln	Sauerkirschen

Hinweise für Gourmets

Das Beisel

In Wien heißt ein kleines Gasthaus auch „Beisel“ (Beisl). Es ist ein beliebter Treffpunkt aller Altersgruppen, oft auch Sitz und Stammlokal von Sportvereinen und Freizeitclubs.

In den Beiseln bekommt man im Allgemeinen gute Hausmannskost zu angemessenen Preisen. Warme Küche gibt es meistens von 12-14 und von 18-20 Uhr.

Zum Trinken: Neben Mineralwasser und alkoholfreien Getränken sind meist nur eine Sorte Bier, aber mindestens je zwei Weiß- und Rotweinsorten erhältlich. Der Wein wird offen getrunken, zu Achteln oder Vierteln oder auch „gespritzt“ (1/8 l Wein mit 1/8 l Sodawasser. Bier bekommt man in Flaschen oder offen. Ein Seidel ist 1/3 l, ein Krügel 1/2 l.)

Wien hat eine alte Beisltradition.

Der Würstelstand

Was in Italien die Pizza, in Amerika der Hamburger, in England Fish and Chips ist, das ist in Österreich die Wurst. Am Würstelstand kann man im Stehen eine Wurst essen, z.B. die fette und billige Burenwurst, die so genannte „Haaße“ (=Heiße), die besonders in Wien beliebt ist; aber auch Bratwurst, Frankfurter und Leberkäse.

Einer von zahlreichen Wüstelständen (Briefmarke 85 Cent)

Ein österreichisches Menü zum Ausprobieren

Leberknödelsuppe oder Frittatensupppe
Wiener Schnitzel mit Petersilkartoffeln
Kaiserschmarren oder Sachertorte

Leberknödelsuppe (4 Portionen)

1 l Rindsuppe	1 Ei
120 g Rindsleber	Knoblauch
30 g Fett	Semmelbrösel
Zwiebel	Majoran, Pfeffer,
Petersilie	Salz
2 Semmeln	

In 30 Gramm Fett lässt man etwas feingehackte Zwiebel und Petersiliengrünes anlaufen. Dies vermengt man mit 120 Gramm feinfaschierter Leber, rührt darunter 2 geweichte, ausgedrückte und passierte Semmeln und 1 ganzes Ei, würzt mit Salz, Pfeffer, Majoran und zerdrücktem Knoblauch. Dann vermischt man das Ganze mit Semmelbröseln und stellt es in den Kühlschrank. Nach einigem Rasten formt man kleine Knödel, die in Salzwasser 10 Minuten gekocht werden. Abgetropft in die Rindsuppe einlegen.

hacken	zerkleinern
faschieren	Fleisch in einer Maschine zerkleinern
passieren	durch ein Sieb drücken

Frittatensuppe

¼ l Milch	1 Ei
Mehl	etwas Salz
Öl zum Backen	

Aus der Milch, dem Ei und Mehl einen flüssigen Teig rühren und etwa 10 Minuten ruhen lassen. Dann einen Löffel Öl in einer flachen Pfanne erhitzen und etwa 4 Esslöffel Teig in die Pfanne gießen und ganz dünn verteilen. Die Palatschinke auf beiden Seiten braun backen und auskühlen lassen. Dann in dünne Streifen schneiden und in heißer Suppe servieren.

Wiener Schnitzel (für 1 Person)

150-200 g Kalbfleisch	1/2 Löffel Öl	Salz, Semmelbrösel,
1 Ei	1 Esslöffel Milch	
	Mehl	

Das Kalbsschnitzel nicht zu dünn schneiden, gut klopfen und beide Seiten in Mehl eintauchen. In einer Schüssel ein ganzes Ei, einige Tropfen Öl, 1 Esslöffel Milch und etwas Salz gut verrühren, das Schnitzel eintauchen und dann mit Semmelbröseln panieren. Das panierte Schnitzel soll nicht zu lange liegen, sondern soll nach dem Panieren sofort gebacken werden, da sonst die Brösel feucht werden, wodurch die Panier beim Backen hart wird. Das Schnitzel in nicht zu viel Fett backen.

panieren	in den Bröseln wenden

Kaiserschmarren (2 Portionen)

4 Eier	120 g Mehl	30 g Rosinen
30 g Zucker	Prise Salz	Staubzucker zum Bestreuen
ca. 1/4 l Milch	50 g Butter zum Backen	

Mehl, Zucker und Eigelb mit Milch zu einem glatten, dickflüssigen Teig vermischen. Eiweiß zu Schnee schlagen und vorsichtig in den Teig einrühren. Teig in eine Pfanne mit heißer Butter gießen, anbacken, mit Rosinen bestreuen, wenden und im Rohr oder auf mäßigem Feuer fertig backen. In kleine Stücke zerreißen, mit Staubzucker bestreuen und auf einer Platte anrichten. Kompott als Beigabe.

Sachertorte

130 g Butter	130 g Schokolade
130 g Mehl	
220 g Staubzucker	6 Eiklar
Marillenmarmelade	
6 Eigelb	Vanillezucker

Die weiche Butter wird mit der halben Zuckermenge, der erwärmten Schokolade und dem Eigelb schaumig gerührt. Den Schnee mit dem restlichen Zucker steif schlagen. Beide Massen zusammenmischen und dann vorsichtig das Mehl mit Vanillezucker einrühren. Eventuell $^1/_2$ Paket Backpulver (= 1 $^1/_2$ Teelöffel) dazumischen. 1 Stunde bei schwacher Hitze backen. Vollständig auskühlen lassen, mit Marillenmarmelade füllen und bestreichen und sehr dick mit Schokoladeglasur überziehen.

Glasur:

200 g Zucker	150 g Schokolade	1/8 l Wasser

Zucker und Wasser 5 bis 6 Minuten scharf kochen lassen. Auskühlen lassen, bis die Lösung lauwarm ist. Schokolade erwärmen, bis sie schmilzt, und mit der warmen Zuckerlösung nach und nach verrühren, bis eine dickflüssige Glasur entsteht.

der Staubzucker (österr.)	Puderzucker

11 Schule – Ausbildung

Das österreichische Schulsystem

Allgemeine Schulpflicht

In Österreich müssen alle Kinder vom 5. bis zum 15. Lebensjahr die Schule besuchen. Mit dem 6. Lebensjahr beginnt die allgemeine Schulpflicht. Der **Kindergarten** ist für alle Fünf- bis Sechsjährigen verpflichtend. Die **Vorschule** ist ein freiwilliges Jahr.

Die Schulpflicht wird durch den Besuch der folgenden Schultypen erfüllt:

- in den *ersten vier Schuljahren (ISCED 1)*
  durch den Besuch der **Volksschule** oder einer **Sonderpädagogik/Inklusive Bildung**;
- im *5. bis 8. Schuljahr (ISCED 2)*
  durch den Besuch der **Allgemein bildenden höheren Schule**, der **Mittelschule** oder einer **Sonderpädagogik/Inklusive Bildung**;
- im *9. Schuljahr (ISCED 3)*
  durch den Besuch der **Polytechnischen Schule**, den Weiterbesuch einer **Sonderpädagogik/Inklusive Bildung** oder durch den Besuch einer **Allgemein bildenden oder Berufsbildenden mittleren** bzw. **höheren Schule.** Es gibt eine Ausbildungspflicht bis zum 18. Lebensjahr.

Grundbildung/ Volksschule

Die Betonung liegt hier auf den vier Kulturtechniken: Lesen, Schreiben, Rechnen sowie Aufbereitung von Informationen. Die Volksschule hat die Aufgabe, eine für alle Kinder gemeinsame grundlegende und ausgewogene Bildung im sozialen, emotionellen, intellektuellen und körperlichen Persönlichkeitsbereich zu vermitteln. Die Klassen sind koedukativ. Der Unterricht wird durch eine Klassenlehrerin bzw. einen Klassenlehrer erteilt, die/der die Klasse vier Jahre begleitet. Englisch wird ab der ersten Klasse unterrichtet. Kinder mit einer anderen Erstsprache als Deutsch sind in den Klassenverband integriert und erhalten bei Bedarf Förderung in der Unterrichtssprache Deutsch.

Durch die Corona-Pandemie 2020-2022 wurde der Online-Unterricht (Distance Learning) forciert. Die Digitalisierung der Schule nahm schlagartig zu, sie wurde zu einer Priorität. Lernen mit Technologie erleichtert eine individuelle Förderung und fördert die Selbständigkeit. Aber viele Schüler waren überfordert, besonders diejenigen, die zu Hause keinen eigenen Computer, keine Rückzugsmöglichkeit hatten, keine Hilfe von den Eltern bekamen.

Sekundarbildung Unterstufe

Nach dem Besuch der Volksschule besucht man eine AHS-Unterstufe oder eine Mittelschule.

2021 wechselten etwa 35,2% der Schülerinnen und Schüler nach der Volksschule in eine AHS, etwa 58,3% in eine Mittelschule und 1,6% in eine Sonderschule.

Mittelschule (10. bis 14. Lebensjahr)

Der Lehrplan sieht 4 mögliche Schwerpunktbereiche vor und hat ein allgemeines Bildungsziel: es knüpft an die Vorkenntnisse von der Volksschule an, stellt einen Bezug zur Lebenswelt her; individuelle Zuwendung, Chancengleichheit und Geschlechtergerechtigkeit werden hervorgehoben.

Allgemein bildende höhere Schulen (AHS)

Die **Allgemein bildende höhere Schule** umfasst eine vierjährige Unterstufe und eine vierjährige Oberstufe und schließt mit der **Reifeprüfung** (**Matura**) ab. Das Maturazeugnis berechtigt zum Studium an Universitäten und Fachhochschulen. Es gibt mehrere Formen des Gymnasiums mit verschiedenen Schwerpunkten (z.B. das **Neusprachliche Gymnasium**, das vermehrt lebende Fremdsprachen bietet; das **Realgymnasium** mit mehr Mathematik, Biologie, Chemie und Physik; das **Wirtschaftskundliche Realgymnasium** mit mehr Chemie, Wirtschaftskunde, Psychologie und Philosophie).

Sekundarbildung Oberstufe

Je nach Begabung und Interessen können die Schülerinnen und Schüler aus verschiedenen Schularten wählen. Neben Allgemeinbildenden gibt es nun auch Berufsbildende Schulen. Von der Mittelschule schafften 20 Prozent den Aufstieg in eine AHS. 77 Prozent der Absolventinnen und Absolventen der AHS-Unterstufe treten in die Oberstufe einer AHS ein. Viele Schüler der Mittelschule wählen nun eine Lehrausbildung.

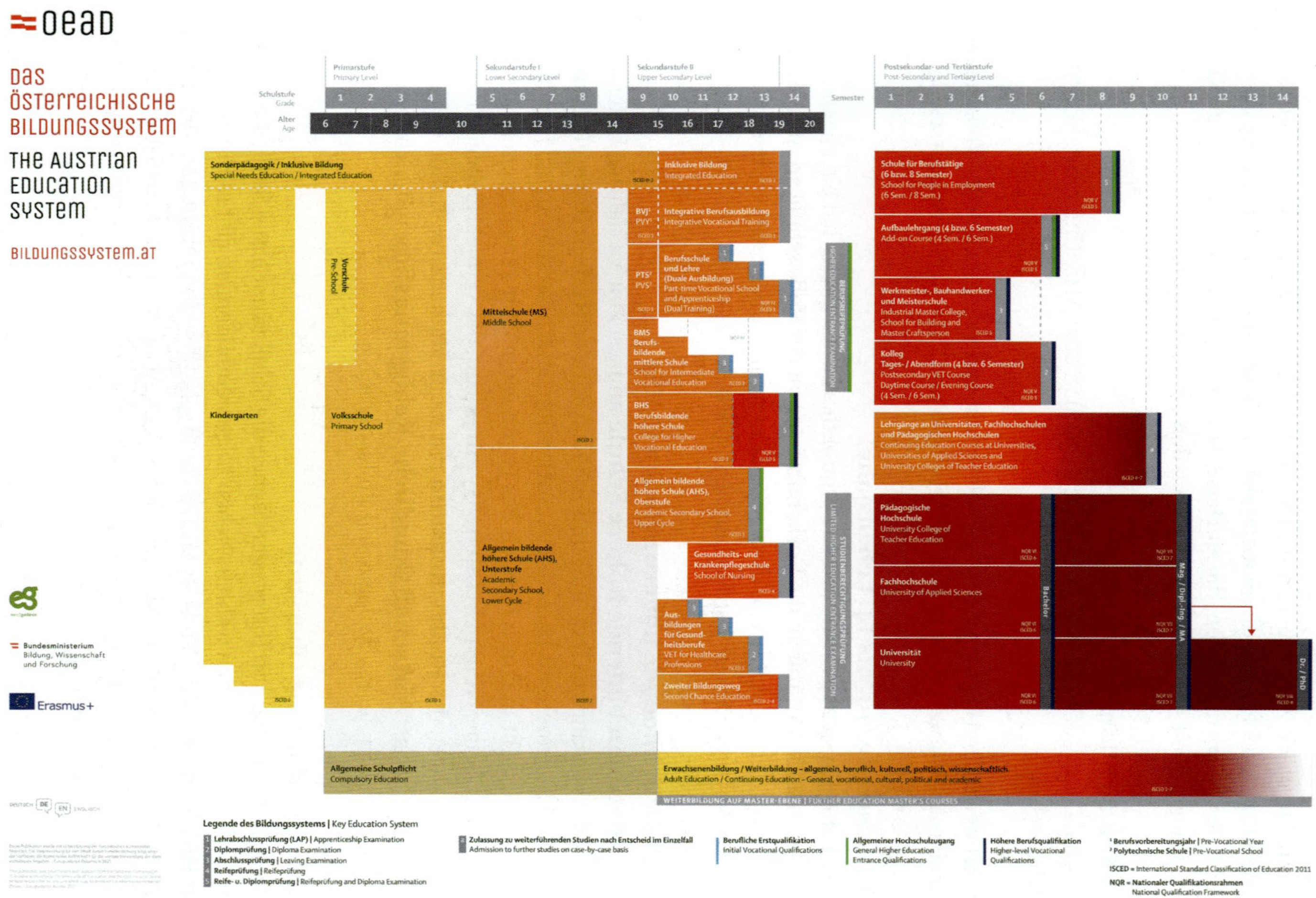
OeAD
DAS ÖSTERREICHISCHE BILDUNGSSYSTEM
THE AUSTRIAN EDUCATION SYSTEM
BILDUNGSSYSTEM.AT
Schulstufe Grade
Alter Age
Primarstufe Primary Level
Sekundarstufe I Lower Secondary Level
Sekundarstufe II Upper Secondary Level
Postsekundar- und Tertiärstufe Post-Secondary and Tertiary Level
Semester
Sonderpädagogik / Inklusive Bildung Special Needs Education / Integrated Education
Kindergarten
Vorschule Pre-School
Volksschule Primary School
Mittelschule (MS) Middle School
Allgemein bildende höhere Schule (AHS), Unterstufe Academic Secondary School, Lower Cycle
Inklusive Bildung Integrated Education
BVJ¹ PVY¹
Integrative Berufsausbildung Integrative Vocational Training
PTS² PVS²
Berufsschule und Lehre (Duale Ausbildung) Part-time Vocational School and Apprenticeship (Dual Training)
BMS Berufsbildende mittlere Schule School for Intermediate Vocational Education
BHS Berufsbildende höhere Schule College for Higher Vocational Education
Allgemein bildende höhere Schule (AHS), Oberstufe Academic Secondary School, Upper Cycle
Gesundheits- und Krankenpflegeschule School of Nursing
Ausbildungen für Gesundheitsberufe VET for Healthcare Professions
Zweiter Bildungsweg Second Chance Education
BERUFSREIFEPRÜFUNG HIGHER EDUCATION ENTRANCE EXAMINATION
STUDIENBERECHTIGUNGSPRÜFUNG LIMITED HIGHER EDUCATION ENTRANCE EXAMINATION
Schule für Berufstätige (6 bzw. 8 Semester) School for People in Employment (6 Sem. / 8 Sem.)
Aufbaulehrgang (4 bzw. 6 Semester) Add-on Course (4 Sem. / 6 Sem.)
Werkmeister-, Bauhandwerker- und Meisterschule Industrial Master College, School for Building and Master Craftsperson
Kolleg Tages- / Abendform (4 bzw. 6 Semester) Postsecondary VET Course Daytime Course / Evening Course (4 Sem. / 6 Sem.)
Lehrgänge an Universitäten, Fachhochschulen und Pädagogischen Hochschulen Continuing Education Courses at Universities, Universities of Applied Sciences and University Colleges of Teacher Education
Pädagogische Hochschule University College of Teacher Education
Fachhochschule University of Applied Sciences
Universität University
Bachelor
Mag. / Dipl.-Ing. / MA
Dr. / PhD
Allgemeine Schulpflicht Compulsory Education
Erwachsenenbildung / Weiterbildung – allgemein, beruflich, kulturell, politisch, wissenschaftlich Adult Education / Continuing Education – General, vocational, cultural, political and academic
WEITERBILDUNG AUF MASTER-EBENE | FURTHER EDUCATION MASTER'S COURSES
Legende des Bildungssystems | Key Education System
1 Lehrabschlussprüfung (LAP) | Apprenticeship Examination
2 Diplomprüfung | Diploma Examination
3 Abschlussprüfung | Leaving Examination
4 Reifeprüfung | Reifeprüfung
5 Reife- u. Diplomprüfung | Reifeprüfung and Diploma Examination
Zulassung zu weiterführenden Studien nach Entscheid im Einzelfall Admission to further studies on case-by-case basis
Berufliche Erstqualifikation Initial Vocational Qualifications
Allgemeiner Hochschulzugang General Higher Education Entrance Qualifications
Höhere Berufsqualifikation Higher-level Vocational Qualifications
¹ Berufsvorbereitungsjahr | Pre-Vocational Year
² Polytechnische Schule | Pre-Vocational School
ISCED = International Standard Classification of Education 2011
NQR = Nationaler Qualifikationsrahmen National Qualification Framework
Bundesministerium Bildung, Wissenschaft und Forschung
Erasmus+
DEUTSCH DE EN ENGLISCH

Polytechnische Schule (14. bis 15. Lebensjahr)
Für diese Schule, die nur ein Jahr dauert, entscheiden sich 20 Prozent der österreichischen Jugendlichen. Sie bekommen dort eine Berufsorientierung und eine Berufsgrundbildung. Betriebe werden besucht, und es gibt berufspraktische Wochen, damit die Berufswahl erleichtert wird. Die meisten Absolventinnen und Absolventen dieser Schule beginnen anschließend eine Lehrausbildung.

Allgemein bildende höhere Schule/AHS-Oberstufe
Die Oberstufen sollen eine vertiefte Allgemeinbildung vermitteln und zur Hochschulreife (Matura) führen. Es gibt die gleichen drei Schultypen wie in der AHS-Unterstufe.

Berufsbildende mittlere Schulen vermitteln in ein bis vier Jahren eine abgeschlossene Berufsausbildung. Es gibt u.a. technische, gewerbliche und kunstgewerbliche Fachschulen (z.B.: Maschinenbau, Elektrotechnik, Bautechnik, grafische Gewerbe). **Handelsschulen** bieten eine Ausbildung in kaufmännischen Berufen. Es gibt auch Fachschulen für Mode, Tourismus, Sozialberufe und Landwirtschaft.

Berufsbildende höhere Schulen
Diese können nach der achten Schulstufe besucht werden und bieten neben einer Berufsausbildung auch die Möglichkeit, nach fünf Jahren die Diplom- und Reifeprüfung zu erwerben. Sie vermitteln neben einer fundierten Allgemeinbildung eine höhere berufliche Ausbildung.

Das Duale System
In Österreich erfolgt die berufliche Erstausbildung neben den mittleren und höheren Schulen vor allem im Rahmen der Lehrlingsausbildung, und zwar im Ausbildungsbetrieb und in der Berufsschule. Daher wird die Lehrausbildung auch als „Duale Ausbildung“ bezeichnet. Hauptträger der Lehrlingsausbildung sind die Klein- und Mittelbetriebe. Derzeit (2022) kann aus 211 Lehrberufen gewählt werden. Die weiterführende Ausbildung bis zum 18. Lebensjahr wird ab Herbst 2017 Pflicht.

Berufsbildende Pflichtschulen (Berufsschulen)

Berufsschulen vermitteln Lehrlingen während ihrer Ausbildung grundlegende theoretische Kenntnisse. Der Schulbesuch erfolgt entweder an einem Tag in der Woche oder in Form eines achtwöchigen Lehrganges.

Lehrausbildung

Es gibt in Österreich zweihundertelf Lehrberufe, darunter so ausgefallene wie Bonbonmacher, Schädlingsbekämpfer oder Streichinstrumentenbauer. Und unter den neuen Lehrberufen können junge Leute unter einem großen Angebot wählen: EDV-Techniker, Gartencenterkaufmann, Immobilienkaufmann, Entsorgungs- und Recyclingfachmann, Sonnenschutztechniker und Fitnessbetreuer. In Wirklichkeit werden aber die meisten Burschen und die meisten Mädchen in nur wenigen Lehrberufen ausgebildet. Die Berufswünsche der jungen Leute sind seit vielen Jahren gleichgeblieben. Daran kann auch die Tatsache nichts

ändern, dass Mädchen langsam doch „Männer"-Berufe erobern und zum Beispiel Tischlerin, Malerin, aber auch Automechanikerin und Rauchfangkehrerin werden wollen. Die Lehrzeit dauert drei bis vier Jahre und endet mit der LAP (Gesellenprüfung).

ISCED	International Standard Classification of Education wurde von der UNESCO zur Klassifizierung und Charakterisierung von Schultypen und Schulsystemen entwickelt.

12 Studieren in Österreich

Universitäten

In Österreich gibt es 22 Universitäten, die vom Staat finanziert werden und deren Aufgabenstellung recht unterschiedlich ist. Seit 2004 sind diese Universitäten autonom und bekommen ein dreijähriges Globalbudget, für das sie einen Leistungsnachweis erbringen müssen. Mit dem Betrag, den der österreichische Staat für die Unis ausgibt, liegt Österreich im europäischen Mittelfeld. Allerdings haben die Universitäten nun die Möglichkeit, sich selbst neue Geldquellen zu erschließen. Man spricht vom Modell einer „unternehmerischen Universität". Seit dem Jahr 2000 gibt es auch Privatuniversitäten. Die „alten" Universitäten Wien, Graz und Innsbruck waren „Volluniversitäten" mit einem umfassenden Studienangebot. Im Jahr 2004 wurden jedoch die bisherigen Medizinischen Fakultäten der Universitäten Wien, Graz und Innsbruck in selbstständige Medizinische Universitäten umgewandelt.

Mit rund 90 000 Studierenden (2020/21) ist die Universität Wien nicht nur die größte Universität Österreichs, sondern auch eine der größten Europas und die älteste im deutschen Sprach- und Kulturraum. Das Studienangebot umfasst 179 Studien.

Im Wintersemester 2020/21 studierten rund 388 000 Studierende an den Bildungseinrichtungen des Landes. Davon waren rund 106 000 ausländische Studierende, die meisten davon aus der EU. Frauen sind mit 53 Prozent der Studierenden vertreten.

Die beliebtesten Studienrichtungen sind Geisteswissenschaften und Naturwissenschaften, dann folgen Technik und Wirtschafts-Sozialwissenschaften, Rechtswissenschaften, sowie Anglistik und Amerikanistik. Die durchschnittliche Studiendauer für Diplomstudien beträgt 15 Semester, und das Durchschnittsalter bei Studienabschluss ist 26 Jahre bei Männern und 25 bei Frauen.

Wie auch in vielen anderen Ländern gibt es in Österreich für alle Studenten Zulassungsbeschränkungen für bestimmte Studienrichtungen (Numerus clausus). Mit einem Maturazeugnis kann man jedes Fach an jeder Universität studieren, nachdem man in gewissen Fächern den Eignungstest bestanden hat. Ausländische Studierende müssen ein gleichwertiges Reifezeugnis vorweisen, sie müssen ausreichende Kenntnisse der deutschen Sprache haben und auch die Eignungstest bestehen.

Zwischen 2001 und 2008 war das Studium in Österreich kostenpflichtig, seither ist es kostenlos, wenn die vorgesehene Studiendauder nicht überschritten wird. Österreichische Studierende (und ihnen gleichgestellte) müssen dann einen „Studienbeitrag" in der Höhe von 363,36 Euro pro Semester bezahlen. Natürlich muss auch der Lebensunterhalt finanziert werden. Dazu kommen Kosten für Bücher und andere Lehrbehelfe. Wenn die entsprechenden Bedingungen erfüllt sind, besteht bei Studierenden aus sozial schwachen Familien Anspruch auf Studienbeihilfe. Der größere Teil besteht jedoch in der Familienförderung. Studierende gelten nämlich bis zu ihrem 24. Geburtstag als Kinder und haben Anspruch auf Familienbeihilfe, was aber nicht heißt, dass die Eltern diese auch an ihre erwachsenen Kinder weitergeben. So müssen etwa 65% aller Studierenden während des Semesters arbeiten, 18 Prozent sogar Vollzeit. Ein Drittel kann sich, wie eine Studie gezeigt hat, ein Studium ohne Job leisten.

Die Universitäten Österreichs	
Universität Wien	Universität Graz
Universität Innsbruck	Universität Salzburg
Johannes Kepler Universität Linz	Universität Klagenfurt
Medizinische Universität Wien	Medizinische Universität Graz
Medizinische Universität Innsbruck	Veterinärmedizinische Universität Wien
Technische Universität Wien	Technische Universität Graz
Montanuniversität Leoben	Universität für Bodenkultur Wien
Wirtschaftsuniversität Wien	Universität für angewandte Kunst Wien
Universität für Musik und darstellende Kunst Wien	Universität für Musik und darstellende Kunst Graz
Universität Mozarteum Salzburg	Universität für künstlerische und industrielle Gestaltung Linz
Akademie für bildende Künste Wien	Donau-Universität Krems

Fachhochschulen

Ein großer Erfolg im österreichischen Bildungswesen wurden die erst 1994 eingeführten Fachhochschulen (FH), an denen 2019/20 über 55 000 Personen studieren. Der Frauenanteil beträgt 50%. Im Jahr 2020 gibt es 700 FH-Studiengänge mit einem breiten Angebot, das von Angewandter Elektronik, Bio- und Umwelttechnik und Journalismus mit Medienmanagement bis hin zu Sozialarbeit reicht. Grundsätzlich bieten die Fachhochschulen eine wissenschaftlich fundierte Ausbildung auf Hochschulniveau. Von den Unis unterscheiden sie sich vor allem durch den Aufbau des Studiums. Während man auf der Universität selbst entscheidet, ob man eine Vorlesung oder eine Übung besucht, besteht an der FH strikte Anwesenheitspflicht und es herrscht ein permanenter Leistungsdruck. Dafür kann man damit rechnen, das Studium tatsächlich in sechs bis acht Semestern zu absolvieren. Im Unterschied zu den Universitäten sind die Fachhochschulen praxisorientiert und beinhalten im Curriculum auch ein verpflichtendes Berufspraktikum. Die Studienplätze werden erst nach einem Eignungstest vergeben, und das Studium ist verschult und sehr zeitintensiv. Das Interesse für die Fachhochschulen ist groß, denn die Absolventinnen und Absolventen haben sehr gute Berufsaussichten.

Pädagogische Hochschulen

Mit Beginn des Schuljahres 2007 erfolgte der Start von vierzehn neuen Hochschulen (darunter drei der katholischen Kirche), die aus den rund 50 früheren Pädagogischen Akademien und anderen Instituten des Bundes hervorgingen. Ihre Aufgabe ist die Ausbildung von Pflichtschullehrern im Rahmen eines Bologna-konformen dreijährigen akademischen Studiums mit einem Bachelorgrad (Bachelor of Education [„BEd“]) zum Abschluss. Bisher gab es für die Absolventinnen und Absolventen der Pädagogischen Akademien keinen akademischen Abschluss. Die Ausbildung von Lehrenden an höheren Schulen wird weiterhin an den Universitäten bleiben.

Die geplante Umstellung stößt nicht auf allgemeine Zustimmung. Kritiker sprechen von einem „Wechsel des Türschilds“, einer „Lehrerschule ohne Autonomie“. Am besten wäre überhaupt, sie wieder abzuschaffen und die Lehrerausbildung an die Unis zu verlagern.

Probleme, Proteste und Reformen

Österreichs Universitäten und Hochschulen befinden sich derzeit in einer Phase der Reformen, die für Studierende wie für Lehrende eine große Herausforderung darstellen. Die Unzufriedenheit vieler Studierender führte im Herbst 2009 zu Protestaktionen an mehreren Universitäten und zur Besetzung von Hörsälen in Wien und Graz. Was den Zorn der Studierenden so angefacht hatte, war vor allem die Tatsache, dass der Staat in den vergangenen Jahren seine Versprechen nicht hielt: Weltklasse-Universitäten, Steigerung der internationalen Mobilität, Konkurrenzfähikeit am Arbeitsmarkt. Die Studenten spürten genau das Gegenteil: überfüllte Lehrveranstaltungen; schlechte Betreuungsverhältnisse; Verschulung der Studienpläne; lange Wartelisten bei verpflichtenden Seminaren; Massenprüfungen; Rassismus, Neoliberalismus und Diskriminierung von Frauen.

Was ist der Bologna-Prozess?

Damit bezeichnet man das Verfahren zur Schaffung eines einheitlichen europäischen Hochschulraums. Mit der Unterzeichnung der Bologna-Erklärung 1999 in der italienischen Stadt Bologna ins Leben gerufen, brachte es den Umstieg auf ein gestuftes Studiensystem (Bachelor, Master, Doctor). Ziel: Zusammenwachsen der europäischen Bildungssysteme; Schaffung vergleichbarer Abschlüsse. Neu ist auch die Umstellung von Semesterstunden auf ein Punktesystem nach dem European Credit Transfer System, das den Studierenden mehr Mobilität geben soll.

Die Umstellung auf das neue Bachelor-Master-System, das der Bologna-Prozess mit sich brachte, führte ebenfalls zu heftigen Protesten. Es widerspreche der Einheit von Forschung und Lehre, der Bachelor sei auf dem Arbeitsmarkt nicht anerkannt, die neue Studienarchitektur gefährde die Freiheit der Wissenschaft und führe zu einer Verschulung der Universtäten.

Der Studienbeitrag

Der Studienbeitrag beträgt 363 Euro, den Studierende pro Semester für den Besuch einer Universität leisten müssen, wenn sie die vorgesehene Studienzeit überschreiten. Die Mehrheit der Österreicher ist generell für eine Wiedereinführung.

Tatsächlich haben die Klagen über unzumutbare Studienbedingungen mit oder ohne Studiengebühren nicht wirklich aufgehört. Und an der sozialen Zusammensetzung der Studierenden haben weder Gratisstudium noch Studiengebühr viel verändert. Noch immer studieren Kinder von Akademikern wesentlich häufiger als Arbeiterkinder.

Ein brisantes Thema ist der Zugang zu den Universitäten. Als kleines Land fürchtet Österreich nämlich, dass besonders seine Medizin-Unis von Studierenden aus Deutschland überrannt werden könnten, und wollte Zulassungsbeschränkungen für ausländische Studierende einführen. Das sei eine Diskriminierung und verstoße gegen EU-Recht, fand jedoch der Europäische Gerichtshof in Luxemburg und forderte Österreich auf, alle Studierenden aus dem In- und Ausland nach den gleichen Regeln zuzulassen. Für bestimmte Studienrichtungen wie Medizin, Kunst, Musik, Veterinärmedizin, Publizistik, Kommunikationswissenschaften, Psychologie, Pharmazie und Biologie gibt es allerdings seit etlichen Jahren Eignungsprüfungen.

Das für die Universitäten zuständige Bundesministerium für Bildung, Wissenschaft und Forschung unterstreicht die positive Entwicklung der Universitäten. So seien Österreichs Studierende „zunehmend zielstrebiger und schneller" geworden, die Studiendauer sei gesunken, die Betreuungssituation sei besser, soziale Barrieren seien abgebaut worden. Der Bologna-Prozess habe wesentlich zu einer Europäisierung und Internationalisierung beigetragen. Insgesamt sei Österreich damit ein besserer Wissenschaftsstandort geworden.

OECD: Organisation for Economic Cooperation and Development. Organization für wirtschaftliche Zusammenarbeit und Entwicklung.

Eine Organisation, die zum Ziel hat, die Prinzipien der Demokratie und Marktwirtschft zu befolgen und die wirtschaftliche Zusammenarbeit der 30 Mitgliedsländern zu unterstützen und Antworten auf gemeinsame Probleme zu finden.

13 Kultur und Medien

Musik und Festspiele

Österreich gilt auf der ganzen Welt als das Land der Musik. Hier lebten und wirkten Haydn, Mozart und Beethoven, aber auch moderne Komponisten wie Gustav Mahler, Arnold Schönberg und Alban Berg. Und wenn am 1. Jänner die Wiener Philharmoniker ihr Neujahrskonzert geben, sitzen Millionen von Menschen in ganz Europa und auch in Übersee vor den Fernsehschirmen. Das Neujahrskonzert hat sich längst zum medialen Großereignis entwickelt.

Franz Schubert, Johann Strauß und Gustav Mahler

Besonders mit Wien verbindet man viele große Namen der Musikgeschichte. Christoph Willibald Gluck reformierte hier am Ende des 18. Jahrhunderts die Oper, Schubert schrieb in Wien innerhalb von zwei Jahren seine zweihundertfünfzig Lieder. Die unzähligen Walzer der Strauß-Dynastie sind allgemein als Wiener Walzer bekannt. Johannes Brahms übersiedelte von Hamburg nach Wien und fand hier mit seinen Symphonien und Liedern schnell Anerkennung. Auch Richard Strauss ist als Nicht-Österreicher mit dem Musikleben von Wien eng verbunden. Er war mehrere Jahre Operndirektor und hatte in Hugo von Hofmannsthal einen österreichischen Librettisten, der seinen Opern, besonders dem *Rosenkavalier*, eine unverwechselbar österreichische Note gab.

Stardirigent und Staatsoperndirektor Herbert von Karajan. Nikolaus Harnoncourt gehörte zu den bedeutenden Dirigenten der Gegenwart.

Auch Dirigenten mit Weltruf kommen aus Österreich. Der aus Graz stammende Karl Böhm (1894-1981) und der Salzburger Herbert von Karajan (1908-1989) sind die prominentesten. Ihre Schallplattenaufnahmen haben Millionenauflagen. Bei den von Karajan begonnenen Salzburger Osterfestspielen treffen sich alljährlich Musikfreunde aus der ganzen Welt. Zu den wichtigsten

Bregenzer Festspiele 2022, *Madame Butterfly* (G. Puccini)

österreichischen Dirigenten zählte der Pionier der historischen Aufführungspraxis, Nikolaus Harnoncourt (1929–2016).

Sängerknaben und Philharmoniker

Die Wiener Sängerknaben, die eine fünfhundert Jahre alte Tradition haben, sind durch ihre Konzertreisen auf der ganzen Welt bekannt. Und die Wiener Philharmoniker haben geradezu den Status eines Nationalheiligtums. Sie bilden das Orchester der Wiener Staatsoper und geben regelmäßig Konzerte im Goldenen Saal des Musikvereins, deren Abonnements oft von Generation zu Generation gehen. Alle anderen österreichischen Orchester stehen im Schatten der Philharmoniker. Dabei sind auch die Wiener Symphoniker oder der von Harnoncourt gegründete Concentus musicus, der Musik des Barocks und der Klassik auf Originalinstrumenten pflegt, Orchester von beachtlicher Qualität.

Die Salzburger Festspiele

Das klassische österreichische Festspielereignis sind die 1920 begonnenen Salzburger Festspiele, in deren Mittelpunkt Hugo von Hofmannsthals *Jedermann*, das Spiel vom Leben und Sterben eines reichen Mannes, steht. Der *Jedermann* ist eine Traumrolle für viele Schauspieler.

Über 25 Jahre beherrschte Herbert von Karajan den musikalischen Teil der Salzburger Festspiele und machte die Stadt zum Mekka des Operntheaters. Jeden Sommer gastierten die internationalen Opernstars in Salzburg. Heute sind die Festspiele nicht mehr so exklusiv, es werden auch moderne Opern gespielt, und es gibt musikalische Kontroversen und Konflikte. Zusätzlich zu den Festspielen im Juli/ August finden im Februar auch die Mozartwoche, zu Ostern die Osterfestspiele und im Juni die Pfingstfestspiele statt.

Festivals in den Bundesländern

Festspiele prägen die Identität der Region. Jedes österreichische Bundesland hat ein – auch nach internationalen Maßstäben – bedeutendes Festival. Die Palette reicht von publikumswirksamen Veranstaltungen bis zu elitären Minderheitenprogrammen. In Bregenz zum Beispiel werden im Sommer anspruchsvolle Inszenierungen populärer Opern auf der Seebühne und Opernraritäten im Festspielhaus angeboten. Die Bregenzer Festspiele gelten als die erfolgreichsten „jungen Festspiele" der Nachkriegszeit. Die 1950 gegründeten „Wiener Festwochen" bieten im Mai und Juni Opern- und Theaterproduktionen mit renommierten internationalen Regisseuren und Künstlern. Operettenfestspiele gibt es im Sommer in Bad Ischl und in Mörbisch am Neusiedler See. Das Burgenland hat noch die „Haydnfestspiele", Kärnten den „Carinthischen Sommer", Niederösterreich das „Donaufestival" und Oberösterreich das „Internationale Brucknerfest". Und in Graz gibt es seit 1985 mit der „styriarte" ebenfalls Sommer-Musikfestspiele. Der „steirische herbst" schließlich hat sich seit 1968 international einen Namen als das Avantgardefestival im deutschen Sprachraum gemacht.

Unterhaltungsmusik

Auch auf dem Gebiet des Jazz und der Unterhaltungsmusik findet man Österreicher ganz vorne. In Graz und in Wien gibt es ausgezeichnete Jazz-Institute, und dem Wiener Joe Zawinul gelang in den USA eine internationale Jazz-Karriere. Der 1975 verstorbene Komponist und Dirigent Robert Stolz bekam für seine Filmmusik sogar den Oscar. Einige seiner (über 2 000) Lieder sind geradezu Volkslieder geworden. 2023 wird in seiner Heimatstadt Graz ein Museum eröffnet.

Seit vielen Jahren gehören Sänger aus Österreich zu den Fixsternen der deutschen Unterhaltungsindustrie. Die Fernsehshows des Wiener Sängers und Schauspielers Peter Alexander († 2011) („Österreichs Antwort auf Frank Sinatra") zählten viele Jahre lang zu den beliebtesten deutschsprachigen TV-Sendungen. Ein international seit Jahrzehnten erfolgreicher Sänger war der Kärntner Udo Jürgens (†2014). Er komponierte 900 Lieder, veröffentlichte 50 Plattenalben und verkaufte mehr als 100 Millionen Tonträger.

Austropop

Im Bereich der Popmusik entstand in den siebziger und achtziger Jahren eine als „Austropop“ bekannt gewordene, sehr spezifisch österreichische Musikart, wobei das Österreichische weniger in der Musik als in der Verwendung von Umgangssprache und Dialekt liegt. Bekannte Interpreten des Austropop sind u.a. die Liedermacher Georg Danzer, Wolfgang Ambros und Ludwig Hirsch, aber auch Stefanie Werger, die Jazz-Gitti und Gruppen wie „STS“ (aus der Steiermark) und die „Erste Allgemeine Verunsicherung“ (EAV). Die Spezialität von Willi Resetarits († 2022), der auch als „Ostbahn-Kurti“ bekannt war, sind Rockklassiker auf wienerisch. Seit vielen Jahren populär ist Rainhard Fendrich. Sein patriotisches Lied „I am from Austria“ wird sogar als Pendant des US-Hits „Born in the USA“ gesehen. Und mit seiner Single „Rock Me Amadeus“ wurde der 1998 tödlich verunglückte Hansi Hölzl, besser bekannt unter dem Namen Falco, sogar in Amerika ein ganz großer Rockstar. International (und auch bei vielen österreichischen Radiohörern) ist die österreichische Popszene heute nicht unbedingt populär.

Christina Stürmer ist eine der bekanntesten Popstars in Österreichs. Mit ihrer Musik, einer Kombination aus Rock und Pop, ist sie nicht nur in Österreich bekannt, sondern hat auch den Durchbruch in Deutschland geschafft. Concita Wurst (Thomas Neuwirth) gewann 2014 den Eurovision Song Contest und widmet sich seither dem Elektro-Pop.

Welthits aus Österreich

Einigen österreichischen Künstlern bzw. Vertretern des Austrop gelang es, internationale Karrieren außerhalb des deutschen Sprachraums einzuschlagen. Dazu gehört die Gruppe Waterloo & Robinson. Ihr Song „Hollywood“ wurde europaweit ein Hit. Die Gruppe Opus war 1985 mit „Live is Life“ nicht nur in Österreich auf Platz 1, sondern auch in Schweden und Frankreich und erreichte Gold in Großbritannien und in den USA. Reinhold Bilgeris „Video live“ wurde u.a. in Brasilien und Argentinien ein Hit. Christian Kolonovits, ein international anerkannter Arrangeur, Komponist und Produzent, arbeitet u.a. für internationale Stars der Musikwelt wie Placido Domingo, Elina Garanča oder Kiri Te Kanawa. Ein erfolgreicher Produzent und Filmmusikkomponist ist auch Peter Wolf. Die Musik von Anton Karas aus „ Der dritte Mann“ gehört zu den bekanntesten musikalischen Werken.

Volksmusik

Es gibt rund 2 000 Blasmusikkapellen in Österreich.

Eine sehr große Rolle spielt in Österreich die Volksmusik, d.h., Lieder und Tänze, die ihren Ursprung in der Musikalität der Landbevölkerung haben. In den verschiedenen Regionen Österreichs entstanden eigene Formen des Singens, Musizierens und Tanzens, die sich vielfach bis heute erhalten haben. Eine besondere Singkultur hat sich in Kärnten entwickelt. Kärntner Chöre und Lieder sind über die Grenzen des Landes bekannt.

Einen breiten Raum in der österreichischen Musikkultur nimmt die Blasmusik ein. Im ganzen Land gibt es über zweitausend Blasmusikkapellen mit über hundertachttausend Musikern. Die vielen Blasmusikkonzerte und Musikfeste sind feste Bestandteile des kulturellen Lebens in Österreich.

„Volkstümliche Musik"

Schwer von der Volksmusik abzugrenzen ist die so genannte „volkstümliche Musik", eine von internationalen Trends beeinflusste Form von Unterhaltungsmusik, oft im flotten Polkatakt, trivial und verkommerzialisiert, aber unglaublich populär und erfolgreich. Als Inbegriff der volkstümlichen Musikszene, als „König" der Volksmusik gilt für viele Karl Moik, der über fünfzehn Jahre lang den „Musikantenstadl", eine der beliebtesten Unterhaltungssendungen im deutschsprachigen Fernsehen moderierte. Mit dem Musikantenstadl gastierte Moik sogar in Kanada, Australien, Südafrika und in den USA sowie in der Karibik, begleitet von Tausenden Fans aus Österreich, Deutschland und der Schweiz. Interessant ist im Übrigen, dass viele Leute über den Musikantenstadl schimpfen („Inbegriff des schlechten Geschmacks") und kaum jemand zugibt, ihn gesehen zu haben. Aber so ziemlich jeder kennt ihn. Mit seinem Lied vom Anton aus Tirol wurde Gerhard Friedle, besser bekannt als DJ Ötzi, zum Megastar in Rundfunk und Fernsehen.

Die „Neue Volksmusik“

In den letzten Jahren wurde in Österreich die „Neue Volksmusik“ zu einem Modewort. Sie knüpft an die traditionelle alpenländische Volksmusik an und kombiniert diese mit Elementen aus dem Punk, Blues und Rock. Vertreter dieser Richtung sind Hubert von Goisern und Andreas Gabalier, ein Sänger, der jedes Stadion füllen kann (2022 waren es 100 000 in München). Mit Anna Netrebko (Opernsängerin) gelang ihm einen Brückenschlag zwischen Volksmusik und Orchester. 2019 nimmt er den Song „Pump it Up“mit Arnold Schwarzenegger auf. Die kommerziell erfolgreichste Gruppe der „Neuen Volksmusik“ sind die „Schürzenjäger“ aus dem Tiroler Zillertal. Ihre Musik ist eine eigenwillige Kombination aus Folklore, Schlagern, Hardrock und Pop. Ein Open Air der „Schürzenjäger“ lockte 1996 100,000 Fans an, mehr als die Rolling Stones bei ihrem Konzert. Nach über dreißig Jahren in der Musikbranche und Millionen verkaufter Platten haben die Schürzenjäger 2007 ihren Abschied von der Bühne genommen.

Musicals

Die Theaterstadt Wien hat sich in den letzten Jahrzehnten zu einer internationalen Musical-Metropole entwickelt. Alle großen Musicals, von *Cats* über *Phantom der Oper* bis zu *Les Miserables* machten in Wien Station. „Eine Sternstunde des Musicals“ nannte die Kritik das Musical *Elisabeth* nach der Welturaufführung 1992. Es behandelt die „Liebesgeschichte“ zwischen der österreichischen Kaiserin Sisi und dem Tod und wurde das erfolgreichste deutschsprachige Musical. Nach der unglücklichen Kaiserin wurde 1999 Österreichs berühmtester Komponist zum Musical-Helden. *Mozart!* ist nur eine der erfolgreichen Produktionen, die in den vergangenen Jahren in Wien über die Bühne gingen.

Österreich – die „musikalische Heimat der Welt“?

Es scheint also, als hätten die Österreicher ein besonderes Verhältnis zur Musik. Auch durchaus unmusikalische Österreicher lassen es sich gerne gefallen, wenn jemand ihr Land als „die musikalische Heimat der Welt“ bezeichnet.

Es gibt wohl keine Erklärung, warum gerade Österreich so viele Musiker hervorgebracht hat. Die Lage des Landes am Schnittpunkt mehrerer Kulturen, die angenehme Landschaft, die Architektur und die Lebensweise der Menschen sind einige Faktoren, die sicher eine Rolle spielen. Warum hätte Mozart sonst ein finanziell günstiges Angebot des preußischen Königs ausgeschlagen? Er blieb in Wien und schrieb hier trotz großer Sorgen und hässlicher Intrigen gegen ihn seine schönsten Werke. Dass er in einem Gemeinschaftsgrab auf dem Wiener Friedhof St. Marx begraben wurde, ist uns heute unverständlich (entsprach jedoch dem damaligen Usus). Aber das Verhältnis der Österreicher zu ihren Musikern war und ist oft ambivalent. Nicht immer haben sie ihre Komponisten zu deren Lebzeiten gut behandelt. Andererseits machten es die Musiker den Menschen ihrer Zeit auch nicht immer leicht. Beethoven schimpfte viel über die Wiener – und blieb dann doch. Tatsächlich – darüber herrscht Gewissheit – wurde er in Wien mit großem Verständnis unterstützt. Schubert, die Sensation in allen musikalischen Salons von Wien, starb im Elend und war bei seinem Tod praktisch vergessen. Anton Bruckner konnte sich in Wien mit seinen Symphonien nur schwer durchsetzen. Ja, sogar der berühmte Donauwalzer, den die Österreicher heute gerne als ihre inoffizielle Hymne ansehen, fiel bei der Premiere durch. Freilich – das muss man dazu sagen – war daran ein besonders dummer Text schuld. Gustav Mahler wurde zu seinen Lebzeiten verlacht, und der Zwölftonmusik von Schönberg, Webern und Berg können viele Österreicher bis heute nur wenig abgewinnen.

Papageno aus Mozarts *Zauberflöte*

Sind also die Österreicher, wie manche ausländische Kritiker schadenfroh meinen, in Wirklichkeit musikalisch immer rückständig gewesen? Nun, vielleicht waren eher die Komponisten ihrer Zeit oft voraus, und Fehlurteile gibt es nicht nur in Österreich.

Es gibt in Österreich eine „ganz seltsame Mischung von ehrlicher großer Musikliebe und ehrlichem großen Musikdesinteresse“ (Marcel Prawy). Im Grunde fand und findet die Musik in Österreich jedoch wohl die Unterstützung durch die richtigen Leute zur richtigen Zeit. Heute sind es die Steuerzahlerinnen und die Steuerzahler, die die Tradition Österreichs als Musikland aufrechterhalten. Auch wenn sie manchmal über die hohen Gagen mancher Dirigenten und Sänger murren, bekennen sich die meisten Österreicher zu dieser Tradition und sind stolz darauf.

Das Opernhaus in Graz, Innenansicht

Das Wiener Burgtheater

Das Theater

Die Österreicher sind heute eine Nation von Fernsehkonsumenten. Trotzdem gibt es einen sehr regen Theaterbetrieb. Zwar besucht nur etwa ein Prozent der Bevölkerung Konzerte, Theater und Museen, doch genießt die Hochkultur eine breite Unterstützung, die in anderen Ländern undenkbar wäre.

In Österreich gehört es zur Tradition, dass die öffentliche Hand (Bund, Bundesländer und die großen Städte) die Theater erhält. Die meisten Österreicher sind auch damit einverstanden, dass Steuergelder dafür verwendet werden. Sind wir auch ein kleines Land, denken viele, kulturell sind wir eine Großmacht, und Wien ist die Musik-Welthauptstadt. So störte bis vor kurzem auch kaum jemanden, dass der Staat mehr für die Wiener Staatsoper ausgab als für seine diplomatischen Vertretungen im Ausland. (Für die Zukunft zeigt sich der Staat allerdings immer weniger großzügig.)

Nach dem Zweiten Weltkrieg war Wien eine verwüstete Stadt. Überall gab es Trümmer, Angst und Hunger. Trotzdem ging man sofort daran, die zerstörte Staatsoper und das Burgtheater wiederaufzubauen. Das kostete riesige Summen, aber niemand protestierte dagegen. Als der Wiederaufbau 1955 abgeschlossen war, wurde die Operneröffnung zu einem der größten Feste der Zweiten Republik. Manche sprachen von der „Austrian Musical Coronation".

Österreich hat aber nicht nur die Staatsoper und die „Burg", wie die Wiener das Burgtheater nennen. Die Volksoper, die sich auf ein Repertoire von komischen Opern und Operetten spezialisiert hat, und das Akademietheater, das auch zeitgenössische Stücke bringt, sind die beiden anderen Bundestheater. Wien hat daneben noch viele Privattheater. Das „Theater in der Josefstadt" gehört zu den ältesten und renommiertesten. Unter den vielen Wiener Kleintheatern ist das „Original Wiener Stegreiftheater", die einzige Stegreifbühne Europas, bemerkenswert.

Das österreichische Theaterleben ist aber keineswegs auf Wien beschränkt. Die Bühnen in den Bundesländern spielen alles, von großen Opern bis zum Musical, vom Klassiker bis zum Avantgardestück. Nur müssen sie mit wesentlich bescheideneren Mitteln auskommen als die großen Theater in Wien.

Zu den wichtigen Landesbühnen zählt das Opernhaus in Graz, das noch heute als Sprungbrett für eine Karriere gilt. Auch die Städte Linz, Salzburg, Innsbruck, Klagenfurt und St. Pölten haben einen regelmäßigen Theaterbetrieb. Einzigartig ist das Salzburger Marionettentheater, wo vor allem Mozartopern gespielt werden. Zum Spiel der Puppen sind Bandaufnahmen mit den Stimmen der besten Sängerinnen und Sänger der Welt zu hören.

Hörfunk und Fernsehen

Der Österreichische Rundfunk (ORF)

Die meisten Länder Europas haben einen öffentlich-rechtlichen Rundfunk, der durch Gebühren und Werbeeinnahmen finanziert wird. Das gilt auch für Österreich. Neben dem ORF gibt es einige private Radio- und Fernsehsender (Servus TV, ProsiebenSAT1 Gruppe, Antenne). Der ORF mit 38,5 Prozent Marktanteil hat also Konkurrenz. Der Staat hat etliche Auflagen gemacht: einerseits hat er einen „Bildungsauftrag" zu erfüllen andererseits muss er dafür sorgen, dass er in ganz Österreich empfangen werden kann".

Der ORF bietet ein dreiteiliges Programm an.

- Fernsehen
- Hörfunk
- Online ORF.at

Fernsehen

ORF 1 und **ORF 2** bieten täglich 24 Stunden Information, Kultur, Wisssen schaft, Unterhaltung, Sport, Kinderprogramme usw.

Dazu kommen:

- ORF Sport +
- ORF III

Seit dem 26. Oktober 2011 ist der ORF im Besitz eines dritten Fernsehsenders und eines Sportkanals. Gemeinsam mit anderen Sendern ist der ORF auch am Kulturkanal 3sat und arte beteiligt.

- **ORF 1** ist das erste Programm des ORF. Es zeigt Spielfilme und Serien. Sportübertragungen erfolgen meistens auf ORF 1.
- **ORF 2** bietet mehr österreichbezogene und kulturelle Sendungen an. Mehrmals täglich wird die wichtigste Nachrichtensendung Zeit im Bild (ZiB) ausgestrahlt. Um 19 Uhr sind mit „Bundesland heute" alle neun Regionalprogramme auf Sendung.
- **ORF +** ist ein Sportkanal mit Österreichbezug, in dem von Sportarten und Ereignissen berichtet wird, welche die anderen Medien auslassen.
- **ORF III** sendet 24 Stunden Kultur und Information.

Werbung wird zwischen zwei Sendungen gezeigt, grundsätzlich darf keine Sendung durch Werbeeinschaltungen unterbrochen werden. Der ORF finanziert sich zu 20 Prozent aus Werbung, 60 Prozent kommen aus den Gebühren.

3sat
Seit 1984 bietet der ORF zusammen mit dem Zweiten Fernsehen (ZDF) und der Schweizerischen Rundfunkanstalt ein internationales deutschsprachiges Satellitenprogramm. Der Schwerpunkt liegt auf Kultur, Theater, Oper sowie Magazinen und Dokumentationen aus Österreich. Dazu kommen Live-Übernahmen verschiedenster Festspiele und anderer Ereignisse.

Der ORF produziert die folgenden Radioprogramme:

- **Ö1**
- **ÖR**
- **Hitradio Ö3**
- **FM 4**
- **Ö1 Campus** sendet online.

Österreich 1 (Ö 1) gilt als der erfolgreichste Kultursender Europas, bietet täglich 24 Stunden Programm: Musik, von der Klassik bis zur Moderne, rund um die Uhr Information, Kultur, Literatur, Wissenschaft, Religion. Ein Radioprogramm für Individualisten.

ÖR besteht aus neun Regionalprogrammen für die einzelnen Bundesländer. Der Schwerpunkt ist auf volkstümlicher Musik, Schlagern, Evergreens und aktuellen Hits. Zielpublikum sind die über 35-jährigen.

Hitradio Ö 3 ist mit Schwerpunkt auf aktueller Popmusik das meist gehörte österreichische Radioprogramm mit täglich etwa 2,5 Millionen Hörerinnen und Hörern. Die meistgehörte Sendung ist der "Ö3-Wecker" täglich von 5-9 Uhr.

FM4 spezialisiert sich auf alternative Popmusik und auf Berichte aus der „Szene". Es bietet Bands, Produzenten und DJ's eine Plattform. Nachrichten werden auf Englisch, Deutsch und Französisch gesendet. Der Anteil an österreichischer Musik beträgt 40%.

Ö1 Campus bietet 24 Stunden Webradio. Der Ö1 Campus ist ein offenes Ö1-Projekt und ist ein Praxisfeld für künftige Radiomacherinnen und Radiomacher.

Die Presse

Die absolut größte Zeitung der Welt erscheint in Tokio und heißt *Yomiuri Shimbun*. Mit einer Auflage von rund 13 Millionen Exemplaren (2020) für 127 Millionen Einwohner liegt sie in fast 40 Prozent aller japanischen Haushalte auf.

Gemessen an der Einwohnerzahl erscheint in Wien die größte Tageszeitung der Welt und trägt den Titel *Neue Kronen-Zeitung*. Bei einer Auflage von rund 1,7 Million Exemplaren versorgt sie rund 38 Prozent der österreichischen Zeitungsleser.

Die *Krone*, wie sie die Österreicher nennen, ist ein Weltphänomen. Im Verhältnis zur Bevölkerungszahl erreicht sie mit rund 1,9 Millionen Lesern täglich mehr Menschen als jede andere Zeitung. So liegt sie sogar mit der berühmten *New York Times* Kopf an Kopf und distanziert so renommierte Blätter wie *Le Monde*, die Londoner *Times* und die *Neue Zürcher Zeitung*.

Zu den wichtigsten österreichischen Zeitungen gehört der *Kurier* mit etwa 496,000 und *Heute* mit 605 526 Exemplaren (Sonntagsausgabe). Damit teilen sich wenige Zeitungen praktisch einen Großteil des österreichischen Zeitungsmarktes und der Werbeeinnahmen. Die Anteile der Bundesländerzeitungen sind eher bescheiden. Mit je einer Ausgabe für die Steiermark und Kärnten und einer Auflage von rund 752 000 österreichweit ist die *Kleine Zeitung* (Graz und Klagenfurt) in Wirklichkeit die zweitgrößte Tageszeitung (Slogan: „die meistgelesene Bundesländerzeitung Österreichs"). (Der Name kommt vom kleinen Format der Zeitung.) Über sehr gute regionale Marktpositionen verfügen auch die *Oberösterreichischen Nachrichten*, die *Tiroler Tageszeitung* und die *Salzburger Nachrichten* (mit einer Österreich-Ausgabe für Leser im ganzen Bundesgebiet). Am 1. September 2006 erschien die erste Ausgabe einer neuen, überregionalen

Zeitung mit dem schlichten Titel *Österreich* (Gratisvertrieb 663 000). Sie will modern, spannend und unabhängig sein, ihre Zielgruppe sind die 20- bis 49-Jährigen, und als Ihr Vorbild gilt das US-Blatt *USA Today*. 2016 ging der mit *Österreich* verbundene TV-Sender *oe24.tv* – ein 24-Stunden Nachrichtensender – online.

Die Pressekonzentration in Österreich ist sehr hoch. Gab es 1953 noch dreißig selbstständige Tageszeitungen, waren es 2021 nur mehr vierzehn, im europäischen Vergleich und in Relation zur Einwohnerzahl eher wenig. Die Deutschen und die Schweizer können unter wesentlich mehr Tageszeitungen auswählen. Dazu kommt, dass *Krone* und *Kurier* weitgehend im Besitz eines deutschen Verlages sind. Mit ihrer Tochterfirma „Mediaprint", die für den gemeinsamen Druck, den Vertrieb und die Werbung zuständig ist, bilden *Krone* und *Kurier* einen riesigen Medienkonzern. Immerhin erreichen die Blätter der Mediaprint weit mehr als die Hälfte der Tageszeitungsleser Österreichs.

Krone und *Kurier* sind Boulevardzeitungen, die hauptsächlich von Kolporteuren auf der Straße verkauft werden. Die *Krone* insbesondere besteht aus einer Mischung aus Sensation, Klatsch und Tratsch, persönlich gehaltenen Kommentaren, Fotos von spärlich bekleideten Mädchen und Karikaturen an Stelle von ernsten Nachrichten.

Zu den überregionalen Qualitätszeitungen zählen die in Wien erscheinende, ursprünglich eher konservative *Presse* (311 000 Exemplare), die seit einigen Jahren eine liberalere Perspektive verfolgt, und der erst 1988 gegründete liberale *Standard* (549 000 Exemplare), der als erste deutschsprachige Tageszeitung 1995 mit einer Online-Ausgabe herauskam. Das *WirtschaftsBlatt* wendet sich, wie es der Name sagt, primär an Entscheidungsträger aus der Wirtschaft. Eine Sonderstellung hat die *Wiener Zeitung*. Nicht nur ist sie die älteste noch erscheinende Tageszeitung der Welt (Gründungsjahr 1703), sondern sie gehört auch dem österreichischen Staat und enthält viele amtliche Mitteilungen.

Viele Jahre dominierten Zeitschriften aus der Bundesrepublik Deutschland den österreichischen Markt. 1970 wurden die beiden Magazine *profil* (Leserschaft 247 000) und *trend* gegründet. Während das *profil* in manchem ein Gegenstück zum deutschen Nachrichtenmagazin *Der Spiegel* darstellt, ist *trend* die herausragende monatliche Wirtschaftspublikation. Es dauerte weitere zwanzig Jahre, bis die deutsche Vormachtstellung auf dem Zeitschriftenmarkt gebrochen wurde. In den neunziger Jahren schafften es zwei Zeitschriften, zu den größten Printmedien des Landes aufzusteigen. *Die ganze Woche*, ein buntes Blatt, das sich patriotisch gibt und für ein breites Publikum gedacht ist, beherrscht ein Viertel des Marktes und hat eine Auflage von 280 000 (2019). Das Magazin *News*, eine geschickte Mischung der Ressorts Politik und Wirtschaft, Geld, Szene, Sport und Society mit vielen bunten Bildern („gedruckte Videoclips") hat eine Auflage von 159 000. Sehr erfolgreich ist auch die erst 1995 eingeführte Wochenzeitschrift *TV-Media*, ein TV-Programm- und Nachrichtenmagazin für Medienthemen. Seit 1998 existiert auch das Montagsmagazin *Format*.

Die Massenmedien spielen also eine wichtige Rolle im Leben der Österreicherinnen und Österreicher. Zeitunglesen gehört immerhin für 56% von ihnen zum täglichen Pflichtprogramm. Das Radio ist genauso wichtig, und vor dem Fernseher verbringt jeder Österreicher im Durchschnitt 4,5 Stunden täglich, wenn er nicht gerade im World Wide Web surft (95% haben Internetzugang). Immerhin nutzen 1,4 Millionen ein E-Paper, 7 Prozent ausschließlich. 88 Prozent verwenden ein Smartphone, 56 Prozent ein Tablet und 27 Prozent ein E-Book.

… and the Oscar goes to Austria
Filmland Österreich

Österreich ist auf der Welt nicht unbedingt als „Filmland" bekannt, aber österreichische Filmschaffende spielten schon in der Stummfilmzeit eine nicht unbedeutende Rolle. Bis zum Ende des Ersten Weltkrieges entstanden etwa 300 österreichische Spielfilme. Viele Kinobesucher wussten freilich nicht, dass es sich bei ihren Leinwandhelden häufig um Österreicher handelte, um Grenzgänger zwischen den beiden Ländern.

Der Sprung in des Zeitalter des Tonfilms war nicht einfach. Die Produktionskosten waren hoch und österreichische Produzenten mussten sich nach 1933 an die (nationalsozialistischen) deutschen Filmgesetze halten.

Zu den bekanntesten Filmmachern und Regisseuren gehören Otto Preminger (geb. 1905 in Wien – 1986), Erich von Stroheim (1885-1957) und Billy Wilder (1906-2002). Von ihm stammt das Drehbuch zu *Some like it hot* mit Marilyn Monroe. Viele Schauspieler und Schauspielerinnen lockte der Mythos Hollywood, die meisten jedoch waren Emigranten, die nicht freiwillig kamen.

Einen internationalen Ruf haben u.a. die Regisseure Leopold Lindtberg, Bernhard Wicki und Karin Brandauer. Zu den Stars der österreichischen Filmindustrie gehören so unterschiedliche Schauspieler und Schauspielerinnen wie Valie Export, Romy Schneider, Klaus Maria Brandauer, Christopher Waltz, Ursula Strauss, Peter Simonischek und, nicht zuletzt, die „steirische Eiche", Arnold Schwarzenegger. Die Liste ist unvollständig und ließe sich leicht ergänzen.

Zu den großen Film-Erfolgen der Nachkriegszeit gehören die Hans-Moser-Filme und die noch heute weltweit bekannte Sissi-Trilogie mit der jungen Romy Schneider und Karlheinz Böhm als Kaiserin Elisabeth und Kaiser Franz Joseph. Die Sissi-Filme prägten das Bild Österreichs bis in die Gegenwart.

Geradezu sensationell waren die Erfolge österreichischer Filmschaffender in jüngster Zeit. 2001 erhielt der Regisseur Michael Haneke für *Die Klavierspielerin* (nach dem Roman von Elfriede Jelinek) in Cannes den Großen Preis der Jury. 2008 gewann der Wiener Stefan Ruzowitzky mit seinem KZ-Drama *Der Fälscher* in der Kategorie „bester fremdsprachiger Film" den ersten Oscar für Österreich. Der Film spielt in den letzten Tagen des Zweiten Weltkriegs. Das Deutsche Reich druckt heimlich mit Hilfe von Kriegsgefangenen britische Pfund, mit dem Ziel, die britische Wirtschaft zu schädigen. Die Gefangenen stehen vor einer schweren Entscheidung. Entweder unterstützen sie das Deutsche Reich oder sie werden getötet.

Seinen Siegeszug konnte Haneke 2009 fortsetzen. Bei den 63. Filmfestspielen in Cannes bekam der Regisseur für *Das weiße Band* die Goldene Palme. Zugleich erhielt er in Hollywood den Golden Globe Award (bester Film des Jahres). Der Film spürt den Ursachen von Gewalt in einem scheinbar sittenstrengen norddeutschen Dorf nach, wo autoritäre Strukturen herrschen, die von Generation zu Generation weitergegeben werden. 2013 erhielt Michael Haneke für das berührende Sterbedrama *Amour* die Goldene Palme und einen Oscar für den besten fremdsprachigen Film. Der Film handelt von einem älteren Ehepaar, dessen Liebe durch den Schlaganfall und die Paralyse der Frau auf die Probe gestellt wird.

Der Wiener Christoph Waltz wurde 2009 für seine schauspielerische Leistung als SS-Offizier in *Inglourious Bastards* mit dem Golden Globe als bester Nebendarsteller ausgezeichnet. 2013 erhielt er für *Django Unchained* seinen zweiten Nebenrollen-Oscar. 2018 wurde Peter Simonischek mit *Toni Erdmann* für den Oscar nominiert.

14 Österreichisches Deutsch

Der bekannte Wiener Kritiker Hans Weigel (1908-1991) behauptete: „Es gibt so viele österreichische Sprachen, als es Österreicher gibt, also annähernd sieben Millionen, nein: unendlich viel mehr noch, da ja jeder mit jedem anders spricht“ (*O du mein Österreich*. Wien: 1956). Aber kann man überhaupt von einer österreichischen Sprache reden?

Nach 1945 wollten viele Österreicherinnen und Österreicher alles Österreichische, auch ihre Sprache, vom Deutschen abgrenzen. Die österreichische Mitverantwortung am Nationalsozialismus sollte möglichst rasch abgeschüttelt werden. So gab es eine Zeit lang in den Schulen kein Fach „Deutsch“. Es hieß zunächst einfach „Unterrichtssprache“, dann „Deutsche Unterrichtssprache“. Erst 1955 wurde die Fachbezeichnung „Deutsch“ wieder eingeführt. Trotzdem hat niemand ernsthaft behauptet, dass es eine eigenständige Sprache „Österreichisch“ außerhalb der deutschen Sprache gibt. Für eine eigene Sprache ist die Sprache der Österreicher nicht verschieden genug von der Sprache der Deutschen. Das ist nicht nur die Meinung der Linguisten. Deutsch ist laut Bundesverfassung die Staatssprache der Republik.

In den letzten Jahren hat sich die Ansicht durchgesetzt, dass das österreichische Deutsch eine Varietät der deutschen Sprache ist, genauso wie das deutsche und das schweizerische Deutsch. Die deutsche Sprache wird heute als plurizentrisch charakterisiert, d. h., die Regionen bzw. Nationen, in denen die verschiedenen Varietäten gelten, werden als regionale bzw. nationale Zentren der deutschen Sprache gesehen. Österreich ist eines dieser Zentren, in denen es jeweils verschiedene standarddeutsche Besonderheiten gibt. Die österreichische Nationalvarietät ist also standardsprachlich und kein Dialekt, wie dies manche immer wieder glauben. Es gibt „Austriazismen“, also spezifisch österreichische Varianten auf dem Gebiet der Lexik, aber auch in der Grammatik und Orthographie, vor allem aber in der Aussprache.

Österreichische Spracheigenheiten

Aussprache

Ein Österreicher ist sofort zu erkennen, wenn er redet. Auch wenn jemand in der Standardsprache spricht und den Dialekt auf ein Minimum reduziert, hat er eine „Sprechfärbung“ (Akzent), die von dem Dialekt abhängig ist, mit dem er aufgewachsen und den er gewöhnt ist. So kann man in Österreich relativ leicht den Wiener vom Kärntner oder Tiroler und erst recht vom Vorarlberger unterscheiden. Von Tirol bis Niederösterreich und Burgenland spricht man Varianten eines bairischen Typus, Vorarlberg dagegen ist alemannisch geprägt. Und die Unterschiede können sehr groß sein. Es herrscht also in Österreich – wie im gesamten deutschen Sprachraum – keine sprachliche Einheitlichkeit. Viele Aussprachegewohnheiten führen allerdings dazu, dass sich das österreichische Deutsch insgesamt vom deutschen Deutsch, besonders vom Norddeutschen, stark unterscheidet. Mit dem benachbarten Bayern, ja mit dem gesamten süddeutschen Raum gibt es dagegen viele Gemeinsamkeiten.

Zu den phonetischen Eigenschaften, die für die deutsche Standardsprache in Österreich verbindlich sind, gehört zum Beispiel die Betonung mancher Fremdwörter. So sagt man in Österreich gegenüber norddeutscher Betonung:

Algébra : *Álgebra*; *Kaffée* : *Káffee*; *Mathemátik* : *Mathematík*, *Tabák* : *Tábak*; *Telefón* : *Télefon*.

Chirurg wird nicht als Reibelaut *Ch-* am Wortanfang einiger Fremdwörter wie *China*, *Chemie* oder *ch* oder *sch* ausgesprochen, sondern als Verschlusslaut *k*.

Mit Bayern teilt Österreich die Aussprache des geschriebenen *a*. In der Standardsprache gibt es zwei *a*-Laute, einen, der beinahe wie ein *o* klingt, und einen, der ganz hell ist. Der Grund liegt in den Dialekten, die für das geschriebene *a* meistens eine starke *o*-Aussprache ausweisen (zum Beispiel bei Wörtern wie: *Straße*, *Hase* oder dem alltäglichen *ja*). Das helle *a* bleibt für neuere Wörter wie *Banane* oder *brav*. Und je nach Bedeutung gibt es bei gleichartigen Wörtern unterschiedliche Aussprachen:

Er sitzt auf einer Bank (*o*-Laut) : *Er geht auf die Bank* (*a*-Laut); *Die Kinder spielen Ball* (*o*-Laut). : *Die Eltern gehen auf den Ball* (*a*-Laut).

Vom österreichischen Deutsch, besonders von jenem im Donauraum, wird immer wieder behauptet, dass es weich und angenehm klinge. Das liegt vielleicht daran, dass manche Konsonanten (*p, t, k*) weich ausgesprochen werden und die österreichische Aussprache – besonders im Raum Wien – eine Tendenz zur Nasalierung hat. Als weich und melodisch gilt auch das Kärntnerische, dessen charakteristisches Merkmal die Dehnung von Vokalen ist: *losn* = lassen; *ofn* = offen.

Nicht trifft das vorhin Gesagte allerdings auf den Alpenraum zu. In Tirol zum Beispiel wird ein geschriebenes *k* oft mit ch zu einem *kch* verbunden. Wenn ein Tiroler von seinen „*Speckchnödeln*" spricht, klingt das gar nicht weich und melodiös, sondern eher hart und kehlig. Charakteristisch für das Tirolerische sind auch seine vielen *sch* anstelle von *s*.

Grammatik

Auch in der Grammatik existieren einige, allerdings relativ wenige österreichische Besonderheiten. Zum Beispiel gibt es Unterschiede im Genus und Plural mancher Substantive. So schwankt man in Österreich zwischen *das/die Brezel* oder *das/die Vokabel,* man sagt *das Sakko* statt *der Sakko* und *der/die Sellerie* statt nur *die Sellerie*. Manche Geschlechtsunterschiede können auch Endungsunterschiede auslösen. So heißt es in Österreich gegenüber Deutschland *der Akt* (*die Akte*), *der Schranken* (*die Schranke*), und es gibt Doppelformen: *der Zeck* neben *die Zecke, der Petersil* neben *die Petersilie*, diese allerdings eher umgangssprachlich.

Beim Plural von Substantiven bevorzugt Österreich, soweit es möglich ist, den Umlaut: *die Erlässe, Wägen, Krägen, Pölster* (für *Kissen*). Substantive, die auf *-el* enden, weisen im Plural häufig ein *-n* auf: *das Mädel*: *die Mädeln*; *das Würstel*: *die Würsteln*; *das Hendl*: *die Hendln.*

Wortbildung

Bei Wortzusammensetzungen hat das österreichische Deutsch eine Tendenz zum „Fugen-s", wo es im deutschen Deutsch keines gibt. Es heißt also: *Fabriksarbeiter, Gepäcksaufbewahrung, Gesangsverein, Zugsabteil, Rindsbraten, Schweinsbraten, Schweinsschnitzel* (gegenüber *Rinderbraten, Schweinebraten*).

Eine vielbemerkte, oft imitierte, aber auch belächelte Sprachgewohnheit der Österreicher ist ihre Vorliebe, alles scheinbar zu verkleinern. Die Diminutivendung *-erl*, die ursprünglich eher als umgangssprachlich galt, ist heute auch im schriftlichen Sprachgebrauch sehr häufig anzufinden. In einigen Wörtern sind die Bildungen auf -erl fest, es sind nicht immer echte Verkleinerungen. Ein *Mäderl* ist wohl ein kleines Mädchen, ein *Buberl* ein kleiner Bub und ein *Haserl* ein kleiner Hase. Ein *Schwammerl* ist aber nicht unbedingt ein kleiner Pilz, und ein *Momenterl* kann ganz schön lang sein. Bonbons heißen in Österreich *Zuckerln*, und ein Hörnchen heißt dort *Kipferl*. Andere Beispiele sind: *Sackerl* (Tüte), *Weckerl* (längliches Kleingebäck), *Pickerl* (Klebeetikett).

Satzbau

Im Satzbau gibt es nur wenige österreichische Eigenheiten. Mit Süddeutschland teilt Österreich den Gebrauch des Perfekts an Stelle des Präteritums als Erzählzeit. Man sagt also: *Ich bin gegangen. Ich habe gegessen* statt *Ich ging. Ich aß*. In schriftlichen Texten verwendet man allerdings auch in Österreich das Präteritum.

Manche Verben, die einen Zustand oder eine Bewegung ausdrücken, werden in Österreich – wie in Süddeutschland – mit *sein* und nicht mit *haben* gebildet, z.B. *Ich bin gesessen. Ich bin gelegen.*

Wortschatz

Auf dem Gebiet des Wortschatzes zeigt das österreichische Deutsch seine auffälligsten Eigenheiten, ohne dass man von einer österreichischen Einheitlichkeit sprechen könnte. Die Zahl schriftsprachlicher österreichischer Besonderheiten ist sogar recht klein. Die „Austriazismen" machen ungefähr zwei Prozent des Gesamtwortschatzes aus. Ein Text aus Österreich unterscheidet sich also nur geringfügig von einem aus Deutschland. Allerdings beschränken sich die Unterschiede nicht nur auf die Schriftsprache. In Österreich sind die Übergänge von Dialekt, Umgangssprache und Standardsprache fließend, die Österreicher verwenden je nach Herkunft, Alter, Geschlecht, Stand, Bildung, Gesprächspartner und Situation unterschiedliche Formen der Sprache. Für Außenstehende sind die österreichischen Sprachverhältnisse zweifellos etwas kompliziert. Neben den Dialekten gibt es die Umgangssprache sowie die volkstümlich als „Hochdeutsch" bezeichnete Standardsprache als die „ranghöchste Schicht“ (Wiesinger). Es herrscht ein „lebendiges Nebeneinander“ der verschiedenen Sprachschichten, die meisten Österreicher wechseln ganz automatisch von einer Sprachschicht in die andere. Im Alltag wird vielfach der Dialekt verwendet, er hat oft eine emotionale Komponente und seinen eigenen Wortschatz. Standardsprache und Dialekt sind im Allgemeinen klar getrennt. Und Kinder lernen in der Schule die Standardsprache, die allerdings durchwegs regional gefärbt bleibt.

In seinem Wortschatz weist das österreichische Deutsch eine räumliche Gliederung auf. So gibt es einen oberdeutschen Wortschatz, den sich Österreich mit dem süddeutschen Raum teilt (*Bub: Junge, Orange: Apfelsine, Samstag: Sonnabend, heuer*: *dieses Jahr*). Daneben gibt es einen bairisch-österreichischen Wortschatz, der in Bayern und in Österreich auftritt (*Maut : Zoll, Scherzel : Anschnitt des Brotes, Kren : Meerrettich, Topfen : Quark*). Der gesamtösterreichische Wortschatz umfasst vor allem politische und amtssprachliche Begriffe wie *Nationalrat, Landeshauptmann, Matura*. Auch viele Begriffe der „Küchensprache“ gehören hierher: *Faschiertes, Gugelhupf, Krapfen*. Daneben haben sich einige Wörter aus dem Wiener Raum in ganz Österreich durchgesetzt, sind aber schon in Bayern nicht unbedingt bekannt: *Trafik, Jause, Marille, Karfiol, sich verkühlen*.

Innerhalb Österreichs gibt es einen ost- und einen westösterreichischen Wortschatz. So wird etwa in Vorarlberg *Fasnacht* für das im übrigen Österreich gebräuchliche Wort *Fasching* verwendet. Was im Westen (meistens noch) der *Metzger* ist, bleibt im Osten der *Fleischhacker* oder *Fleischhauer*.

Zum regionalen Wortschatz gehören Begriffe wie *Heuriger* (der neue Wein) und *Buschenschank* oder *Heuriger* (Lokal, in dem der neue Wein ausgeschenkt wird), aber auch das alemannische *schaffen* für *arbeiten*. Schließlich gibt es eine Gruppe von Wörtern, die zwar allgemein deutsch sind, aber in Österreich eine zusätzliche Bedeutung haben. Zum Beispiel bedeutet *Bäckerei* auch süßes Kleingebäck.

Der gemeinsame Wortschatz wird schließlich in Österreich und Deutschland oft unterschiedlich verwendet. So ist zum Beispiel die Gewichtseinheit Dekagramm für 10 Gramm in Österreich in Alltagssituationen, in Kochrezepten oder beim Einkaufen üblich, nicht jedoch in Deutschland. Unterschiede gibt es beim Grüßen und bei der Verwendung von Titeln. Grußformeln wie *Servus* oder *Küss die Hand* und der Brauch, Titel auch in informellen Situationen zu verwenden, sind für Österreich typisch.

Im Vorfeld des EU-Beitritts

Nach der vorherrschenden Meinung der Wissenschaft und im politischen Diskurs spielt die deutsche Sprache für die österreichische Identität keine Rolle. Für einen Großteil der Österreicherinnen und Österreicher ist Sprache kein Kriterium für den Nationsbegriff. Dass die Sache allerdings nicht so einfach ist, zeigt die Diskussion um das österreichische Deutsch im Vorfeld des EU-Beitritts. Plötzlich gab es Ängste, dass traditionelle österreichische Begriffe verloren gehen könnten. 1992 etwa konnte man in österreichischen Zeitungen von einer „Schlacht" um die Marille lesen, von „Preußifizierung" des Österreichischen und von einem „Sprachimperialismus", der aus Bonn drohe. Was war passiert? Im Handel mit Deutschland sollten in Zukunft bei manchen Lebensmitteln die dort gebräuchlichen Bezeichnungen gelten, also keine Marillen, Ribiseln und Weichseln mehr, sondern Aprikosen, Johannisbeeren und Sauerkirschen. Und manche Österreicher fürchteten, dass es in der EU keine Topfenkolatschen mehr geben würde, sondern nur mehr Quarktaschen, auch keine Eierschwammerlsauce mit Semmelknödeln, sondern Pfifferlingsauce mit Brötchenklößen. So beruhigten österreichische Politiker die verunsicherte Volksseele mit Slogans wie „Erdäpfelsalat bleibt Erdäpfelsalat" und „Alles bleibt, wie es isst". Das Resultat dieser sprachenpolitischen Diskussionen war das „Protokoll Nr. 10", in dem von der EU 23 spezifisch österreichischen Ausdrücken der gleiche Status verliehen wird, den die entsprechenden in Deutschland verwendeten Ausdrücke einnehmen. Wichtiger als die 23 Wörter ist allerdings die prinzipielle Gleichstellung der beiden Varianten, die aus dem Dokument hervorgeht.

„Lupenreines Hochdeutsch"

Seit 2005 hat Österreich in dem Olympia-Schwimmer und Silbermedaillengewinner von Athen, Markus Rogan, ein Sportidol, das, wie das Wiener Nachrichtenmagazin *profil* schwärmte, „lupenreines Hochdeutsch" spricht. Sprachliches Selbstbewusstsein, Lockerheit und eine ungewöhnliche Eloquenz, all das brachte der junge Sportler aus den USA mit, wo er seine Ausbildung erhielt. Aber lässt sich das Modell übertragen? Geht dies nur auf dem Umweg über eine US-Eliteuni wie Stanford?

Der Rechtschreibduden – Symbol für „koloniales Denken"?

Viele Österreicherinnen und Österreicher halten ihre Sprache für minderwertig, genieren sich für sie und verhalten sich ihr gegenüber höchst ambivalent. Sie finden ihr Deutsch gar nicht schön und bewundern Menschen wie Markus Rogan, der so gut „nach der Schrift" sprechen kann. Andererseits wollen die meisten Österreicher „natürlich" und möglichst „ungezwungen" sprechen, also sich zu den österreichischen Merkmalen ihrer Muttersprache bekennen. Diese Doppelstrategie, meinte der Linguist Wolfgang Pollak, sei aber nicht möglich. Österreich orientiere sich – das ist ein häufiger Vorwurf - sprachlich zu sehr am *Duden* und an den nördlich der Mainlinie praktizierten Sprachnormen. Pollak – und mit ihm andere – bemühen sich, das angeschlagene sprachliche Selbstbewusstsein ihrer Landsleute zu stärken, indem sie zunächst einmal betonen, dass es ein österreichisches Deutsch gibt und dass dieses eine gleichwertige Standardvarietät des Deutschen ist. Dazu dient u. a. als Hilfsmittel im Unterricht und im Amtsgebrauch das 1951 erstmals erschienene *Österreichische Wörterbuch*, das den Austriazismen zuerst einmal Legitimität verlieh. Dennoch bleibt Unklarheit über den Status und das Prestige des österreichischen Deutsch. Im Großteil der österreichischen Bevölkerung fehlt jedenfalls nach wie vor ein ausgeprägtes österreichisches Sprachbewusstsein. Dazu kommen die Auswirkungen des Globalismus. Im internationalen Kontext treten in letzter Zeit vor allem die Unterschiede zwischen dem Deutsch Deutschlands und jenem Österreichs im juristischen Bereich auf. Allein im offiziellen Handbuch für EU-Übersetzer wurden 4 000 Begriffe festgehalten.

Alljährlich scheint im Sommer eine Debatte über das österreichische Deutsch auszubrechen. 2003 beherrschten die von der EU verordneten Marmeladerichtlinien die Diskussion. Österreich sollte fortan die angelsächsische Definition akzeptieren, wonach Marmelade ausschließlich aus Zitrusfrüchten gemacht wird. Die so populäre Marillenmarmelade musste sich mit dem Status einer „Konfitüre" begnügen. Die mächtige *Kronen Zeitung* hatte zum Aufstand geblasen, der Sieg war ihr gewiss. Österreich durfte seine Marmelade behalten.

2004 sorgte ein von prominenten Autorinnen und Autoren (Marlene Streeruwitz, Peter Henisch, Robert Schindel u. a.) unterzeichnetes Manifest für Aufregung. Das Manifest verlangte nämlich, die Bundesregierung müsse dafür sorgen, dass „Österreichisch" als eigene Staatssprache eingeführt werde. Zur Wahl standen auch: „Österreichisch in einem europäischen Kontext" oder ganz einfach „Österreichisches Deutsch." Die Aussichten auf Erfolg sind gering.

Das österreichische Deutsch ist, wie Heidemarie Markhardt, eine Expertin für österreichische Rechtsterminologie, bemerkt, ein „heikles Thema". Bundesdeutsch verdränge in der EU immer mehr österreichische Wörter. Für Sprachverunsicherung sorgte schließlich die 2006 erschienene Untersuchung von Jutta Ransmayr über den *Status des Österreichischen Deutsch an nicht-deutschsprachigen Universitäten*. Das Ergebnis war niederschmetternd. Das österreichische Deutsch hat vor allem in Frankreich und England große Imageprobleme. Es gilt zwar als „gemütlich" und „sympathisch", zugleich halten es Lehrende aber für „dialektal" und „fehlerhaft" und lehnen es häufig als Deutsch zweiter Klasse ab („charmant, aber nicht prüfungstauglich").

Ist nun ein Abschied vom Österreichischen nur mehr eine Frage der Zeit, wie manche befürchten? Der Wiener Germanist Peter Wiesinger beruhigt alle Zweifler: „Es besteht weder die Gefahr einer sprachlichen Abspaltung und Verselbstständigung, noch braucht um die sprachliche Eigenständigkeit Österreichs gebangt zu werden." Optimismus zeigt auch der Publizist Robert Sedlaczek mit seinem 2004 veröffentlichten Buch *Das österreichische Deutsch: Wie wir uns von unserem großen Nachbarn unterscheiden*. „Wenn eine größere Zahl von Österreicherinnen und Österreichern das Gefühl hat, sie könnten auf ihre Sprache stolz sein, dann wäre schon viel gewonnen. Seiner Meinung nach stehen die Aussichten des österreichischen Deutsch auf ein langes Leben ziemlich gut. Und den folgenden Satz des Innsbrucker Sprachwissenschaftlers Hans Moser sollte sich jeder mit dem Deutschunterricht Befasste einprägen: „Österreichisches Deutsch ist kein schlechteres, sondern ein anderes Deutsch."

Eine Wiener Geschichte

Ein Deutscher kommt nach Wien und sieht einen Straßenkehrer an seinen Besen gelehnt. In seiner Ordnungsliebe will er wissen, warum der Arbeiter nicht die Straße säubert, und fragt ihn: „Was machen Sie da?" Der Straßenkehrer antwortet: „Ramaduri". (Das heißt: Räumen tu ich.= Ich räume die Straße auf.) Der Deutsche kann die Antwort rein sprachlich nicht verstehen und wendet sich an eine Gruppe von Straßenkehrern, die ebenfalls ruhen. Er fragt sie: „Was machen Sie, meine Herren?" Sie erwidern: „Ramadama". (Das heißt: Räumen tun wir. = Wir kehren die Straße.) Da der Deutsche noch immer nichts versteht, wendet er sich verwirrt an einen Wiener in der Nähe und fragt ihn: „Was machen diese Männer?" Da die Straßenkehrer wieder ihre Arbeit aufgenommen haben, gibt der Herr wahrheitsgemäß die Auskunft: „Ramadans". (Räumen tun sie. = Sie räumen auf.) Der Deutsche ist nun so klug wie zuvor.

Alfred Gesswein: „rama dama“

rama dama	räumen tun wir
rama weama	werden wir
rama woema	wollen wir
rama dadma	täten wir
gramd hauma	geräumt haben wir
gramd hedma	hätten wir
rama wule	räumen will ich
rama wire	werde ich
rama dure	tue ich
rama dade	täte ich
gramd howe	geräumt habe ich
gramd hede	hätte ich
rama woins	räumen wollen sie
rama weans	werden sie
ramadans	tun sie
rama dedadns	täten sie, würden sie tun
rama dama	räumen tun wir
rama dure	tue ich
rama dans	tun sie
rama dadma	täten sie
rama dade	täte ich
rama dedadns	täten sie, würden sie tun
rama woema	räumen wollen wir
rama wüle	will ich
rama woens	wollen sie
rama weama	werden wir
rama wire	werde ich
rama weans	werden sie
gramd hauma	geräumt haben wir
gramd howe	habe ich
gramd haums	haben sie
gramd hedma	hätten wir
gramd hede	hätte ich
gramd hedadns	hätten sie
rama woema	räumen wollen wir
rama miasma	müssen wir
rama dama	tun wir

15 Wie sagt man in Österreich?

Kleines österreichisches Wörterbuch

Anmerkung
(ugs. = umgangssprachlich; mdal. = mundartlich)

Die Österreicher verwenden zwar die angegebenen umgangssprachlichen und mundartlichen Wörter in großer Zahl, Ausländern und Ausländerinnen ist jedoch bei der Benützung dieser und anderer umgangssprachlicher Wörter Vorsicht empfohlen. Manche der hier genannten Wörter teilt Österreich mit dem süddeutschen Raum.

abdrehen	ausmachen (Licht abdrehen)
die Abfahrt, -en	Ausfahrt
die Abfertigung, -en	Abfindung
abgängig	verschwunden, vermisst
die Ablöse, -n	Geld, das ein Mieter manchmal bezahlen muss, um eine Wohnung zu bekommen
absperren	schließen
die Abwasch, -en	Einrichtung zum Geschirrabwaschen, Spüle
der Adabei, -s (ugs.)	jemand, der überall dabei ist, Wichtigtuer
angreifen	anfassen
der Anrainer, -	Grundnachbar, Anlieger
anschauen	ansehen
auffi (mdal.)	hinauf
aufmachen	öffnen (Fenster)
ausgsteckt	Zum Zeichen, dass hier heuriger, neuer Wein ausgeschenkt wird, hängt über dem Tor ein Kranz oder ein Buschen aus Tannenzweigen.
die Auslage, -n	Schaufenster
ausschauen	aussehen
ausständig	ausstehend, fehlend
B	
die Backerbsen	Suppeneinlage aus gebackenem Teig in Erbsenform
die Bäckerei, -en	auch: süßes Kleingebäck

die Bedienerin, -nen	Putzfrau
der Beistrich, -e	Komma
betakeln (ugs.)	beschwindeln
das Beuschel	Speise aus Herz und Lunge
bissel, bisserl, bissl (ugs.)	ein bisschen
die Brieftasche	Geldbörse
brennen	an sein (Licht)
das Brötchen, -	kleines belegtes Brot
der Bub, -en	Junge
die Buchtel, -n	Mehlspeise aus Hefeteig, mit Marmelade gefüllt
der Bursch, -en	junger Mann
der Buschen, – (ugs.)	Blumenstrauß (siehe auch „ausgsteckt")
die Buschenschank, -en	Weinausschank im Freien, Heurigenlokal
das Busserl, -n (ugs.)	1. Kuss; 2. kleines süßes Gebäck
das Bussi, – (ugs.)	kindertümliche Form zu „Busserl"

C

der Coloniakübel, – (ugs.)	in Wien: Mülleimer

D

da	hier
das Deka, -	1. Dekagramm (1 dag) = 10 Gramm; z.B.: 10 Deka Wurst
das Dirndl, -n (ugs.)	1. Mädchen; 2. Trachtenkleid
der Dodel, Todel, -n (ugs.)	bloder, dummer Kerl
doppeln	die Schuhe neu besohlen
die Draufgabe, -n	Zugabe (eines Künstlers)
drücken	tippen (Taste drücken)

E

ebenfalls	gleichfalls
E-Card	Chipkarte, dient als Zugang zu den Krankenversicherungsdaten
eh	ohnehin, sowieso; z.B..: Ich weiß eh schon...
das Eierschwammerl, -n	Pfifferling
die Eierspeise, -n	Rührei
die Einbrenn	in Fett geröstetes Mehl für Gemüse und Suppen
eini (mdal.)	hinein
einsperren	schließen
der Erdapfel,	Kartoffel
der Erlagschein, -e	Zahlkarte, Einzahlungsschein der Bank
die Extrawurst, e	1. eine beliebte Wurstsorte; 2. (ugs.) Ausnahme; etwas Besonderes, das die anderen nicht haben

F

fad	langweilig; auch; ängstlich, zimperlich
das Faschierte	1. Hackfleisch; 2. Speisen aus Hackfleisch, z.B. faschierte Laibchen
der Fauteuil, -s	Sessel, Polstersessel
die Fisole, -n	Bohne
die Fleischhauerei, -en	Metzgerei
die Frittate, -n	nudelig geschnittener Pfannkuchen als Suppeneinlage

G

das Gasthaus, “-er	Kneipe
der Gegenstand, e	auch: Schulfach, Fach
der Gehsteig, -e	Bürgersteig
die Gelse, -n	Stechmücke
der Gendarm, -en	(früher) Polizist auf dem Lande
die Gendarmerie	Gesamtheit der Gendarmen
gerade	eben
die Germ	Hefe
Geröstete (Erdäpfel) (Pl.)	Bratkartoffeln
das Geschäft, -e	Laden
geschert, gschert (ugs.)	dumm, grob
das Geselchte	geräuchertes Schweinefleisch, Rauchfleisch
gespritzt	mit Sodawasser verdünnt
der Gespritzte, -n	mit Sodawasser verdünnter Wein
das Gewand, -er	Kleidung
das Gfrett (ugs.)	Ärger, Mühe
die Glocke, -en	Klingel
die Grammel, -n	Griebe, gerösteter Speck
der Greißler, -	besonders in Wien: kleiner Lebensmittelhändler
der Gschaftlhuber, – (ugs.)	Wichtigtuer
das Gstanzl, -n	lustiges Lied
die Gstetten, – (ugs.)	verwilderte Wiese
der Gugelhupf, -e	Napfkuchen

H

halt	eben
der Häfen, -	1. Kochtopf, Gefäß; 2. (ugs.) Gefängnis
das Häferl, -n (ugs.)	Tasse
der Häuptelsalat, -e	Kopfsalat
der Hausbesorger, -	Hausmeister, Hauswart
das Häusel, -n (ugs.)	1. Einfamilienhaus, Häuschen; 2. Toilette
das Haxl, -n (ugs.)	Bein
das Hendl, -n	Huhn

die Hetz (ugs.)	Spaß
heuer	dieses Jahr
der Heurige, -n	der Wein der letzten Lese; Weinlokal
die Hutsche, -n	Schaukel
I	
der Indianerkrapfen, -	Mohrenkopf; mit Schokolade übergossenes Gebäck
der Inspektor, -en	Anrede an einen Polizisten: „Herr Inspektor"
der i-Tüpferl-Reiter, -(ugs.)	Pedant
J	
in Österreich [je:] ausgesprochen	
der Jänner	Januar
die Jause, -n	Zwischenmahlzeit am Vormittag oder Nachmittag
Jessas (ugs.)	Jesus; Ausruf des Erschreckens
K	
das Kaiserfleisch	geräuchertes Bauchfleisch (vom Schwein)
die Kaisersemmel, -n	runde Semmel (Brötchen)
der Karfiol	Blumenkohl
der Kasten, – (Kästen)	Schrank
keppeln (ugs.)	dauernd schimpfen
die Keusche, -n	kleines ärmliches Haus
das Kipferl, -n	gebogenes Weißbrotgebäck; Hörnchen
das Klar	Eiweiß
das Klumpert (ugs.)	wertloses Zeug
der Knödel, -	Kloß
die Kolatsche (Golatsche), -n	gefüllter Hefekuchen
kosten	versuchen
der Krampus, -se	Begleiter des Nikolaus am 5. oder 6. Dezember
der Krapfen, -	runde Mehlspeise aus Hefeteig, die in Fett gebacken wird
der Kren	Meerrettich
das Krügel, -	Bierglas mit Henkel, das 1/2 Liter fasst
der Kukuruz	Mais
das Kuvert, -s	Briefumschlag
L	
läuten	klingeln (Bitte 3x läuten)
das Laibchen, -	Gebäck oder Fleischspeise in runder Form
der Landeshauptmann,	Chef der Regierung eines Bundeslandes; in der Bundesre-

-männer/-leute	publik Deutschland: Ministerpräsident
der Lehrling, -e	Auszubildender
der Lift, -e	Aufzug
der Lungenbraten, -	Rinderfilet
M	
das Mäderl, -n	kleines Mädchen
Marandjosef (ugs.)	Maria und Josef: Ausruf des Erschreckens
die Marille, -n	Aprikose
die Maroni, -	Edelkastanie
die Masche, -n	Schleife
die Matura	Reifeprüfung, Abschlussprüfung einer höheren Schule
die Maut, -en	Gebühr für die Benützung einer Straße
die Mehlspeise, -n	Süßspeise (auch ohne Mehl), Kuchen
der Meldezettel, -	polizeiliches Anmeldeformular
der Mistkübel, -	Mülleimer
N	
na (ugs.)	nein
die Nachspeise, -en	Nachtisch
das Nachtmahl, e/-mähler	Abendessen
das Nockerl, -n	kleine längliche Teigstücke als Beilage oder Suppeneinlage
das Nussbeugel, -	Hörnchen mit Nussfüllung
O	
das Obers	süße Sahne
die Ordination, -en	Arztpraxis (auch: Sprechstunde)
das Organmandat, -e	Polizeistrafe ohne Anzeige
P	
die Palatschinke, -n	dünner Eierkuchen (Pfannkuchen), gerollt und mit Marmelade gefüllt
der Pallawatsch (ugs.)	Durcheinander
die Panier	Masse aus Ei, Mehl und Semmelbröseln als Hülle für Fleisch (Schnitzel)
papa (baba, ugs.)	Abschiedsgruß (leb wohl!)
der Paradeiser, -	Tomate
die Parte, -n	Todesanzeige
das Parterre	Erdgeschoß
der Patschen, – (ugs.)	Hausschuh
die Pension, -en	Rente (in Pension gehen)
der Pfusch (ugs.)	schlechte Arbeit, Schwarzarbeit
picken	kleben, haften

der Piefke, -(s) (ugs.)	abwertend: Deutscher
der Polster, Polster/Pölster	Kissen
der Powidl	Zwetschkenmarmelade
das Powidltatschkerl, -n	Mehlspeise mit Powidlfüllung
pragmatisieren	fest und unkündbar anstellen
präpotent	überheblich, arrogant
der Primarius, -rien/-rii	Chefarzt
pumperlgesund (ugs.)	völlig gesund
die Putzerei, -en	Kleiderreinigungsanstalt
Q	
in Österreich [kve:] ausgesprochen	
der Quargel, -n	kleiner, runder Stinkkäse
R	
der Rauchfangkehrer, -	Schornsteinfeger
raunzen	jammern, weinerlich klagen
der Realitätenhändler, -	Grundstücks-, Häusermakler
das Reindl, -n (ugs.)	kleiner Kochtopf
rennen	laufen
die Rettung, -en	Krankenwagen
das Rexglas, -er	Einkochglas
die Ribisel, -n	Johannisbeere
die Rodel, -n	Schlitten
rückwärts	steht häufig für „hinten“ (rückwärts einsteigen)
S	
das Sackerl, -n	Tüte
die Schale, -n	Tasse
der Schanigarten,	kleiner Gastgarten auf dem Gehsteig vor einem Restaurant
das Scherzel, – (ugs.)	Endstück eines Brotlaibes
schiech, schiach (mda.)	hässlich
der Schlag, Schlagobers	Schlagsahne
der Schmäh, -s (ugs.)	Trick, Schwindelei
der Schmarren, Schmarrn (Kaiserschmarren)	eine Mehlspeise; in der Pfanne zerstoßener Eierkuchen
die Schnalle, -n	Klinke
der Schnürlregen	anhaltender Regen, besonders in Salzburg
der Schnürlsamt	Kord
die Schularbeit, -en	Klassenarbeit
schupfen (ugs.)	stoßen, werfen

das Schwammerl, -n	Pilz
sekkieren	quälen, ärgern
die Semmel, -n	Brötchen
die Semmelbrösel (Pl.)	Semmelmehl
Servus	unter Freunden verwendeter Gruß
der Sessel, -	Stuhl
die Speise, -en	Gericht
der Spengler, -	Klempner
das Stamperl, -n (ugs.)	kleines Schnapsglas
der Staubzucker	Puderzucker
steigen	treten
die Stempelmarke, -n	Marke, mit der amtliche Gebühren bezahlt werden
der Sterz	Speise aus Mais
die Stiege, -n	Treppe
der Stoppelzieher, – (ugs.)	Korkenzieher
der Strudel, -	Mehlspeise, oft mit Äpfeln oder Topfen gefüllt, zusammengerollt und gebacken
T	
tachinieren	faulenzen
der Tafelspitz, -e	gekochtes Rindfleisch (von der Hüfte)
der Taferlklassler, – (ugs.)	Schüler der 1. Klasse Volksschule
die Teebutter	Markenbutter
die Telefonwertkarte, -n	Telefonkarte
der Topfen	Quark
die Trafik, -en	Kurzform für „Tabaktrafik“; Verkaufsstelle für Tabakwaren, Zeitungen, Briefmarken
die Tuchent, -en	Federbett
sich tummeln (ugs.)	sich beeilen
die Türschnalle, -n	Türklinke
U	
ujegerl (ugs.)	oje
die Umfahrung, -en	Umleitung
V	
sich verkühlen	sich erkälten
versäumen	verpassen
der Vogerlsalat	Rapunzel-, Feldsalat
die Volksschule	Grundschule
der Vorrang	Vorfahrt
das Vorzimmer, -	Vorraum, Diele
der Vorzugsschüler, -	ein sehr guter Schüler

W

der Waggon, -s	Wagen
die Watsche, -n (ugs.)	Ohrfeige
der Wecken, -	Brot in länglicher Form
das Wimmerl, -n (ugs.)	Pickel, Pustel
der Wurstel, Wurschtl, – (ugs.)	Hanswurst, Kasperl, lustige Person
das Würstel, Würschtl, -	Würstchen; z.B.: heiße Würstel

Z

zaundürr (ugs.)	sehr mager
zizerlweis (ugs.)	nach und nach
der Zuckerbäcker, -	Konditor
das Zuckerl, -n	Bonbon
zusperren	schließen
zuzeln (ugs.)	lutschen, saugen
das Zündholz, "-er	Streichholz
die Zwetschke, -n	Pflaume
der Zwetschkenröster, -	Pflaumenkompott, -mus

16 Österreichische Literatur

Die Frage, ob es eine eigene österreichische Literatur gibt, wird unter Experten immer wieder heftig diskutiert. Manche halten die Frage für sehr wichtig, andere empfinden sie jedoch als eine Bagatelle, als ein Problem für Leute, die keine echten Probleme haben. Die einen meinen, dass österreichische Autoren in deutscher Sprache schreiben und man daher unmöglich von einer „österreichischen" Literatur sprechen könne. Die anderen argumentieren, Österreich habe sich nicht nur politisch, sondern auch in der Literatur eigenständig entwickelt. Für sie unterscheidet sich die österreichische grundsätzlich von der deutschen Literatur. Schließlich zweifle ja auch niemand an der Eigenständigkeit der österreichischen Musik oder gar des Sports.

Was nun das Österreichische an der österreichischen Literatur sein soll, darüber gibt es nur wenig Einverständnis. Auch die meisten Experten sind in dieser Frage überfordert. Die Hauptschwierigkeit scheint darin zu liegen, dass der Begriff „österreichisch" ganz verschieden aufgefasst werden kann. Durchwegs bedeutet ja „österreichisch" nicht einfach „aus Österreich kommend" oder „aus Österreich stammend". Es bedeutet sehr oft eine bestimmte Art des Erlebens, eine eigene, typische Lebensform, einen charakteristischen Wesenszug, der die Österreicher von anderen Völkern, besonders von den Deutschen unterscheiden soll. Vor allem nach dem Zweiten Weltkrieg musste auch die Literatur bei den Bemühungen mithelfen, eine eigene österreichische Identität und ein Selbstwertgefühl zu entwickeln.

Im Unterschied zur Nachkriegsgeneration finden es die heutigen Österreicher und Österreicherinnen aber nicht mehr notwendig, die Literatur, die in ihrem Land entsteht, als ein Werkzeug zu sehen, das ihre Individualität beweist und sie von den Deutschen abgrenzt. Die Österreicher haben längst ihre nationale Identität gefunden und brauchen kein geistiges, oft künstliches Konzept dafür, was Österreich ist und was es bedeutet, Österreicher zu sein. Sie akzeptieren die Tatsache, dass – bis auf wenige Ausnahmen – ein Großteil der Literatur, die in ihrem Land entsteht, in Deutschland veröffentlicht und dort auch gekauft und gelesen wird. In Deutschland gibt es nun einmal mehr und größere Verlagshäuser und bessere Arbeitsmöglichkeiten in Rundfunk und Fernsehen. Immerhin haben österreichische Autoren und Autorinnen dadurch ein potenzielles Lesepublikum von achtzig Millionen, zehnmal mehr als im eigenen Land.

So ist es nicht verwunderlich, dass manche Kritiker und Literaturwissenschaftler die Literatur aus Österreich immer wieder in die deutsche Literatur einordnen, sie „vereinnahmen“, wie dies manche in Österreich sehen und sich darüber ärgern. Andererseits stellt sich die Frage, warum sich die österreichische Literatur überhaupt von der deutschen abheben sollte, warum man von „Eigenständigkeit“ sprechen soll. Besonders nach dem Beitritt Österreichs zur EU halten manche eine nationale Definition von Literatur für unangebracht. Andere Qualitäten müssten entscheidend sein. Wenn man zum Beispiel literarische Texte im konkreten sozialen, politischen und historischen Rahmen betrachtet, sollte es nicht schwer fallen, von einer österreichischen Literatur zu sprechen. Zweifellos gehört die österreichische Literatur – soweit es sich nicht um jene der sprachlichen Minderheiten handelt – zur deutschsprachigen Literatur, sie kann aber differenziert werden und hat in mancher Hinsicht unterschiedliche Voraussetzungen.

Geschichte in der Literatur

Wenn auch viele literarische Werke aus Österreich eine Verbindung mit der Geschichte des Landes haben, gibt es doch keinen Konsens, welche Rolle die Geschichte in der Literatur tatsächlich spielt. Nach dem italienischen Germanisten Claudio Magris (*Der habsburgische Mythos in der österreichischen Literatur*, 1966) ist die österreichische Literatur rückwärts gewandt, sie sieht die Regierungszeit der Habsburger als eine „harmonische Mischung von Rassen und Kulturen“ und glorifiziert den Mythos der übernationalen österreichisch-ungarischen Monarchie. Als Beispiele dafür nennt Magris Franz Grillparzer (1791–1872), Österreichs größten Dramatiker des 19. Jahrhunderts, aber auch den Erzähler Adalbert Stifter (1805–1868), den Dramatiker Arthur Schnitzler (1862–1931) und den Romanautor Joseph Roth (1894–1939).

In der Nachfolge von Magris betont der deutsche Kritiker Ulrich Greiner (*Der Tod des Nachsommers*, 1979) ebenfalls den retrospektiven Aspekt der österreichischen Literatur. Er versieht die Mehrheit der österreichischen Schriftsteller, besonders jene der siebziger Jahre, mit Etiketten wie „geschichtslos“, „artifiziell“, „narzisstisch“ und „verspielt“. Die Vernachlässigung des Politischen und die Betonung des Artifiziellen, Sprachartistischen seien spezifische Merkmale der österreichischen Literatur.

Der Wiener Schriftsteller und Kritiker Robert Menasse (geb. 1954) hat die

Gedanken von Magris und Greiner aufgenommen. In seinem Aufsatz „Die sozialpartnerschaftliche Ästhetik“ (1990) macht er das unter der Bezeichnung „Sozialpartnerschaft“ bekannte System der Zusammenarbeit zwischen Regierung, Arbeitgebern und Arbeitnehmern auf praktisch allen Gebieten der Wirtschaft dafür verantwortlich, dass es in Österreich eine Subgattung von Literatur gebe, die unpolitisch und antirealistisch sei. Es sei, meint Menasse, nicht überraschend, dass auch Schriftsteller von der Sozialpartnerschaft betroffen seien. Mit ihrer Tendenz, Konflikte zu vermeiden und Konsens unter den großen Interessengruppen des Landes herbeizuführen, verkünde die Sozialpartnerschaft in Wirklichkeit eine naive Ideologie von Harmonie und sei undemokratisch. Im Gegensatz zu ihren Kollegen in Deutschland, wo Autoren wie Heinrich Böll oder Günter Grass immer wieder in das politische Leben eingriffen, hätten sich, so Menasse, österreichische Schriftsteller der „Ästhetik der Sozialpartnerschaft“ hingegeben. Das Resultat sei eine regressive Einstellung, ein Verzicht auf soziales und politisches Mitgestalten.

Vielfältig, bunt, widersprüchlich

Wie immer man die Literatur aus Österreich sieht, sie ist vielfältig, bunt, traditionalistisch, avantgardistisch, unpolitisch, politisch, sprachkritisch, widersprüchlich. Gerade wenn man die Gegenwartsliteratur betrachtet, wird es schwierig, Berührungspunkte, Gemeinsames bei den Autoren und Autorinnen festzustellen. Jedes Werk hat seinen Individualismus, und so wird, wie ein Kritiker meint, die österreichische Literatur „mit jedem Buch neu erfunden“ (Klaus Nüchtern).

Auch wenn fast alle Literaten Einzelgänger sind, haben sie sich doch immer wieder in – meist lockeren – Gruppen zusammengeschlossen. Um die Jahrhundertwende waren es die literarischen Impressionisten, Hermann Bahr (1863–1934) und Hugo von Hofmannsthal (1874-1929), aber auch Arthur Schnitzler und die Feuilletonisten Peter Altenberg (1859–1919) und Alfred Polgar (1873–1955), die zur „Wiener Moderne“ gezählt werden. Andere Bezeichnungen sind „Das junge Wien“, „Jugendstil“, „Dekadenzliteratur“, „Kaffeehausliteratur“, „Fin de siècle“ (Ende des Jahrhunderts) und „Ästhetizismus“. Alle diese Namen charakterisieren wesentliche Merkmale, aber sie treffen nicht auf alle Autoren dieser Epoche zu. Grundlegende Motive in der Literatur dieser Zeit sind das komplizierte Innenleben, die Kommunikationslosigkeit, der Verfall und das Sterben. Sigmund Freuds Psychoanalyse hatte großen Einfluss auf die Literatur. Schnitzler beschäftigt sich als Arzt mit der Psyche des Menschen und mit Hypnose. Die Erkenntnisse über das Unbewusste, die Freud als Wissenschaftler entdeckt, findet Schnitzler als Dichter intuitiv.

Zu den großen Romanautoren des 20. Jahrhunderts zählt Robert Musil (1880–1942). Sein Roman *Der Mann ohne Eigenschaften* (1930-1933) wurde im Jahr 1999 von einer Gruppe 99 deutscher Autoren, Kritiker und Germanisten zum „wichtigsten deutschsprachigen Werk des Jahrhunderts" gewählt. Auch Karl Kraus (1874–1936), Stefan Zweig (1881–1942) und Joseph Roth (1894–1939), der mit seinem Roman *Radetzkymarsch* (1932) den Untergang der Habsburger Monarchie melancholisch-ironisch beschreibt, gehören dazu. Sie sind in jeder Literaturgeschichte vertreten und wurden in viele Sprachen übersetzt.

Nach dem Zweiten Weltkrieg

Nach dem Zweiten Weltkrieg setzte die „Wiener Gruppe" entscheidende Impulse in der Literatur. Zu ihr gehört neben Konrad Bayer, Oswald Wiener und Gerhard Rühm vor allem H(ans) C(arl) Artmann (1921–2000), der durch eine neue kreative Technik im Gebrauch des Wiener Dialekts in seinen Gedichten bekannt wurde. Sein 1958 erstmals erschienener Band mit Dialektgedichten, *med ana schwoazzn dintn* (Mit einer schwarzen Tinte), ist noch heute populär, und Artmanns Texte, die anfangs als avantgardistisch galten, werden heute von breiten Publikumsschichten akzeptiert. Mit Recht gilt Artmann als einer der vitalsten und vielseitigsten Autoren der österreichischen Gegenwartsliteratur.

Einer der führenden Autoren konkreter Poesie ist Ernst Jandl (1925–2000). Mit seinen experimentellen Gedichten, in denen er sich als einzigartiger Sprachspieler erweist, hat er sich ein großes Publikum jenseits von Avantgardekreisen verschafft und ist in vielen Schullesebüchern und Lehrwerken für Deutsch als Fremdsprache zu finden.

Die Wiener Gruppe zerfiel und verschwand aus dem literarischen Leben. Doch um 1960 entstand in Graz das „Forum Stadtpark" und machte Graz für das nächste Jahrzehnt zur „heimlichen Hauptstadt der österreichischen Literatur". Viele der bekanntesten zeitgenössischen Schriftsteller und Schriftstellerinnen Österreichs standen dem „Forum Stadtpark" nahe: der Dramatiker Wolfgang Bauer (1940-2005), dessen provokantes Stück *Magic Afternoon* (1968) bis heute auf den Spielplänen der Theater zu finden ist, Barbara Frischmuth (geb. 1940) und Gerhard Roth (1942-2022), aber auch Peter Handke (geb. 1942) und Thomas Bernhard (1931-1989). In vieler Hinsicht blieb Handke allerdings ein Einzelgänger, der sich mit seinen Prosawerken und Theaterstücken an die Spitze der österreichischen Autoren heraufgearbeitet hat und auch international sehr bekannt ist. Seine Parteinahme für den serbischen Diktator Milošević machte ihn jedoch zur Zielscheibe massiver Kritik und führte zur Aberkennung eines bedeutenden Literaturpreises.

„An diesem Giganten kommt keiner vorbei", sagte Elfriede Jelinek in ihrem Nachruf auf Thomas Bernhard. Tatsächlich ist das Interesse für Bernhards Werk auch viele Jahre nach seinem Tod noch immer sehr groß. Seine fünfteilige Autobiographie ist eine Abrechnung mit dem Nationalsozialismus, und in seinen Romanen kritisiert er die österreichische Gesellschaft, was ihm Titel wie „Übertreibungskünstler" und „Staatsdichter der Österreich-Beschimpfung" (Werner M. Bauer) eingebracht hat. Mit seinem Stück *Heldenplatz* (1988) lieferte Bernhard wohl den spektakulärsten Beitrag zum „Bedenkjahr" 1988. Es handelt von einer 1938 aus Wien vertriebenen, nach Oxford emigrierten jüdischen Familie eines Professors, der nach seiner Rückkehr nach Wien fünfzig Jahre später feststellt, dass Juden in Österreich nach wie vor unerwünscht seien. Auf Grund dieser Erkenntnis begeht er Selbstmord, indem er aus dem Fenster seiner Wohnung am Wiener Heldenplatz springt. Der Rest der Familie geht wieder in die Emigration. Die Burgtheateraufführung von *Heldenplatz* beschäftigte die Medien und viele Politiker bis hinauf zum Bundespräsidenten viele Monate hindurch.

Thomas Bernhard ist nur ein Beweis dafür, dass es in der österreichischen Literatur durchaus auch kritisches Engagement gibt. Im Gegensatz zu immer wieder geäußerten Behauptungen entzieht sich besonders die Literatur der siebziger Jahre keineswegs der Auseinandersetzung mit der Wirklichkeit. Die so genannte „Anti-Heimatliteratur" korrigiert und ironisiert die Klischees des schönen Landlebens und gibt der traditionellen „Heimatliteratur" Karl Heinrich Waggerls (1897–1973), der in seinen noch immer sehr populären Romanen das Leben auf dem Land verklärt, eine neue Dimension. Zu den bekanntesten Vertretern dieser neuen Heimatliteratur zählt der Salzburger Franz Innerhofer (1944-2002). In seinem sehr erfolgreichen, auch verfilmten Roman *Schöne Tage* (1974) und in der Fortsetzung *Schattseite* (1975) attackiert er die trostlose Bergbauernexistenz, die er in den fünfziger und sechziger Jahren in seiner Salzburger Heimat selbst erlebte.

Zu den bekanntesten Frauen in der österreichischen Literatur zählt Ingeborg Bachmann (1926-1973), die mit ihren Gedichten Spitzenauflagen erreichte und die Lyrik der fünfziger Jahre stark prägte. Ein jedes Jahr in Klagenfurt stattfindender internationaler Literaturwettbewerb ist nach ihr benannt. Mit den Schriftstellerinnen Ilse Aichinger (1921-2016) und Friederike Mayröcker (1924-2022) begann 1945 die österreichische Gegenwartsliteratur.

Eine hohe Medienpräsenz im gesamten deutschsprachigen Raum hat die Nobelpreisträgerin Elfriede Jelinek (geb. 1946), die seit den siebziger Jahren als Dramatikerin (*Burgtheater*, *Raststätte*, *Rechnitz*, *Die Schutzbefohlenen*, *Wut*, *Schwarzwasser*) wie als Romanautorin (*Die Liebhaberinnen*, *Die Klavierspielerin*, *Die Kinder der Toten*, *Lust*, *Gier*, *Neid*) hervorgetreten ist. In ihren Stücken geht es Jelinek immer wieder um die Situation der Frau, um deren sexuelle und ökonomische Ausbeutung und um den Kampf der Geschlechter, aber auch um Fremdenfeindlichkeit und die mangelnde Bereitschaft vieler Menschen, sich mit ihrer Nazi-Vergangenheit auseinanderzusetzen. Jelineks oft aggressive und provokante Texte werden in der Öffentlichkeit häufig als Ärgernis gesehen, sind bei Kennern jedoch hoch geschätzt.

Als erste Österreicherin wurde Elfriede Jelinek 2004 mit dem Nobelpreis für Literatur ausgezeichnet. In der Begründung der Schwedischen Akademie hieß es, Jelinek habe den Preis für den „musikalischen Fluss von Stimmen und Gegenstimmen in Romanen und Dramen“ erhalten. Hervorgehoben wird auch die „einzigartige sprachliche Leidenschaft“ der Autorin. Von Glückwünschen des „offiziellen“ Österreich distanzierte sich Jelinek mit den Worten, sie betrachte den Nobelpreis „nicht als Blume im Knopfloch für Österreich.“

Die achtziger und neunziger Jahre

In den achtziger und neunziger Jahren lassen sich keine wirklichen Trends in der österreichischen Literatur beobachten. Viele Autorinnen und Autoren, die über die Jahre die Literaturszene prägten, waren noch immer aktiv: Ernst Jandl, Peter Handke, die Dramatiker Peter Turrini (geb. 1944; *rozznjogd*, *Alpensaga*) und Felix Mitterer (geb. 1948; *Piefke-Saga*) und viele andere. Aber es gab auch etliche Neuentdeckungen. Mit seinem Roman *Die letzte Welt* (1988), der auf Ovids *Metamorphosen* beruht, schrieb Christoph Ransmayer (geb. 1954) einen Welt-Bestseller. Einen weiteren Bestseller schuf der Vorarlberger Robert Schneider (geb. 1961) mit seinem Debütroman *Schlafes Bruder*. Der „literarische Shooting Star des Jahres 92“ wurde er genannt. Der Roman handelt vom Leben und Sterben eines genialen Musikers, der am Biedersinn des Vorarlberger Bauernvolkes scheitert.

BURGTHEATER
SPIELZEIT 1988/89

Anfang 19 Uhr — Freitag 4. November — Ende 22.45 Uhr

Kassenöffnung eine Stunde vor Vorstellungsbeginn
Wahlabonnement – eingeschränkter Verkauf – Abonnement aufgehoben

URAUFFÜHRUNG
HELDENPLATZ
von Thomas Bernhard

Robert Schuster, Professor, *Bruder des verstorbenen Professors Josef Schuster* ..... Wolfgang Gasser
Anna *und* ..... Kirsten Dene
Olga, *Töchter* ..... Elisabeth Rath
Lukas, *Sohn* ..... Karlheinz Hackl
Hedwig, *genannt Frau Professor, die Frau des Verstorbenen* ..... Marianne Hoppe
Professor Liebig, *ein Kollege* ... Frank Hoffmann
Frau Liebig ..... Bibiana Zeller
Herr Landauer, *ein Verehrer* ... Detlev Eckstein
Frau Zittel, *die Wirtschafterin des Verstorbenen* ..... Anneliese Römer
Herta, *sein Hausmädchen* ..... Therese Affolter

Inszenierung: Claus Peymann
Bühnenbild und Kostüme: Karl-Ernst Herrmann
Dramaturgie: Hermann Beil, Jutta Ferbers
Regieassistenz: Walter Delazer
Bühnenbild- und Kostümassistenz: Matthias Karch
Akustische Einrichtung: Christian Venghaus
Technische Einrichtung: Herbert Kratochvil
Beleuchtung: Johann Lascsak
Pause nach der 2. Szene

Zu einem großen Erfolg auf dem Buchmarkt wurde Josef Haslingers (geb. 1955) erster Roman *Opernball* (1995), ein politischer Thriller, der schildert, wie Tausende Menschen auf dem Wiener Opernball durch einen Giftgasanschlag rechtsradikaler Terroristen vor laufender Kamera sterben. Haslingers Buch *Politik der Gefühle* (1987), das während der Waldheim-Krise entstand, gilt als eine der besten Analysen der österreichischen Bewusstseinslage und ist nicht zuletzt ein weiterer Beweis dafür, dass es nicht richtig ist, der Literatur aus Österreich generell politische Apathie vorzuwerfen.

Im Vergleich zu Musik und Theater spielt die Literatur in Österreich keine allzu große Rolle. In Thomas Bernhards *Heldenplatz* behauptet Professor Robert sogar, „die Österreicher hören nichts mehr und sie lesen nichts mehr.“ Das mag eine Übertreibung sein, tatsächlich lassen alle wissenschaftlichen Publikationen und Statistiken zum Leseverhalten der Österreicher und Österreicherinnen erkennen, dass das Interesse für Literatur gering ist. Zugleich muss man aber zugeben, dass die Bedingungen für die Autorinnen und Autoren in letzter Zeit vergleichsweise günstiger sind. Es gibt bessere Möglichkeiten zu publizieren, mehr Preise und Stipendien, aber auch mehr Arbeitsmöglichkeiten in den Medien, und in den Schulen wird mehr zeitgenössische Literatur gelesen.

In den letzten Jahren hat sich in Österreich eine doch weit über das Land hinaus geachtete Literatur entwickelt, und österreichische Autoren und Autorinnen haben heute einen relativ großen Einfluss auf den Literaturbetrieb in Deutschland, wo sich manche wundern, wie es überhaupt möglich ist, dass ein so kleines Land eine so beachtliche Anzahl bedeutender Schriftstellerinnen und Schriftsteller hervorbringen kann. Dazu zählen Kathrin Röggla (geb.1971) mit ihrem Roman über die New Economy, *Wir schlafen nicht* (2004), und Marlene Streeruwitz (geb. 1950), die in ihrem Roman, *Entfernung* (2005), ein aktuelles Thema anschneidet, den Überlebenskampf einer Frau, die ihre Arbeitsstelle und zugleich ihren Mann verliert.

Zurück auf die Bestsellerlisten

Über ein Jahr lang führte der Wiener Daniel Kehlmann (geb. 1975) mit seinem Roman *Die Vermessung der Welt* (2005) die deutschsprachigen Bestsellerlisten an und wurde auch international zu einem großen Verkaufserfolg. Kehlmann zählt mit Paulus Hochgatterer (geb. 1961), Alfred Komarek (geb.1945), Daniel Glattauer (geb. 1960) und Wolf Haas (geb. 1960), dem Verfasser unkonventioneller, humorvoller Kriminalromane, die in Österreich spielen, zu jenen jüngeren Autoren und Autorinnen, die das literarische Leben im gegenwärtigen Österreich wesentlich mitgestalten. Als ein „wundersam großes Buch" bezeichnet Kehlmann den 2006 erschienenen Roman *Die Arbeit der Nacht* des gebürtigen Grazers Thomas Glavinic (geb. 1972). Dieser erzählt die Geschichte eines 35-jährigen Mannes, der eines Tages bemerkt, dass er der letzte Mensch auf der Welt ist. Wien ist ausgestorben. Seine Suche nach Österreichern ist vergeblich. Nach einer Englandreise kehrt der Protagonist nach Wien zurück und stürzt sich vom Stephansdom hinunter.

Wie es zu dem Erfolg so vieler österreichischer Gegenwartsautoren und -autorinnen gekommen ist, auch auf dem internationalen Markt, lässt sich nur schwer erklären. Tatsache ist, dass die deutschsprachige Literatur nach 1980 insgesamt den Ruf hatte, düster, unoriginell und langweilig zu sein und sowohl Verlage als auch das Lesepublikum abzuschrecken. Das hat sich geändert. Valerie Fritsch, Clemens Setz und Stefanie Sargnagel zählen zu den wichtigsten und vielseitigen Autoren der Gegenwart. Sie fordern eine Loslösung von avantgardistischen Tendenzen und eine Rückkehr zum Erzählen. „Gut gemacht und anständig geschrieben, zugänglich und unterhaltsam" sollte die Literatur sein. „Ich möchte interessante Geschichten auf möglichst hohem Niveau erzählen", so lautet das Rezept von Thomas Glavinic, „Geschichten, die auf mehreren Ebenen funktionieren und an denen auch, aber nicht nur, Menschen mit literaturwissenschaftlicher Vorbildung Freude haben".

Die Textproben, die dem folgenden Interview folgen, sollen zum Weiterlesen anregen.

„Eine Art Affenliebe für österreichische Autoren"
Versuch einer Standortbestimmung im Gespräch mit dem Germanisten Wendelin Schmidt-Dengler
Von Eva Male (*Die Presse)*

Die Presse: Gibt es überhaupt eine „österreichische" Literatur?

Wendelin Schmidt-Dengler: Solange es österreichische Autoren gibt, wird es wohl auch so etwas wie eine österreichische Literatur geben, und es ist klar, dass man sie von der bundesdeutschen trennt. Ich würde auch sagen, dass in den letzten zehn Jahren seit der deutschen Wiedervereinigung die österreichische Literatur noch spezifischer geworden ist. Sie entwickelt ihre eigenen Dimensionen, und sie antwortet gerade nicht auf jene Fragen, auf die alle bundesdeutschen Autoren antworten, von der Wiedervereinigung angefangen.

Die Presse: Was ist das „Besondere" an der österreichischen Literatur?

Schmidt-Dengler: Die Probleme sind anders gelagert, und das hat auch andere Textstrukturen zur Folge. Seit dem Josefinismus gibt es so etwas wie eine Besonderheit in der österreichischen Literatur – mit jedem Aggregatszustand dieses Staates ändert sich auch die Literatur. Grillparzer und Stifter antworten auf andere Situationen als Heine oder Büchner, ein Lenau reagiert anders als ein Theodor Storm, diese Differenzierung gibt es, und sie ist beizubehalten.

Die Presse: Wird die österreichische Entwicklung in der deutschen Literaturgeschichte berücksichtigt?

Schmidt-Dengler: Das ist immer das Problem. Die Literaturgeschichten sind immer in Deutschland geschrieben worden. Viele Deutsche leugnen die Eigenständigkeit einer österreichischen Literatur. In der letzten Zeit hatte das ja Konjunktur bei den großen Verlagen: Hanser, Rowohlt, Beck – alle haben Literaturgeschichten produziert, in denen die österreichische Literatur immer als eine Verlegenheit erscheint. Der deutsche Roman besteht dann aus Hermann Broch, Robert Musil, Joseph Roth, Thomas Mann und Alfred Döblin. Auch mit Johann Nestroy und Ferdinand Raimund kann man wenig anfangen.

Die Presse: Welche Rolle spielt der deutsche Buchmarkt für die österreichische Literatur?

Schmidt-Dengler: Das Geheimnis ist immer: Ein österreichischer Autor muss sich zuerst auf dem deutschen Buchmarkt durchsetzen, anders geht's gar nicht. Aichinger, Bachmann, Doderer, die „Wiener Gruppe", Jelinek, Handke, Ransmayr – sie sind alle durch den deutschen Buchmarkt das geworden, was sie sind. Es besteht eine Art Affenliebe für österreichische Autoren, nach dem Motto: Das ist ein österreichischer Autor, der kann noch schreiben. Wenn es die großen deutschen Verlage nicht gäbe, gäbe es die österreichische Literatur auch nicht.

Die Presse: Was zeichnet die österreichische Literatur nach 1945 aus?

Schmidt-Dengler: Nach 1945 war in Österreich literarisch wirklich sehr viel los, die Literatur ist kulturell der stärkste Aktivposten nach 1945, den die österreichische Kulturpolitik aufzuweisen hat. Die Revolution von 1968 war eine sehr österreichische Angelegenheit auf ästhetischem Sektor. Da sind ein Wolfgang

Bauer, Thomas Bernhard, Peter Handke gekommen, und man hat gesagt: In Österreich gibt's noch Literatur, die Veränderung bewirkt.
Die Presse: Wo steht die österreichische Literatur im Moment?
Schmidt-Dengler: Im Augenblick steht sie unter einem unerhörten Legitimationsdruck und die deutsche auch, durch diese Überflutung von gefälliger Literatur vor allem aus dem amerikanischen Raum, die auch übersetzbar ist. Österreichische Autoren arbeiten so sprachkonzentriert, dass man sie fast nicht übersetzen kann.

Bücher im Gespräch

Peter Handke

Mit zwanzig Jahren schrieb der 1942 in Griffen in Kärnten geborene Peter Handke seinen ersten Roman. Mit zweiundzwanzig wurde er nach der Aufführung seines Sprechstückes *Publikumsbeschimpfung* die Sensation des avantgardistischen Theaters. Schon vorher hatte er durch seine Attacken auf etablierte Autoren von sich reden gemacht. Seither hat Handke viele Romane, Erzählungen und Gedichte geschrieben. Heute zählt er zu den bekanntesten Schriftstellern aus dem deutschen Sprachraum. Er erhielt 2019 den Literaturnobelpreis.

Zu einem Besteller wurde seine Erzählung *Wunschloses Unglück* (1972), in der Handke vom Leben und vom Selbstmord seiner Mutter, aber auch von seiner eigenen Trauer und Hilflosigkeit schrieb.

Peter Handke

Aus: Peter Handke: *Wunschloses Unglück*

Meine Mutter war das vorletzte von fünf Kindern. In der Schule erwies sie sich als klug, die Lehrer schrieben ihr die bestmöglichen Zeugnisse, lobten vor allem die saubere Schrift, und dann waren die Schuljahre auch schon vorbei. Das Lernen war nur ein Kinderspiel gewesen, nach erfüllter Schulpflicht, mit dem Erwachsenwerden, wurde es unnötig. Die Frauen gewöhnten sich nun zu Hause an die künftige Häuslichkeit.

Keine Angst, außer die kreatürliche im Dunkeln und im Gewitter; nur Wechsel zwischen Wärme und Kalte, Nässe und Trockenheit, Behaglichkeit und Unbehagen.

Die Zeit verging zwischen den kirchlichen Festen, Ohrfeigen für einen heimlichen Tanzbodenbesuch, Neid auf die Brüder, Freude am Singen im Chor. Was in der

Welt sonst passierte, blieb schleierhaft; es wurden keine Zeitungen gelesen als das Sonntagsblatt der Diözese und darin nur der Fortsetzungsroman.

Die Sonntage: das gekochte Rindfleisch mit der Meerrettichsoße, das Kartenspiel, das demütige Dabeihocken der Frauen, ein Foto der Familie mit dem ersten Radioapparat.

Meine Mutter hatte ein übermütiges Wesen, stützte auf den Fotos die Hände in die Hüften oder legte einen Arm um die Schulter des kleineren Bruders. Sie lachte immer und schien gar nicht anders zu können.

Regen – Sonne, draußen – drinnen: die weiblichen Gefühle wurden sehr wetterabhängig, weil „Draußen" fast immer nur der Hof sein durfte und „Drinnen" ausnahmslos das eigene Haus ohne eigenes Zimmer.

Das Klima in dieser Gegend schwankt sehr: kalte Winter und schwüle Sommer, aber bei Sonnenuntergang oder auch nur im Laubschatten fing man zu frösteln an. Viel Regen; schon Anfang September oft tagelang nasser Nebel vor den viel zu kleinen Fenstern, die auch heute kaum größer gebaut werden; Wassertropfen auf den Wäscheleinen, Kröten, die vor einem im Finstern über den Weg sprangen, Mücken, Insekten, Nachtfalter sogar am Tag, unter jedem Scheit in der Holzhütte Würmer und Asseln: davon mußte man abhängig werden, anderes gab es ja nicht. Selten wunschlos und irgendwie glücklich, meistens wunschlos und ein bißchen unglücklich.
Keine Vergleichsmöglichkeiten zu einer anderen Lebensform: auch keine Bedürftigkeit mehr?

Es fing damit an, daß meine Mutter plötzlich Lust zu etwas bekam: sie wollte lernen; denn beim Lernen damals als Kind hatte sie etwas von sich selber gefühlt. Es war gewesen, wie wenn man sagt: „Ich fühle mich." Zum ersten Mal ein Wunsch, und er wurde auch ausgesprochen, immer wieder, wurde endlich zur fixen Idee. Meine Mutter erzählte, sie habe den Großvater „gebettelt", etwas lernen zu dürfen. Aber das kam nicht in Frage: Handbewegungen genügten, um das abzutun; man winkte ab, es war undenkbar.

Immerhin gab es in der Bevölkerung eine überlieferte Achtung vor den vollendeten Tatsachen: eine Schwangerschaft, der Krieg, der Staat, das Brauchtum und der Tod. Als meine Mutter einfach von zu Hause wegging, mit fünfzehn oder sechzehn Jahren, und in einem Hotel am See kochen lernte, ließ der Großvater ihr den Willen, *weil sie nun schon einmal weggegangen war;* außerdem war beim Kochen wenig zu lernen.

Aber es gab schon keine andere Möglichkeit mehr: Abwaschhilfe, Stubenmädchen, Beiköchin, Hauptköchin. „Gegessen wird immer werden." Auf den Fotos ein gerötetes Gesicht, glänzende Wangen, in schüchterne ernste Freundinnen eingehängt, die von ihr mitgezogen wurden; selbstbewußte Heiterkeit: „Mir kann nichts mehr passieren!"; eine geheimnislose, überschwengliche Lust zur Geselligkeit.

Das Stadtleben: kurze Kleider („Fähnchen"), Schuhe mit hohen Absätzen, Wasserwellen und Ohrklipse, die unbekümmerte Lebenslust. Sogar ein Aufenthalt im Ausland!, als Stubenmädchen im Schwarzwald, viele VEREHRER, keiner ERHÖRT! Ausgehen, tanzen, sich unterhalten, lustig sein: die Angst vor der Sexualität wurde so überspielt; „es gefiel mir auch keiner". Die Arbeit, das Vergnügen; schwer ums Herz, leicht ums Herz, Hitler hatte im Radio eine angenehme Stimme.

Das Heimweh derer, die sich nichts leisten können: zurück im Hotel am See, „jetzt mache ich schon die Buchhaltung", lobende Zeugnisse: „Fräulein ... hat sich ... als anstellig und gelehrig erwiesen. Ihr Fleiß und ihr offenes, fröhliches Wesen machen es uns schwer ... Sie verläßt unser Haus auf eigenen Wunsch." Bootsfahrten, durchtanzte Nächte, keine Müdigkeit.

Christine Nöstlinger

Christine Nöstlinger

Christine Nöstlinger (1936-2018) ist den meisten jungen Leuten in Österreich ein Begriff. Mit weit über hundert Büchern ist sie Österreichs erfolgreichste Kinder- und Jugendbuchautorin. (Von Erwachsenen wird sie auch gerne gelesen.) Die Gesamtauflage ihrer Bücher, vor allem in Deutschland verkauft und in viele Sprachen übersetzt, geht in die Millionen. Sie wurden vielfach verfilmt

Am liebsten schreibt Nöstlinger über das Alltagsleben junger Menschen und deren Beziehungen zu Eltern, Großeltern, Lehrern und Freunden. Zu ihren bekanntesten Büchern gehören *Ilse Janda, 14*, eine turbulente Familiengeschichte ohne Happy End, und *Maikäfer flieg!* (verfilmt 2016), ein autobiographischer Roman über das Ende des Zweiten Weltkriegs in Wien aus der Perspektive eines kleinen Mädchens. Die meisten Werke Nöstlingers sind sehr realistisch, doch manchmal macht die Autorin Ausflüge ins Phantastische, Groteske. Ein Beispiel ist der Erfolgsroman *Wir pfeifen auf den Gurkenkönig* (1972), in dem ein phantastischer König aus dem tiefsten Keller eine Familie total auf den Kopf stellt.

Aus: Christine Nöstlinger: *Wir pfeifen auf den Gurkenkönig*

Ich bin der Wolfgang und zwölf Jahre alt. Ich gehe in die zweite Gymnasiumklasse. Martina sagt, ich sehe verboten aus. Mir ist ganz gleich, wie ich aussehe. So, wie ich wirklich gern aussehen möchte, kann ich sowieso nicht aussehen. Drum trage ich auch die Kieferregulierung nicht, obwohl sie fünftausend Schilling gekostet hat. Weil es bei mir auf die Hasenzähne schon nicht mehr ankommt. Bisher war ich immer ein guter Schüler. Aber jetzt haben wir den Haslinger als Klassenlehrer bekommen, und der kann mich nicht leiden. Der haut mir in Mathematik und Geographie einen Fünfer nach dem anderen hin. Am liebsten gehe ich schwimmen. Ich bin beim Schwimmverein. Wenn ich mich anstrenge, sagt der Trainer, kann ich in zwei Jahren Landes-Jugendmeister im Rückenkraulen werden.
Wir haben ein Haus gekauft, mit einem Garten. Seit drei Jahren wohnen wir da. Bis der Papa die Schulden für das Haus abgezahlt hat, ist er steinalt, hat die Mama gesagt. Darum müssen wir sparen, und der Opa kauft uns von seiner Pension die Schuhe und die Hosen und die Kleider für Martina. Das ist sehr angenehm, dem Opa ist es nämlich ganz gleich, ob ein Ruderleibchen rot-blau-weiß-gestreift ist, oder ob vorn der Cassius Clay draufgedruckt ist. Und Hosen, um drei Nummern zu groß zum Hineinwachsen, kauft er auch nicht. Vorigen Sommer hat er für Martina einen Bikini gekauft, aus Spitzenmuster. Der war angeblich viel zu durchsichtig. Papa war wütend darüber. Er hat geschrien: „Da kann meine Tochter ja gleich nackt herumlaufen!" Und der Opa hat gekichert und gesagt: „Endlich hat mein Sohn einen vernünftigen Einfall!" Papa hat sich furchtbar geärgert, aber er hat nichts drauf gesagt, weil er vor uns nicht mit dem Opa streiten will. Er ist zur Mama in die Küche gegangen und hat geschimpft, aber die Mama hat gesagt, alle Mädchen haben jetzt solche Bikinis.
Jetzt habe ich aber genug von uns erzählt. Ich glaube, ich kann wieder beim Ostersonntag anfangen.
Also damals, voriges Jahr, am Ostersonntag beim Frühstück, da ist die Mama aus der Küche hereingekommen und hat überall gezittert. Sie hat so stark gezittert, daß die Martina aus lauter Schreck über das Zittern ein Osterei in die Kaffeetasse hat fallen lassen.
Der Opa hat gefragt: „Schwiegermädchen, was ist dir?" (Der Opa sagt zur Mama immer „Schwiegermädchen".) Dann hat es wieder gebumst, und der Papa hat gerufen: „Niki, hör sofort auf!"
Immer, wenn es wo kracht oder hämmert, sagt der Papa: „Niki, hör sofort auf!" Meistens hat er ja dabei recht, aber diesmal war es nicht der Niki, sondern das Geräusch kam wieder aus der Küche. Niki hat zu heulen angefangen, daß er es gar nicht war, und Martina hat das Ei aus dem Kaffee gefischt, und die Mama hat noch immer gezittert und gesagt: „In der Küche, in der Küche..." Wir haben alle gefragt, was in der Küche ist. Aber die Mama hat es nicht sagen können. Da ist der Opa aufgestanden und zur Küchentür gegangen. Martina und Niki und ich auch. Ich habe mir gedacht, daß es vielleicht ein Wasserrohrbruch ist oder eine

Maus hinter dem Gasherd oder eine sehr große Spinne. Davor fürchtet sich Mama nämlich. Aber es war kein Rohrbruch und keine Maus und keine Spinne, und wir haben alle ungeheuer blöd geglotzt. Auch Papa, der uns nachgekommen war.
Auf dem Küchentisch hat nämlich einer gesessen, der war ungefähr einen halben Meter groß. Wenn er nicht Augen und Nase und einen Mund und Arme und Beine gehabt hätte, hätte man ihn für eine große, dicke Gurke oder einen mittleren, dünnen Kürbis halten können. Auf dem Kopf hat er eine Krone gehabt. Eine goldene Krone mit roten Edelsteinen in den Kronenzacken. Seine Hände steckten in weißen Zwirnhandschuhen, und die Zehennägel hatte er rot lackiert.
Das Kürbis-Gurken-Kronen-Ding verneigte sich vor uns, schlug die dünnen Beinchen übereinander und sprach mit tiefer Stimme. „Wir heißt Königs Kumi-Ori das Zweit, aus das Geschlecht die Treppeliden."
Ich kann nicht ganz genau aufschreiben, was dann geschehen ist, weil ich nicht aufgepaßt habe, was die anderen tun. So sehr erschrocken war ich über den Gurkenkürbis. Ich habe nicht gedacht: Das gibt es doch gar nicht! Ich habe auch nicht gedacht: Der schaut aber komisch aus! Ich habe gar nichts gedacht. Überhaupt nichts. Der Huber Jo, mein Freund, sagt in so einem Fall: „Dem ist das Hirn stillgestanden!"

wir pfeifen auf den G.	Wir können auf den Gurkenkönig verzichten; wir brauchen ihn nicht.
ein Fünfer	die schlechteste Note in der Schule
das Ruderleibchen, -	T-Shirt
Schilling	österreichische Währung vor dem Euro

Erich Hackl

Erich Hackl

Erich Hackl (Jahrgang 1954) ist ein viel gelesener österreichischer Gegenwartsautor. Seine Erzählungen *Auroras Anlaß* (1987) und *Abschied von Sidonie* (1989) gehören in Österreich und Deutschland bereits zur Schullektüre. Charakteristisch für Hackl ist, dass er sich an historische Ereignisse hält, sehr sorgfältig recherchiert und spannende Texte schreibt.

Abschied von Sidonie ist die wahre Geschichte des Roma-Mädchens Sidonie Adlersburg. Hackl erzählt von ihrem kurzen Glück bei liebevollen Pflegeeltern und deren vergeblichen Bemühungen, Sidi vor dem ihr zugedachten Ende zu bewahren. Alle geben später vor, Sidi gemocht zu haben, doch niemand tritt für sie ein. Sie wird von der Familie getrennt und nach Auschwitz deportiert.

Aus: Erich Hackl: *Abschied von Sidonie*

Später einmal, Sidonie ging schon in die zweite Klasse, nahm sich die Lehrerin ein Stück aus dem Lesebuch vor. *Der schönste Geburtstag*. Laut lasen sie die Geschichte von Berta, deren Herzenswunsch es ist, den Führer vor seinem Haus auf dem Obersalzberg zu Gesicht zu bekommen, und der das unerwartete Glück zuteil wird, von ihm persönlich zur Jause eingeladen zu werden. *Berta schaut das Haus genau an. Besonders gefallen ihr die Altane und die grünen Fensterläden.* Die Kinder wollten wissen, was das sind, Altane, und hätten wie Berta *die zahmen Rehlein* auch gern gestreichelt. Es wunderte sie, daß der Führer gleich drei Hunde hatte, *Lona, Rolf und Mucki*. Mucki beißt bestimmt nicht, dachte Sidonie, aber die anderen zwei liegen sicher an der Kette. Und Walderdbeeren mit Schlagrahm hätte sie auch gern gegessen. Was ist eigentlich ein Plappermäulchen? *Der Führer fragt sie und sie fragt ihn. So viel haben sie sich zu sagen, und sie lachen so fröhlich dazu*. Da möchte Sidonie immer bleiben. *Aber draußen wartet doch die Mutter.*

In der nächsten Stunde sollten die Kinder aufschreiben, was sie dem Führer von sich erzählen würden, wenn er sie wie Berta in sein Haus einladen sollte. Sie zerkauten ihre Bleistifte, einige schielten auf das Heft des Banknachbarn, um sich dort Anregung zu holen, oder sahen verstohlen aus dem Fenster, schönstes Badewetter, brüteten über den leeren Blättern, aber schließlich fanden auch die Unwilligsten einen Anfang, nachdem ihnen die Lehrerin etwas weitergeholfen hatte, es sei doch nicht so schwer, sich mit Namen vorzustellen, die Geschwister, Eltern, den Beruf des Vaters.

Nach einiger Zeit, als die einschläfernde, nur vom Geräusch der Bleistifte unterbrochene Stille einem allmählich anschwellenden Wispern Platz machte, klatschte Schönauer in die Hände. Gehorsam legten die Kinder ihre Stifte beiseite.

Wer will vorlesen, fragte die Lehrerin.

Fünf, sechs Hände schossen in die Höhe.

Sidonie, sagte die Frau.

Das Mädchen strahlte. Sie nahm ihr Heft und ging nach vorn. Neben dem Katheder blieb sie stehen und räusperte sich.

Ich heiße Sidonie Adlersburg, aber alle nennen mich Sidi, weil das leichter geht. Meine Eltern heißen Hans und Josefa und mein Bruder Manfred, aber ich sag immer Fredi zu ihm, und meine Schwester heißt Hilde und geht schon in die dritte Klasse. Sie sind ganz lieb zu mir, nur paßt meine Mutter immer auf, daß wir keinen Zucker aus der Kredenz nehmen, und mein Vater ist u.k., weil er sonst in den Krieg müßte und man nie weiß, ob einer zurückkommt.

Sie stockte und hob den Kopf.

Fertig, fragte die Lehrerin, und als Sidonie nickte: Brav. Noch ehe sie das Mädchen zurück in die Bank schicken konnte, meldete sich ein Bub: Das stimmt nicht, was Sidonie von ihren Eltern geschrieben hat. Weil das nämlich nicht ihre richtigen Eltern seien.

O ja, rief Sidonie, das sind schon meine Eltern! Sie schaute Schönauer hilfesuchend an, die Frau sah ratlos in die Klasse.
Die Sidi ist nur angenommen, sagte ein Mädchen, und ein anderes: Gelogen! Und wieder der Bub: Nicht gelogen. Eine Zigeunerin ist sie, das sieht ja ein Blinder!
Nach dem Unterricht, draußen war das Lachen und Schreien der Kinder schon abgeebbt, stand Sidonie als einzige noch in der Klasse, vor dem Becken mit dem Schwamm, und wusch sich sorgfältig Arme und Gesicht. Die Lehrerin kam und holte das Klassenbuch.
Was machst du noch da, fragte sie. Und ohne die Antwort abzuwarten: Geh heim. Ich muß zusperren.

der Altan, -e	Balkon
der Katheder, -	Podium mit Vortragstisch
u. k.	Abkürzung für „unabkömmlich“, d.h. wegen einer beruflichen oder einer anderen wichtigen Funktion vom Kriegsdienst zunächst zurückgestellt

Daniel Glattauer

Daniel Glattauer

wurde 1960 in Wien geboren, studierte Pädagogik und Kunstgeschichte, arbeitete einige Jahre für *Die Presse* und schreibt seit 1989 für den *Standard* Kolumnen, Reportagen und Feuilletons. Glattauer ist auch ein erfolgreicher Romanautor. *Gut gegen Nordwind* (2019 verfilmt) ist seine achte Buchveröffentlichung und erzählt die ungewöhnliche Liebesgeschichte von zwei Mitdreißigern, Emmi und Leo. Eigentlich will Emmi nur ihr Zeitschriften-Abo per E-Mail kündigen, aber ihre E-Mail landet versehentlich in Leos Box. Es entwickelt sich eine E-Mail-Beziehung zwischen den beiden. Ein Briefroman im Internet-Zeitalter. Ob es zu einer Begegnung kommt?

Aus: Daniel Glattauer: *Gut gegen Nordwind*

Zwei Stunden später
AW:
Liebe Emmi, ich schlage vor, dass wir uns persönlich begegnen, ohne es zu wissen, also so, dass wir in der Masse von Menschen verwechselbar bleiben. Wir könnten zum Beispiel das Große Messecafé Huber in der Ergeltstraße wählen.

Das kennen Sie bestimmt. Dort trifft laufend sehr gemischtes Publikum ein. Wir wählen eine Zeitstrecke von zweieinhalb Stunden, vielleicht an einem Sonntagnachmittag, und innerhalb dieser Zeit sind wir beide anwesend. Durch das ständige Auf und Ab und das dichte Gedränge im Salon wird nicht auffallen, dass wir uns gegenseitig zu entdecken versuchen.
Was Ihre mögliche Enttäuschung betrifft, wenn ich Ihren optischen Wünschen nicht entspreche, so meine ich, dass wir das Geheimnis um unser Äußeres ja auch nach der Begegnung nicht preisgeben müssen. Interessant ist, ob und woran einer den anderen zu erkennen glaubt, nicht, wie wir beide tatsächlich aussehen, meine ich. Ich sage noch einmal: Ich will nicht wissen, wie Sie aussehen. Ich will Sie nur erkennen. Und das werde ich. Übrigens halte ich meine früher einmal geäußerte Personenbeschreibung nicht mehr aufrecht. Sie sind für mich (trotz Ehemann und Kindern) etwas jünger geworden, Frau Emma Rothner.
Und noch etwas: Ich freue mich sehr, dass Sie immer wieder aus alten E-Mails von mir zitieren. Das bedeutet, dass Sie sie offensichtlich aufgehoben haben. Das ist schmeichelhaft.

Was halten Sie von meiner Idee der Begegnung? Alles Liebe, Leo.

17 Kleine Kunstgeschichte Österreichs

Romanik

Die Bezeichnung „romanisch“ geht auf Elemente der römischen Kunst (Rundbogen, Säule) zurück. Österreich erlebte unter den Babenbergern die Blüte romanischer Kunst. Aus dieser Zeit sind hauptsächlich Kirchen- und Klosterbauten erhalten. Die romanische Kirche, die sich aus der frühchristlichen Basilika entwickelte, ist meistens dreischiffig. Das hohe Mittelschiff ist mit den Seitenschiffen durch rundbogige Arkaden verbunden, die auf Pfeilern oder Säulen ruhen. Die Decken waren zuerst flach und sind seit ungefähr 1100 gewölbt. Im Osten liegt eine Krypta (Unterkirche), die als Begräbnisstätte diente. An der Westfassade stehen meist zwei mächtige Türme mit einem einfachen, niedrigen Dach. Die Mauern der romanischen Kirchen sind massiv. Die rundbogigen kleinen Fenster lassen nur wenig Licht ein.

Das Portal verläuft oft schräg nach innen. Links und rechts gibt es schlanke Säulen oder Figuren. Über dem großen rechteckigen Tor befindet sich ein halbkreisförmiges Feld mit Figuren oder Schriftzeichen.

Vollkommen romanische Bauten wird man in Österreich nur selten antreffen. Viele Kirchen wurden schon in der Zeit der Gotik verändert und später „barockisiert“. Nur kleine Pfarrkirchen auf dem Land sind oft gut erhalten. Sie sind meistens einschiffig und haben nur einen wehrhaften Turm.

Die schönsten romanischen Basiliken sind die von Heiligenkreuz (Niederösterreich), Gurk (Kärnten) und Seckau (Steiermark).

Die älteste romanische Krypta aus dem Anfang des 11. Jahrhunderts hat Göß (Steiermark), die schönste mit hundert Säulen Gurk.

Romanische Apsis der Pfarrkirche Schöngrabern (o.) und die Kirche St. Ruprecht in Wien (u.)

Romanische Kreuzgänge findet man in Salzburg und Millstatt (Kärnten). Die Kreuzgänge der Stifte Lilienfeld, Heiligenkreuz und Zwettl (alle in Niederösterreich) zeigen bereits den Übergang zur Frühgotik.

Eine interessante Sonderform der kirchlichen romanischen Baukunst sind die Karner (Beinhäuser), die besonders in Niederösterreich, der Steiermark und in Kärnten vorkommen.

Die besten Beispiele romanischer Plastik findet man im Bogenfeld der Portale (Gurk, Millstatt, Peterskirche Salzburg, Riesentor des Wiener Stephansdomes). Einzigartig sind die schwer deutbaren Skulpturen an der um 1220 gebauten Pfarrkirche von Schöngrabern in Niederösterreich.

Aus der Zeit der Romanik stammt auch der in Klosterneuburg 1181 entstandene Verduner Altar. Er zeigt auf einundfünfzig Emailbildern Darstellungen aus der Bibel. Salzburg war damals ein Zentrum der Goldschmiedekunst (Kelche, Reliquienkreuze).

das Schiff, -e	der längliche Raum einer Kirche
der Pfeiler, –	Hauptsäule
der Kreuzgang, - e	Gang um den Klosterhof
der Karner, – (österr.)	Beinhaus; Gebäude, in dem beim Anlegen neuer Gräber die alten Gebeine aufbewahrt werden

Gotik

Die Gotik dauerte in Österreich von der Mitte des 13. Jahrhunderts bis tief in das 16. Jahrhundert.

Die Bettelorden (Franziskaner, Dominikaner) waren die Ersten, die in dem neuen Stil bauten. Ihre Kirchen (z.B. die Minoritenkirche in Stein, Niederösterreich; die Pfarrkirche in Enns, Oberösterreich) reflektieren ihren asketischen Lebensstil. Sie sind schlicht und schmucklos und hinterlassen einen nüchternen und strengen Eindruck. Ganz anders sind die „Hallenkirchen“, die von den Zisterziensern erbaut wurden (Lilienfeld, Heiligenkreuz, Neuberg in der Steiermark). In der Hallenkirche sind der Hauptraum und die beiden Seitenschiffe gleich hoch. Dieser Typus wird charakteristisch für den österreichischen Raum. Die Hallenkirchen sind gewöhnlich auch reicher geschmückt als die Kirchen der Bettelorden.

Die Zahl der hochgotischen (Mitte 14. Jh.) und spätgotischen (Mitte 15. Jh.) Kirchen in Österreich ist sehr groß, aber fast in jeder Landschaft gibt es Sonderformen.

Als schönste gotische Kirche in Österreich gilt der Stephansdom in Wien. Der 137 Meter hohe, schlanke Turm ist die Vollendung des idealen gotischen Turmes. Er ist reich gegliedert und mit Plastiken geschmückt. Viele kleine Spitztürmchen erhöhen den bewegten Eindruck.

Aus der Gotik sind auch zahlreiche Profanbauten erhalten. Dazu zählen das Bummerlhaus in Steyr (Oberösterreich) und das Kornmesserhaus in Bruck an der Mur (Steiermark). Von den vielen gotischen Burgen sind nur noch Reste erhalten, etwa die einzigartige Doppelwendeltreppe in der Grazer Burg, die Wasserburg Heidenreichstein (Niederösterreich), die Festung Hohensalzburg und die Burg Hochosterwitz in Kärnten.

Gotische Plastiken gehören zu den bedeutendsten Kunstwerken des Spätmittelalters. Große Meister verherrlichten in vielen Statuen die Muttergottes als junge, schöne und mütterliche Frau. Zu den prachtvollsten gehören die heute in Graz ausgestellte „Admonter Madonna" und die so genannte „Dienstbotenmadonna" im Wiener Stephansdom.

Im 15. Jahrhundert entwickelte sich im Alpenraum eine volkstümliche Altarschnitzkunst. Der aus Tirol stammende Michael Pacher schuf den großen Flügelaltar von St. Wolfgang. Österreich besitzt noch zweihundert solcher holzgeschnitzter Flügelaltäre, die meisten in Kärnten und Tirol. Unbekannt ist der Meister des besonders kunstvollen Flügelaltars in Kefermarkt (Mühlviertel, Oberösterreich).

Einmalig ist auch die gotische Glasmalerei, die eng mit der Baukunst verbunden ist. Die Fenster wurden in der Gotik breiter und höher. Glas wurde ein neues

Der Stephansdom in Wien und das „Bummerlhaus" in Steyr

Baumaterial. Noch heute beeindrucken die gotischen Glasgemälde mit ihren leuchtenden Farben und interessanten Lichteffekten den Betrachter.

der Bettelorden, -	Orden, der keinen Besitz hat (z.B. Franziskaner, Dominikaner)
die Wendeltreppe, -n	schraubenförmige Treppe
der Flügelaltar, e	Altar mit zwei zusammenlegbaren Seitenteilen (Flügeln)

Renaissance

Das Grazer Landhaus

Die Renaissance dauerte in Österreich nicht länger als hundert Jahre und ist ein uneinheitlicher Stil, der stets als eher fremd empfunden wurde.

Dass es in Österreich so gut wie keine sakrale Kunst aus der Renaissance gibt, ist eine Folge der Reformation. Im 16. Jahrhundert waren ein Großteil der österreichischen Bevölkerung und fast der ganze Adel protestantisch. Luthers Ansicht, dass ein Kirchenbau nicht aufwändiger sein müsse als jedes andere Haus, hatte sich durchgesetzt. Dagegen entstanden in der Renaissance einige prachtvolle Schlösser und Bürgerhäuser: Schloss Porcia in Spittal an der Drau (Kärnten), die Rosenburg und die Schallaburg in Niederösterreich, die Landhäuser in Linz und Graz, das Schweizertor, der Amalientrakt und die Stallburg der Hofburg in Wien.

Statt wie in der Gotik in die Höhe zu streben, suchen die Architekten der Renaissance einen Ausgleich zwischen horizontalen und vertikalen Kräften. Sie bauen eher in die Breite.

Die Schlösser erhalten nach italienischem Vorbild palastartige Fassaden, die durch Säulen, Figuren und Reliefs aufgelockert werden. Portale und Fenster bekommen kunstvolle Umrahmungen. Die Laubengänge und die stimmungsvollen Arkadenhöfe aus dieser Zeit lassen ebenfalls italienischen Einfluss erkennen.

In der Renaissance bemalte man auch gotische Bürgerhäuser oder gestaltete sie durch die Sgraffitokunst, die aus Italien kam, neu. In den Palästen richtete man große Säle mit holzgetäfelten Wänden und geschnitzten Decken ein. Bedeutend ist auch die Möbelkunst aus dieser Zeit. Adelige und reiche Bürger umgaben sich gerne mit kostbaren und schönen Dingen und begannen systematisch Kunstwerke zu sammeln. So wurde damals der Grundstock der Gemäldegalerie des Kunsthistorischen Museums in Wien gelegt.

der Laubengang, e	Bogengang, Arkaden
Sgraffito	Fassadenmalerei, bei der die Zeichnung in den noch feuchten Putz eingeritzt wird

Barock

Im 17. Jahrhundert wurde Österreich eine Großmacht. Die Türken waren besiegt, und nun wollte der Kaiser seine Hauptstadt zur schönsten Europas machen. Sein Schloss in Schönbrunn sollte größer und prunkvoller werden als das seines Konkurrenten, des Königs von Frankreich, in Versailles. Die Adeligen wollten es ihm gleichtun und ließen sich ebenfalls prächtige Palais bauen. Die katholische Kirche schließlich wollte ihren Triumph über den Protestantismus ebenfalls in der Architektur zeigen, Wien sollte ein neues Rom werden.

Das Schloss Belvedere ist ein gutes Beispiel barocker Architektur. Es füllt die ganze Breite des Gartens. Mit seinem festlichen Aussehen zieht es alle Blicke an sich. Die Fassade ist aufgelockert. An den Mittelteil schließen sich Seitenflügel und Ecktürme an. Das Dach bildet eine faszinierende Silhouette aus Pavillons und Kuppeln.

Schloss Schönbrunn in Wien

Im Schlossinneren findet man sehr viel Schmuck.

Statuen tragen die Decke, Engelsfiguren (Putten) halten Laternen. Von den Prunkräumen blickt man in den Schlossgarten mit seinen Brunnen, Kaskaden, Teichen, Terrassen, Treppen und Rampen. Die Bäume sind wie Wände zugeschnitten, überall stehen allegorische Figuren.

Stift Melk (o.) und Schloss Belvedere in Wien (u.)

Barockbauten wollen den Betrachter überraschen, ja verwirren. Deswegen verwendete man gerne Spiegel, die kleine Räume groß erscheinen lassen, aber auch viel Gold, kostbaren Marmor und teure Seidentapeten. Die Gärten sollten einem Schloss einen einzigartigen Rahmen geben. Alles musste gut zusammenpassen. Unter der Führung der Architektur vereinigten sich Malerei, Plastik, Dekoration und Gartengestaltung zu einem Gesamtkunstwerk.

Noch vielfältiger und eindrucksvoller als die barocken Schlösser ist die Formenpracht der barocken Kirchen. Der bedeutendste barocke Kirchenbau in Wien ist die vom Architekten Johann Bernhard Fischer von Erlach (1656-1723) erbaute Karlskirche.

Sie hat einen ovalen Grundriss und eine mächtige 72 Meter hohe Kuppel, für die der Petersdom in Rom das Modell ist. Auch hier bilden verschiedene gegensätzliche Elemente eine neue architektonische Einheit. In der Mitte der Fassade findet man eine römische Säulenvorhalle, rechts und links je eine Triumphsäule mit spiralenförmigen Reliefs und ganz außen niedrige Glockentürme mit geschwungenen Linien. Diese Kontraste passen harmonisch zusammen. Der Bau ist reich gegliedert. Man muss ihn von verschiedenen Richtungen betrachten. Erst dann kann man die Dynamik, das Spiel zwischen Kuppel, Säulen und Glockentürmen erkennen. Man ist überrascht, dass die Kirche immer wieder anders aussieht. Gerade das gefiel den Barockkünstlern, die im Kunstwerk immer Aktion und Bewegung haben wollen.

Die Barockkirchen haben reichen bildhauerischen Schmuck. Neben den prunkvollen Altären sind oft überlebensgroße Figuren von Heiligen aufgestellt. Über der Kanzel tummeln sich Scharen von kleinen vergoldeten Engeln. Eine barocke Kirche mit ihren vielen Formen und Farben sollte den Triumph über den Protestantismus vor Augen führen und im Beschauer Staunen, Freude und Bewunderung für den katholischen Glauben auslösen.

der Flügel, -	hier: Seitenteil eines Gebäudes
die Kaskade, -n	stufenförmiger Wasserfall
zwischen Sein und Schein	zwischen Realität und Illusion

Klassizismus

Vom Ende des 18. bis zur Mitte des 19. Jahrhunderts orientierte sich die Architektur von Österreich stark an der Antike. In den Städten, vor allem in Wien und in Graz, entstanden repräsentative Bauten im Stile des „Klassizismus“. Beispiele hierfür sind das Äußere Burgtor in Wien, das einem antiken Festungstor gleicht und der Theseustempel im Wiener Volksgarten, der einem griechischen Tempel nachgebildet ist. Typisch für den Klassizismus sind die antiken Säulen, die den Mauern vorgesetzt werden.

Im Volk wurde der Klassizismus nie populär. Auf dem Land konnte er sich überhaupt nicht durchsetzen. Dort klang die barocke Bautradition, die über zwei Jahrhunderte die Kunst beherrschte, nur sehr langsam ab.

Biedermeier

Die erste Hälfte des 19. Jahrhunderts stand für Österreich im Zeichen des Staatskanzlers Metternich. Er regierte mit Hilfe von Polizei und Armee über einen absolutistischen Staat. Das Bürgertum war nach Kriegen und vergeblichen Revolutionsversuchen enttäuscht und müde. Von der Politik völlig ausgeschlossen, zog es sich in die Privatsphäre zurück. Über Politik durfte man ja nicht einmal reden, denn überall gab es Spitzel der Polizei. So durchtanzte man eben die Nächte, saß im Kaffeehaus und spielte Billard. Man betrieb Hausmusik und unternahm Ausflüge und Wanderungen. Vor allem legte man Wert auf ein gemütliches und behagliches Heim.

Biedermeier: Arbeitszimmer (o.) und Salon (u.)

Dieser neue Lebensstil wurde später „Biedermeier“ genannt. Zunächst war die Bezeichnung abwertend gemeint. Der Name geht auf den fiktiven spießbürgerlichen schwäbischen Schullehrer Gottlieb Biedermeier zurück. Später wurde er zum Kennzeichen einer einfachen, genügsamen bürgerlichen Kultur und Lebensform, die spezifisch österreichisch ist, im übrigen Europa jedoch nur vereinzelt angetroffen wird.

Bedeutend ist die Biedermeiermalerei. Die Zahl der Biedermeiermaler ist sehr groß. Sie alle malten realistische Landschaften und das Leben der einfachen Menschen in Österreich. Als der hervorragendste Maler des Biedermeier gilt Ferdinand Waldmüller (1793-1865). Seine Landschaftsbilder mit ihren Lichtstimmungen sind bahnbrechend. Er malte am liebsten die Wiener Umgebung, den Prater und den Wienerwald, aber auch die Gegend um Bad Ischl.

In der Architektur zeigt sich das Biedermeier vor allem im einfachen Bürgerhaus, wie man es heute noch oft im siebenten und achten Wiener Gemeindebezirk findet. Das Biedermeier liebt klare Formen und vermeidet überflüssige Dekorationen. Eine besondere Vorliebe hatte es für die Wohnkultur. Möbel und Einrichtungsgegenstände sind einfach und praktisch. Ihre klaren und scharfen Konturen kommen auf den Blumenteppichen der Zeit besonders gut zur Geltung. Man verwendet gerne geblümte und gestreifte Stoffe. Alles ist hell und freundlich. In den Glaskästen standen Nippsachen und geschliffene Gläser. Elegante Standuhren trugen zur Atmosphäre des Raumes bei.

Biedermeierräume strahlen Wärme und Behaglichkeit aus. So überrascht es nicht, dass Möbel aus dieser Zeit in Österreich bei der älteren Generation sehr begehrt sind, die Jugend richtet sich aber lieber modern und praktisch ein.

der Prater	großer Park in Wien
Nippsachen	kleine Figuren für Vitrinen

Historismus

Das Parlament in Wien

Als Kaiser Franz Joseph 1857 den Befehl gab, die Befestigungen um die Wiener Innenstadt zu schleifen und die gewonnene Fläche zu verbauen, entstand die Ringstraße. Entlang dieser neuen Prachtstraße wurden öffentliche Gebäude und Palais, Parkanlagen und Denkmäler errichtet. Die Architekten griffen dabei auf Baustile der Vergangenheit zurück. Diesen Rückgriff nennt man Historismus.

Bei manchen Ringstraßenbauten wurde bei der Auswahl des Stils eine gewisse Symbolik beachtet. Für Gebäude, die der Kunst und Wissenschaft dienten, galt der Renaissancestil als besonders repräsentativ. So errichteten Eduard van der Nüll und August Siccard von Siccardsburg den ersten Ringstraßenbau, die heutige Staatsoper, im Stil der italienischen und französischen Renaissance. Ebenfalls im Renaissancestil gehalten sind das Kunsthistorische und das Naturhistorische Museum, die beide nach Plänen Gottfried Sempers und Karl Hasenauers entstanden. Auch die von Heinrich Ferstl entworfene Universität ist ein Renaissancebau.

Für den Bau des Parlaments wählte der dänische Architekt Theophil Hansen dagegen den antiken Stil, wie ihn die Griechen, das klassische Volk der Demokratie, pflegten. Neugotisch ist das von Friedrich Schmidt erbaute Rathaus. Es sollte an das spätmittelalterliche Bürgertum erinnern, das seine Rathäuser vielfach im gotischen Stil errichtete.

Andere wichtige Gebäude im „Ringstraßenstil" sind das neu-barocke Burgtheater und die ebenfalls neubarocke Neue Hofburg sowie die neugotische Votivkirche. Die historisierende Ringstraßenbauweise wurde überall in der Monarchie nachgeahmt. Noch heute findet man in allen Bundesländern, aber auch in Ungarn, in Tschechien, in Slowenien und Kroatien viele Gebäude in diesem Stil, die einander oft verblüffend ähnlich sehen.

Stadtbahnstation von Otto Wagner (o.) und das Gebäude der Secession am Wiener Naschmarkt (u.) von Joseph Maria Olbrich

Secession

Um die Jahrhundertwende hatten viele Künstler genug von der Nachahmung alter Stile. Eine Gruppe junger Maler wollte sich von der offiziellen Kunst der Zeit trennen und gründete eine neue Künstlergruppe, eben die Secession. Sie suchten Anschluss an eine Kunstströmung, die in Frankreich (art nouveau), England und Deutschland (Jugendstil) ihren Ursprung hatte.

Die Künstler der Secession meinten, dass Kunst das gesamte menschliche Leben mitgestalten sollte. Sie dachten praktisch und funktionell. „Etwas Unpraktisches kann nicht schön sein", meinte dazu Otto Wagner, der führende Architekt der Secession. Er baute moderne Häuser mit Küche und Bad und Aufzügen, was für Wien sehr fortschrittlich war. Die Secessionisten liebten Dekorationen und schmückten ihre Häuser mit phantasievollen Goldornamenten und Fliesenmalerei. Einfach und sparsam, aber originell ist die Fassade aus genagelten Platten des von Otto Wagner erbauten Postsparkassengebäudes in Wien. Von Wagner stammen auch die Stadtbahnstationen auf dem Karlsplatz in Wien sowie die Kirche am Steinhof.

Typisch für den Stil ist auch das von Josef Olbrich erbaute Secessionsgebäude in Wien. Es ist ein einfacher, nüchterner Zweckbau (Ausstellungshalle) mit einer dekorativen goldenen Lorbeerkuppel, die von den Wienern respektlos das „goldene Krauthappel" genannt wurde.

Der neue Stil stieß zunächst nicht auf allgemeine Begeisterung. Schwer hatte es anfänglich auch der Architekt Adolf Loos, der sogar das Dekor der Secessionisten ablehnte und für klare Flächen und Linien eintrat. Er meinte, das Ornament hätte mit der Kultur der Zeit keinen Zusammenhang. Sein schmuckloses Haus auf dem Michaelerplatz sagte den Wienern gar nicht zu, ja es löste stürmische Proteste aus. Loos wurde jedoch wegweisend für die moderne Architektur.

Die Secessionisten erneuerten auch das Kunsthandwerk. Ihr Ziel was es, einfache, aber formschöne Gebrauchsgegenstände (Gold- und Silberarbeiten, Bucheinbände, Geschirr, Stoffe, Möbel, Gläser, Keramik) herzustellen. Der Maler Kolo Moser machte sogar Gebrauchsgraphiken wie Briefmarken und Banknoten zu kleinen Kunstwerken. Unter den Malern der Secession gab es Vertreter aller Stile und Techniken. Der bedeutendste von ihnen ist Gustav Klimt (1862-1918). In seinen farbenprächtigen Gemälden, in denen er gerne elegante Damen darstellte, ist das Ornament ein wichtiger Bestandteil. Von Klimts berühmtestem Bild, „Der Kuss", gibt es unzählige Reproduktionen.

Ausschnitt aus Gustav Klimts *Der Kuss*

das Krauthappel (österr.)	umgangssprachlich: Krauthäuptel, Krautkopf

Moderne Architektur

Nach dem Ersten Weltkrieg mussten in Österreich vor allem menschenwürdige Wohnungen gebaut werden. Funktionelles Denken wurde in der Architektur wichtiger als ästhetische Überlegungen. Die Gemeinde Wien begann mit der Entwicklung von großen Wohnhausanlagen, die als „Gemeindebauten" heute das Wiener Stadtbild prägen. Meist sind dies riesige Wohnburgen mit Hunderten von Wohnungen, großen Höfen und eigenen sozialen Einrichtungen wie Kindergärten oder Sportplätzen. Ein Beispiel ist der 1927 erbaute Karl-Marx-Hof, der zugleich ein Symbol für die Stärke der Arbeiterklasse sein sollte.

Die Zentralsparkasse in der Favoritenstraße in Wien

Nach 1945 ging es wieder darum, in möglichst kurzer Zeit viel Wohnraum zu schaffen. 290 000 Wohnungen, in Wien allein 112 000, waren zerstört oder unbenützbar. Der Wiederaufbau von Wohnhäusern wurde zu einer der wichtigsten Aufgaben der Nachkriegszeit. Heute haben das viele vergessen, wenn sie über die einfallslose Architektur der Nachkriegszeit spotten.

Architektur Monfortstraße 80, Wolfurt, Holzhaus aus Vorarlberg (o.) und das Hundertwasserhaus in Wien (u.)

Als nicht weniger wichtig betrachtete man damals auch den Wiederaufbau der vielen historischen Bauten, die im Krieg zerstört oder beschädigt wurden. Schon 1951 konnte der ausgebrannte Stephansdom wieder benützt werden. 1955 wurden die Staatsoper und das Burgtheater wieder eröffnet, und 1959 war die Restaurierung des Salzburger Domes abgeschlossen.

Doch auch in der Zweiten Republik kam es zu bedeutenden architektonischen Leistungen. In Clemens Holzmeister (1886-1983) hatte Österreich einen Kirchenbauarchitekten von Weltruf. Holzmeister baute unter anderem die beiden Festspielhäuser in Salzburg. Mit der Wiener Stadthalle von Roland Rainer fand Österreich Anschluss an die europäische Architektur.

Zu den bemerkenswerten Bauten der letzten Jahrzehnte gehören die ORF-Studios von Gustav Peichl mit ihrem futuristischen Styling, die Brucknerhalle, das Musiktheater und das Projekt „voestalpine open Space“ in Linz, die Kirche in Wien-Mauer von Fritz Wotruba, das Kunsthaus in Graz und das von Johann Staber entworfene Internationale Zentrum im Wiener Donaupark („UNO-City“). 1980 wurde in Bregenz ein moderner Kongress- und Festspielkomplex eröffnet. Im Herbst 2013 wurde die Wirtschaftuniversität in Wien im Prater als architektonisches Weltwunder in Betrieb genommen.

Interessante architektonische Impulse kommen seit den sechziger Jahren aus Graz („Grazer Schule“). Zu den österreichischen Architekten mit internationalem Ruf gehören u.a. Wilhelm Holzbauer, der die Oper und das Rathaus in Amsterdam baute, Hans Hollein mit dem „Haas-Haus“ im Zentrum von Wien, und die technisch utopistische Gruppe „Coop Himmelblau“ mit der BMW Welt in München.

der Gemeindebau, -ten	gemeindeeigenes Wohnhaus (d.h. hier im Besitz der Stadt Wien)

Malerei des 20. Jahrhunderts

Als der größte österreichische Maler des 20. Jahrhunderts gilt Oskar Kokoschka (1886-1980), der das Land freilich schon früh verließ. Mit seinen Porträts, Landschafts- und Städtebildern wurde er weltberühmt. Von den Nationalsozialisten wurde seine Malerei als „entartete Kunst" verfolgt.

Zu seiner Zeit als Pornograf verfemt, zählt Egon Schiele (1890-1918) heute ebenfalls zu den bedeutendsten Malern des 20. Jahrhunderts. Wie Klimt war auch Schiele von der Darstellung der Frau fasziniert, die zum Gegenstand seiner Sehnsucht und Obsession wurde.

Nach dem Zweiten Weltkrieg hat Österreich viele Talente hervorgebracht. Nur wenige haben sich jedoch international durchgesetzt. Das liegt daran, dass sich viele österreichische Künstler selbst isolierten. Sie interessierten sich hauptsächlich für die reiche Tradition in ihrem eigenen Land, nicht aber für die Gegenwart. So gingen die großen modernen Strömungen der Zeit wie abstrakte Malerei oder Pop-Art an Österreich mehr oder weniger vorbei. Manche Kunstkritiker behaupten daher, dass die moderne Kunst in Österreich stagniere.

Den größten internationalen Erfolg erreichte die vor allem in Österreich selbst sehr populäre „Wiener Schule des Phantastischen Realismus". Die „Phantasten" zeigen reale Dinge in einer fremdartigen, phantastischen Welt. Realismus und Phantasie vermischen sich auf eigenartige Weise. So beschäftigte sich Rudolf Hausner (1914-1995), der Älteste der Gruppe, in seinen vielen „Adam-Bildern" im Grunde nur mit sich selbst. Er malt stets sein inneres Bildnis. Die Gemälde und Grafiken von Ernst Fuchs (1930-2015) mit ihren religiösen Darstellungen, den schönen Frauen und seltsamen Tieren sind unheimlich und anziehend zugleich. Wolfgang Hutter (1928-2014) malt und zeichnet eine problemlose Märchenwelt voller Blüten, Schmetterlingen und graziösen „Blumenmädchen". Eine phantastische Welt, in der es von seltsamen Lebewesen, Käfern und Vögeln wimmelt, findet man in den leuchtenden Bildern von Arik Brauer (1929-2021). Besonders in seinen bunten Grafiken widmet sich Brauer aktuellen Themen wie den Menschenrechten oder der Umweltverschmutzung.

International hoch geschätzt, aber in Österreich noch immer sehr umstritten ist der Wiener Aktionismus, dessen bekanntester Vertreter Hermann Nitsch (1938-2022) war. Mit seinen – meist roten – „Schüttbildern" aus Blut oder Farbe wollte er eine Enttabuisierung erreichen. Nitsch verfolgte sein Leben lang einen allumfassenden Ansatz, bei dem er Text, Musik, Malerei und Performance gesamthaft verknüpfte. (*NOE @ORF.at* 19.4.2022) Zu den Aktionisten zählt auch

Günther Brus (geb. 1938). Er gilt als Pionier der Body Art, als derjenige, der den Körper als ausschließliches Ausdrucksmedium in die Kunst eingeführt hat. 1965, als er ganz weiß bemalt und mit einer roten Spur von Kopf bis Fuß, die wie Blut aussah, durch die Wiener Innenstadt spazierte, schritt die Polizei ein. Das brachte den Aktionisten großes öffentliches Interesse.

In den achtziger Jahren etablierten sich einige junge Künstler, die riesige Bilder im Stile des Expressionismus malten, auf dem internationalen Kunstmarkt. Sie wurden, ohne wirklich eine Gruppe zu bilden, als die „Neuen Wilden" zusammengefasst.

Das umfangreiche Werk von Maria Lassnig (1919-2014) ist gekennzeichnet von Körpergefühlsbildern. Sie malt das Subjekt, nicht das Objekt, und sie ist eine der ersten, die sehr früh mit ihrer Malerei die weibliche Position in der Kunstwelt und in der Gesellschaft reflektiert und den Einfluss des weiblichen Körpers auf Lebensentwurf und Biographie einer Künstlerin drastisch und offen darstellt. Ihr Leben wird 2023 verfilmt.

Der wohl bekannteste österreichische Maler der Gegenwart ist Friedensreich Hundertwasser (1928-2000). Mit seinen dekorativen Bildern und Grafiken, in denen immer wieder die Spirale dominiert, wurzelt auch er in der österreichischen Tradition. Viele Jahre protestierte Hundertwasser immer wieder gegen die Monotonie der modernen Architektur. In Wien hat er sein Traumhaus gebaut, seine Idee von einem menschlichen Wohnungsbau verwirklicht. Mit seinen bunten Fassaden, verschieden großen Fenstern und schiefen Wänden, mit seinen Zwiebeltürmen und begrünten Terrassen ist das 1985 fertig gestellte Hundertwasser-Haus weltweit auf Interesse gestoßen und zählt heute zu Wiens Touristenattraktionen.

International stark beachtet wird auch Arnulf Rainer (geb. 1929), ein Einzelgänger unter den österreichischen Künstlern. Er stellt zugleich den größten Gegensatz zu Hundertwasser dar. Wo Hundertwasser sorgfältig arbeitet, zerstört Rainer. Er ist mit seinen Bildern meistens unzufrieden und übermalt sie so lange, bis aus einer total schwarzen Fläche nur mehr ein kleines Stück Farbe herausleuchtet. Schockieren will Rainer auch mit übermalten Fotos seiner eigenen Grimassen. Mit der ersten Personalausstellung eines lebenden Künstlers im New Yorker Guggenheim-Museum führt Rainer die Liste der (kommerziell) erfolgreichsten österreichischen Künstler an. Seine Bilder berechnet er übrigens nach Quadratzentimetern.

Valie Export (geb.1940) gilt als Vorreiterin feministischer Kunst. Unermüdlich erforscht sie Frauenbilder Sie ist eine viel beachtete Medien- und Performance Künstlerin.

Literatur

Die Literaturliste enthält eine Auswahl von Büchern, Aufsätzen und Zeitungs- bzw. Zeitschriftenartikeln, die bei der Arbeit an diesem Buch zu Rate gezogen wurden, und kann eine Anregung für eine weitere Lektüre sein.

1. Allgemeines

Böhm, Wolfgang und Otmar Lahodynsky. *Der Österreich-Komplex: Ein Land im Selbstzweifel.* Wien: Böhlau, 2001.

Breuss, Susanne, Karin Liebhart und Andreas Pribersky. *Inszenierungen: Stichwörter zu Österreich.* Wien: Sonderzahl, 1995. (In der Folge zitiert als Breuss, *Inszenierungen.*)

Bruckmüller, Ernst und Peter Diem. *Das Österreichische Nationalbewustsein.* Wien: new academic press, 2020.

Chorherr, Thomas. *Eine kurze Geschichte Österreichs: Ereignisse. Persönlichkeiten. Jahreszahlen.* Wien: Ueberreuter, 2003.

Emmerich, Klaus. *Zum Beispiel Österreich: Kulturmacht, Wirtschaftskraft, Identität.* Wien: Böhlau, 2006.

Fembek, Michael und Beate Hammond. *Keine Angst vor Österreichern: Von Amtspersonen, Philharmonikerinnen und anderen Menschen mit Eigenschaften.* Wien: Ueberreuter, 1997.

Filzmaier, Peter. *Der Zug der Lemminge.* Salzburg: Ecowin Verlag, 2010.

Gassner, Susanna und Wolfgang Simonitsch. *Kleines Österreich-Lexikon: Wissenswertes über Land und Leute.* Beck'sche Reihe 815. Aktuelle Länderkunden. München: Beck, 1987.

Gehlen, Michael, Rainer F. Schmidt, Harm-Hinrich Brandt und Rolf Steininger. *Ungleiche Partner? Österreich und Deutschland im 19. und 20 Jh.* Innsbruck: StudienVerlag, 2009.

Gilly, Dagmar, Hannes Schweiger und Nikolaus Reisinger. *Das neue Österreich-Quiz. Damit Österreich kein Rätsel bleibt.* Wien: Bundesministerium für Unterricht, Kunst und Kultur, 2009.

Grohmann, Judith. *Das Ösi-Phänomen: Was die Österreicher so erfolgreich macht.* Wien: Molden, 2006.

Hamann, Brigitte. *Österreich: Ein historisches Porträt.* München: Beck, 2009.

Hösele, Herwig. *Was ist faul im Staate Österreich?* Wien, Graz, Klagenfurt: Molden 2010.

James, Louis. *Die Österreicher pauschal.* Frankfurt a. M.: Fischer Taschenbuch Verlag, 1997.

Lege, Peter. *Wer, was, wann, wo? Fragen und Antworten zu Deutschland, Österreich und der Schweiz.* Berlin: Langenscheidt, 2005.

Luscher, Renate. *Landeskunde Deutschland: Von der Wende bis heute. Daten. Texte. Aufgaben für Deutsch als Fremdsprache.* Aktualisierte Fassung 2020. München: Huber Verlag GmbH & Co.Kg, 2020.

Mappes-Niediek, Norbert. *Österreich für Deutsche: Einblicke in ein fremdes Land.* Berlin: Ch. Links Verlag, 2001.

Meier, Martina. *Leben und Arbeiten in Österreich.* Berlin: GD-Verlag/ Gentlemen's Digest, 2007.

Mück, Werner. *Österreich: Das war unser Jahrhundert.* Wien: Kremayr & Scheriau, 1999.

Neisser, Heinrich, Gerhard Loibelsberger und Helmut Strobl. *Unsere Republik auf einen Blick: Das Nachschlagewerk über Österreich.* Aktualisierte und ergänzte Neuausgabe. Wien: Ueberreuter, 2005.

Novak, Hubert. *Ein österreichisches Jahrhundert 1918-2018.* Graz: Styria Verlag, 2017.

Österreich Lexikon in 2 Bänden. Hg. Richard und Maria Bamberger, Ernst Bruckmüller und Karl Gutkas. Wien: Verlagsgemeinschaft Österreich-Lexikon, 1995.

Österreich 1945 – 1995: Gesellschaft. Politik. Kultur, Hg. Reinhard Sieder, Heinz Steinert und Emmerich Tàlos. 2. Auflage. Wien: Verlag für Gesellschaftskritik, 1996. (In der Folge zitiert als *Österreich 1945-1995.*)

Österreich: Zahlen-Daten-Fakten. Hg. Statistik Austria. Wien, 2021/22.

Ptak, Magdalena und Dagmar Gilly. *Servus Du: Österreich für Jugendliche.* Wien: Bundesministerium für Unterricht, Kunst und Kultur, 2007.

Rathkolb, Oliver. *Die paradoxe Republik: Österreich 1945 bis 2005.* Wien: Zsolnay, 2005.

Ritterband, Charles E. *Dem Österreichischen auf der Spur: Expeditionen eines NZZ-Korrespondenten.* Wien: Böhlau, 2010.

Schneider, Katharina. *1001 Gründe Österreich zu lieben.* Wien: Amalthea Signum, 2013.

Stermann, Dirk. *6 österreicher unter den ersten 5.* Berlin: Ullstein, 2009.

Steinfest, Heinrich. *Gebrauchsanweisung für Österreich.* München: Piper, 2008.

Thurnher, Armin. *Republik ohne Würde*. Wien: Zsolnay, 2013.
Vysek, Johann. *Das Österreich-Quiz für clevere Kids*. Wien: Ueberreuter, 2000.

Zeitungen und Zeitschriften (inklusive Online-Ausgaben)

Der Standard
Die Presse
Format
Kleine Zeitung (Graz)
News
Österreich Spiegel
profil
Rot-Weiß-Rot
Salzburger Nachrichten
trend
Wiener Zeitung

Statistische Informationen

Bundesministerium für europäische und internationale Angelegenheiten
Bundespressedienst
Eurostat – Statistisches Amt der Europäischen Union – Luxemburg
Media Research/ ORF
OECD Better Life Index Country Notes
Österreichische Auflagenkontrolle, 1.Halbjahr 2021
Österreich Werbung
Österreich-Zahlen-Daten-Fakten 21/22
ORF Kundendienst
Statista GmbH Hamburg
Statistik Austria
Statistisches Jahrbuch 2020 – Migration und Integration
Wikipedia – Die freie Enzyklopädie
Wirtschaftskammer Österreich (WKO)

Textquellen

S.9: Franzobel. „Österreich ist schön." *Österreich ist schön. Ein Märchen.* Paul Zsolnay Verlag, Wien 2009, 38.

S. 15: Vedernjak, Del. „Kurzvita." *Tintenfisch 16: Literatur in Österreich. Rot ich Weiß Rot.* Hg. Gustav Ernst und Klaus Wagenbach. Berlin: Wagenbach, 1979.

S. 19-20: Interview mit Mirna Jukic: „Integration heißt nicht Aufgabe." *der-Standard* 13.5.2008. <http://derstandard.at/334212/Interview-mit-Mirna-Jukic-Integtration-heisst-nicht-Aufgabe.>

S. 25: Haid, Hans. „Dorfbild 2009." *Poesie des Landlebens.* Innsbruck: Edition Löwenzahn, 1992.

S. 27: „Amadeus." Nach: Bretschneider, Rudolf F. „Amadeus." *Grazer Journal* 25/26 (1989): 17.

S. 32: Bünker, Bernhard C. „Im Summa." B. B. *De ausvakafte Hamat.* Feldafing: Brehm, 1975. 15.

S. 37-38: Brandstetter, Alois. „Wien für Linzer Begriffe." A.B. *Überwindung der Blitzangst: Prosatexte: Prosatexte/Ausfälle. Natur- und Kunstgeschichten.* München: Deutscher Taschenbuch Verlag, 1974. 32. © 1971 Residenz Verlag, Salzburg und Wien.

S. 45-46: Artmann, H. C. „Mein Vaterland Österreich." *Glückliches Österreich: Literarische Besichtigung eines Vaterlands.* Hg. v. Jochen Jung. Salzburg: Residenz, 1978. 24. © 1971 Residenz Verlag, Salzburg und Wien.

S. 48-49: Flüsterwitze aus dem annektierten Österreich. Nach: Johannes Kunz. *Hoffnungslos, aber nicht ernst: Der politische Witz seit 1918.* O. O.: Goldmann, o. J.

S. 53-54: Vranitzky, Franz. „Viele haben Widerstand geleistet, viele haben den Anschluss begrüßt." Rede am 8. Juli 1991 vor dem Nationalrat.

S. 56: „Österreich und Europa sind keine Gegensätze." Aus der Rede von Bundespräsident Heinz Fischer zum 50. Jahrestag des Abschlusses des österreichischen Staatsvertrages. 15.5.2005. 22.11.2017. <http://www.bundespraesident.at/uploads/media/050515-50j-staatsvertragendfassung.pdf>

S. 72-73: Die österreichische Bundeshymne. Wien: Bundeskanzleramt, Bundesgesetzblatt BGB1.Inr.127/2011.

S. 73: Rauscher, Hans. „Die Neutralität ist wie der Doppeladler." Der Politologe und Medienforscher Peter Diem im *Standard*-Interview über die Staatssymbole und Mythen Österreichs. *derStandard.at*.. 9.5.2005. 11.5.2005. <http://derstandard.at/2041271/Die-Neutralitaet-ist-wie-der-Doppeladler>

S. 74: „Österreich: Ein Erfolgsmodell." *Neue Zürcher Zeitung*. 29.1.2005.

S. 77: Aus: Emmerich, Klaus. *Zum Beispiel Österreich: Kulturmacht, Wirtschaftskraft, Identität*. Wien: Böhlau, 2006.

S. 77: *Mein letztes Hemd. Armut in Österreich: Hintergrundinfos und Unterrichtsmethoden*. „Ene mene mu." Aus einer Broschüre der *Young Caritas.at*.

S. 86-87 Barbara Coudenhove-Kalergi. „Wer bin ich? Wo?" *Die Presse/Spectrum*. 05.09.2009

S. 90: Aus: Lackner, Herbert. „Liebe und Waschtrog". *profil*. 19. April 2010. 34-38.

S. 98: Mora, Elinor: „Alter ist eine Rolle." Interview mit *die*standard.at. 22. März.2007. 22.11.2017 <http://derstandard.at/2813795/Alter-ist-eine-Rolle>

S. 106-107: Mappes-Niediek, Norbert. „Ein Herr Hofrat." Aus: N. M.-N. *Österreich für Deutsche: Einblicke in ein fremdes Land*. Berlin: Ch. Links Verlag, 2001. 151.

S. 115: Jandl, Ernst. „bibliothek." s*o loch doch*. Gedichte und Lieder aus Österreich (nicht nur) für Deutschlernde. Hg. Jürgen Koppensteiner. Wien: Österreichischer Bundesverlag, 1987, 13.

S. 125: „Österreich, das Land der Dicken." *DerStandard*. 26. Juli 2007, 25.4.2022, <http://derstandard.at/2792761/Oesterreich-das-Land-der-Dicken>

S. 127-129: (Rezepte) Roswitha Koppensteiner.

S. 162: „Eine Wiener Geschichte." Nach: Peter Pabisch. *Anti-Heimatdichtung im Dialekt*. Wien: Schendl, o. J. [1977]. 28.

S. 163: Gesswein, Alfred. „rama dama." A.G. *rama dama, rama woima, rama miasma: Gedichte im Wiener Dialekt*. Rothenburg ob der Tauber: Verlag J. P. Peter, Gebr. Holstein, 1975. 6-7.

S. 180: Male, Eva. „Affenliebe für Österreichs Autoren: Versuch einer Standortbestimmung im Gespräch mit dem Germanisten Wendelin Schmidt-Dengler." *Die Presse*. 24.9.2004. 24.9.2004. <http://www.diepresse.com/Artikel.aspx?channel=k&ressort=kl&id=444174> Eva Male sei an dieser Stelle herzlich gedankt.

S. 181-183: Handke, Peter. *Wunschloses Unglück*. Salzburg: Residenz, 1972. 17-20. © 1971 Residenz Verlag, Salzburg und Wien.

S. 184-185: Nöstlinger, Christine. *Wir pfeifen auf den Gurkenkönig*. Reinbek bei Hamburg: Rowohlt Taschenbuch, 1977. 8-12. © Beltz Verlag, Weinheim und Basel, Programm Beltz Gelberg, Weinheim, 1990.

S. 186-187: Hackl, Erich. *Abschied von Sidonie*. Zürich: Diogenes Taschenbuch, 1991. 72-74.

S. 187-188: Daniel Glattauer. *Gut gegen Nordwind*. München: Wilhelm Goldmann Verlag, Taschenbuchausgabe August 2008.

Kapitel 1

Baumgartner, Gerhard. *6 x Österreich: Geschichte und aktuelle Situation der Volksgruppen*. Klagenfurt: Drava Verlag, 1995.

Bayrhammer, Bernadette und Julia Neuhauser. „Wien, Hauptstadt der Schulprobleme." *diePresse.com* 12.4.2016. 1.11.2017. <http://diepresse.com/home/billdung/schule/4965969/Wien-Hauptstadt-der-Schuleprobleme>

„Europäische Union: Anteil ausländischer Staatangehöriger in der Gesamtbevölkerung in den Mitgliedsstaaten im Jahr 2021." *Das Statistik-Portal* 18.4.2022 <https://de.statista.com/statistik/daten/studie/236466/umfrage/auslaenderzahl-in-den-eu-laendern/ >

Faßmann, Heinz „Der Wandel der Bevölkerungsstruktur in der Zweiten Republik." *Österreich 1945-1995* 395-408. (Siehe Allgemeines.)

Faßmann, Heinz und Rainer Münz. *Einwanderungsland Österreich? Gastarbeiter – Flüchtlinge – Immigranten*. Wien: J&V. Edition Wien. Dachs-Verlag, 1992.

---. *Einwanderungsland Österreich? Historische Migrationsmuster, aktuelle Trends und politische Maßnahmen*. Wien: J&V. Edition Wien. Dachs-Verlag, 1995.

Hösele, Herwig, „Ohne Migration geht es nicht – Plädoyer für eine differenzierte Betrachtungsweise." *Format* 34/09: 16.

„Information zu Burgenlandkroaten." 9.02.2022. 10.2.2022. <http://miris.eurac.edu/mugs2/do/blob.html?type=html&serial=1046683423030>

„Migration & Integration 2021." 10.2.2022. <https://www.integrationsfonds.at/mediathek/mediathek-publikationen/publikation/migration-und-integration-2021-zahlen-daten-indikatoren-10674>

Knittelfelder, Klaus. „Wie viele Zuwanderer braucht Österreich?" *Kleine Zeitung* 22. November 2016: 3.

OIF Österreichischer Integrationsfond. „Über 30% der Schülerinnen und Schüler in Wien haben eine ausländische Staatsbürgerschaft" 18.4.2022. <https://www.ots.at/presseaussendung/OTS_20210902_OTS0172/ueber-30-der-schuelerinnen-und-schueler-in-wien-haben-eine-auslaendische-staatsbuergerschaft>

Rumpenhorst, Frank. „Viel Wirbel um die steirischen Ghettoschulen". Oe24.at 2.3.2022 <https://www.oe24.at/oesterreich/chronik/steiermark/viel-wirbel-um-die-steirischen-gettoschulen/412614904>

Traar, Christina. „Diese Kinder hatten keine Chance." *Kleine Zeitung* 9. Juni 2017: 8-9.

---."Jeder Vierte hat Wurzeln im Ausland." *Kleine Zeitung* 11. Juni 2021: 16-17.

Winkler, Stefan. „Ein Urteil mir Sprengkraft." *Kleine Zeitung* 26. Juli 2017: 8.

Kapitel 2

ABA. Wirtschaftsstandort Tirol. 1.3.2022 <https://investinaustria.at/de/standort-oesterreich/bundeslaender/tirol.php>

Amt der Oö. Landesregierung. „ OÖ mit bundesweit niedrigster Arbeitslosenquote 2021". 21.2.2022

„Andritz: Großauftrag in China." *Kleine Zeitung.* 20. Juli 2021: 27.

„Eine schön schwere Geburt" *Kleine Zeitung*. 7. April 2013: 66.

„Endlich! Končno!" *Kleine Zeitung.* 27. April 2011: 2.

Hubmann, Didi. „Fix: E-Auto von Fisker wird in Graz gebaut." *Kleine Zeitung* .18. Juni 2021: 34.

Meinert, Claus. „340.000 Gästebetten mit 50 Millionen Nächtigungen". *Kronen Zeitung.* 02.10.2020.

Neuper, Manfred,Franz Pototschnig, Markus Zottler. „Ein neues Herzstück in Kapfenberg." *Kleine Zeitung* 28. September 2017: 28-29.

Sittinger, Ernst. „Geschichte, Gunst und Kunst in der Kellergasse." *Kleine Zeitung.* 28. Jänner 2018: 10-11.

Vorarlberg. Wirschaftsstandort Vorarlberg. 1.3.2022 <https://vorarlberg.at/-/abteilung-allgemeine-wirtschaftsangelegenheiten>

Wien. „Zum 10.Mal auf Platz 1". *Kleine Zeitung.* 14. März 2019

WKO. „Zukunftsfitum die Welt". <https://news.wko.at/news/kaernten/Zukunftsfit-um-die-Welt.html> 14.3.2022

Kapitel 3

Charim, Isolde, und Doran Rabinovici. Hg. *Österreich: Berichte aus Quarantanien* edition suhrkamp 2148. Frankfurt a. M.: Suhrkamp, 2000.

„Die erste Kanzlerin." *Kleine Zeitung.* 31.Mai 2019. Titelblatt.

Eurobarometer. „Die EU ist nicht das Liebkind der Österreicher." *Kleine Zeitung.* 8. Feburar 2022. 22. April 2022. <https://www.kleinezeitung.at/politik/aussenpolitik/6096292/Eurobarometer_Die-EU-ist-nicht-das-Liebkind-der-Oesterreicher>

Dusek, Peter, Anton Pelinka und Erika Weinzierl. *Zeitgeschichte im Aufriß: Österreich seit 1918. 50 Jahre Zweite Republik.* 4., ergänzte Auflage. Wien: J&V. Edition Wien. Dachs-Verlag, 1995.

Gärtner, Reinhold. *Politik der Feindbilder: Rechtspopulismus im Vormarsch*. Wien: Kremayr & Scheriau, 2009.

Hecke, Bernd und Georg Renner. „Blaue Träume von Macht und Missbrauch." *Kleine Zeitung.* 18. Mai 2019. 4-6

Jungwirth, Michael. „Das Ende eines Experiments." *Kleine Zeitung*. 19.Mai 2019. 2-3.

K.P. „Ernennungen dort, wo die Kaiserin schlief." *Die Krone*. 5. Dezember 2021: 4-5.

Kopeinig, Margaretha, und Christoph Kotanko. *Eine europäische Affäre: Der Weisenbericht und die Sanktionen gegen Österreich*. Wien: Czernin, 2000.

Lendvai, Paul. „Zwischen Dämonisierung im Ausland und Verniedlichung im Inneren." *Rot-Weiß-Rot* 2 (2000): 3.

Lieb, Andreas. „Österreich hadert mit der EU". *Kleine Zeitung.* 4. Juni 2021.

Menasse, Robert. *Erklär mir Österreich: Essays zur österreichischen Geschichte.* suhrkamp taschenbuch 3161. Frankfurt a. M.: Suhrkamp, 2000.

„Mehrheit der Österreicher sieht Vorteil in EU-Mitgliedschaft." ORF-at. 18.10. 2017. 12.11.2017. <http://orf.at/stories/2411456>

Molden, Fritz. „Österreich 2000 – Ein besonderes Jahr." *Rot-Weiß-Rot.* 4 (2000): 3.

---. „'Weil wir zu wenig wissen ...': Nazis und Widerstand in Österreich – Die Opferbilanz – Die ,Entnazifizierung.'"*Rot-Weiß-Rot.* 3 (2000): 4.

OE24at>inland>chronik. „EU-Skepsis in Österreich wächst". 18.4.2022 <https://www.oe24.at/oesterreich/chronik/eu-skepsis-in-oesterreich-waechst/509990496>

Rauscher, Hans. „... dass wir nichts sind als Österreicher." *derStandard.at.* 11.5.2005. 25.4.2022. <http://derstandard.at/2043841/-dass-wir-nichts-sind-als-Oesterreicher>

„Republik im Umbruch: Ende der Türkisen Ära." *Kleine Zeitung*. 3. Dezember 2021. Titelblatt.

„Schallender Amtsverzicht. Kanzlerwechsel." *Kleine Zeitung*. 10.Oktober 2021. Titelblatt.

Scheuch, Manfred. *Historischer Atlas Österreich*. 3., aktualisierte und erweiterte Auflage. Wien: Brandstätter, 1994.

---. *Österreich im 20. Jahrhundert: Von der Monarchie zur Zweiten Republik*. Wien: Brandstätter, 2000.

Sittinger, Ernst. „Jetzt stehen die Zeichen auf Türkis und Grün." *Kleine Zeitung.* 30.9.2019. 4-5.

Sperl, Gerfried. *Der Machtwechsel: Österreichs politische Krise zu Beginn des 3. Jahrtausends*. Wien: Molden, 2000.

---. *Die umgefärbte Republik: Anmerkungen zu Österreich*. Wien: Zsolnay, 2003.

Thurnher, Armin. *Das Trauma, ein Leben: Österreichische Einzelheiten*. München: Deutscher Taschenbuch Verlag, 2000.

---. *Heimniederlage: Nachrichten aus dem neuen Österreich*. Wien: Zsolnay, 2000.

Waschek, Hans. *Stichwort 1000 Jahre Österreich*. Heyne Sachbuch 19/4086. München: Heyne, 1996.

Zöllner, Erich. *Geschichte Österreichs: Von den Anfängen bis zur Gegenwart*. 8. Auflage. Wien: Verlag für Geschichte und Politik, 1990.

Kapitel 4

Diem, Peter. *Die Symbole Österreichs: Zeit und Geschichte in Zeichen*. Wien: Kremayr & Scheriau, 1995.

Die Symbole der Österreicher. *ORF.at*. 11.01.2006. 22.4.2022. http://oesv1.orf.at/stories/82057

„Ergebnisse bei den Nationalratswahlen 2019 in Österreich." *Innenministerium.* 30.9.2019. 19.4.2022. <https://bundeswahlen.gv.at/2019>

Mantl, Wolfgang. Hg. *Politik in Österreich: Die Zweite Republik. Bestand und Wandel.* Wien: Böhlau, 1992.

Nick, Rainer und Anton Pelinka. *Österreichs politische Landschaft*. 2., aktualisierte Auflage. Innsbruck: Haymon, 1996.

Pelinka, Anton und Sieglinde Rosenberger. *Österreichische Politik: Grundlagen – Strukturen – Trends*. Wien: WUV-Universitätsverlag, 2000.

Renner, Georg und Claudia Gigler. „Wie viel ÖVP steckt noch in Türkis." *Kleine Zeitung*. 27. August 2021. 4-5.

---."Auffallend, dass Einzelfälle immer mit der FPÖ verbunden werden." *Kleine Zeitung*. 14.9.2019 19.4.2022 <https://www.kleinezeitung.at/politik/wahl/5689691/WahlPodcast-im-Zug_Hofer_Auffallend-dass-Einzelfaelle-immer-mit.>

Schambeck, Herbert. *Das österreichische Regierungssystem. Ein Verfassungsvergleich*. Opladen: Westdeutscher Verlag, 1995.

Steinbauer, Johannes. *Land der Hymnen: Eine Geschichte der Bundeshymnen Österreichs*. Wien: Sonderzahl, 1997.

Traar, Christina. „ Der Reanimateur der Grünen." *Kleine Zeitung*. 11. September 2019. 8-9.

Kapitel 5

„Aktuelle Armuts-und Verteilungszahlen." *Die Armutskonferenz*. April 2021. 19.4.2022. <http://www.armutskonferenz.at/armut-in-oesterreich/aktuelle-armuts-und-verteilungszahlen.html>

Aiginger, Karl. „Von der Mitte aus, auf dem Weg nach vorne: Österreichs Wirtschaft in den 1980er und 1990er Jahren." *Österreich 1945-1995*. 268-78.

APA. „OECD erwartet für Österreich 2022 plus 4,6 Prozent Wachstum" 1.12.2021 19.4.2022 <https://www.sn.at/wirtschaft/oesterreich/oecd-erwartet-fuer-oesterreich-2022-plus-4-6-prozent-wachstum-113350360>

Hofer, Gerhard. „Wirtschaft: Made in Austria, aber kaum bekannt." d*iepresse.com*. 16.11.2004. 15.12.2004. <http://www.diepresse.at/textversion_artikel.aspx?id=452062>

Internationaler Währingsfonds. „IWF sient herben Dämpfer für Österreich." *Kleine Zeitung*. 20. April 2022. 31.

Lackner, Philipp. "Eine Seilbahn auf großer Reise." *Kleine Zeitung* 4. Oktober 2016: 32.

Linsinger, Eva. „Sozialstaats- und Wirtschaftsmythen im Wahlkampf." *Profil.at*. 23.7.2013. 12.9.2013 <https://www.profil.at/oesterreich/sozialstaats-wirtschaftsmythen-wahlkampf-362459>

Nationalbank Studie zeigt enorme Vermögenskonzentration. 2021. 19.4.2022. <https://www.trend.at/geld/oenb-studie-vermoegenskonzentration-oesterreich-12408507>

Neuper, Manfred. „Zwei Einwohner ein Auto." *Kleine Zeitung* 21. Februar 2017: 26

Stittinger, Ernst und Manfred Neuper. „Zwischen Öster-Arm und Öster-Reich." *Kleine Zeitung*. 4. Oktober 2012: 2.

„Steuermänner aus Bärnbach." *Kleine Zeitung*. 5. Oktober 2013: 44.

Stockhammer, Anna. „Wie die Fliege das Müllproblem löst." *Kleine Zeitung*. 21.10.2021 26-27.

„Verteilung der Bruttowertschöpfung in Österreich nach Sektoren 2021." *Das Statistik-*

Portal. 2022. 23.3.2022. <https://de.statista.com/statistik/daten/studie/217604/umfrage/anteile-der-wirtschaftssektoren-am-bruttoinlandsprodukt-oesterreichs>

„Wie aus dem Studentenprojekt ein Weltmarktführer wurde." *Kleine Zeitung*. 5. April 2013: 33.

„Wie machen das die Österreicher? "Was internationale Experten und die internationalePresse über die österreichische Wirtschaftspolitik sagen. Überblick über internationale Kommentare zum „Erfolgsmodell Österreich". Arbeitspapier. Zur Verfügung gestellt von ÖVP Bundespartei, Abteilung Politik. Stand 24. Februar 2006.

„Wien: Ankünfte und Übernachtungen in allen Unterkünften." *Wien Tourismus* MA 23 2021. 21.4.2022. <https://www.wien.gv.at/statistik/wirtschaft/tourismus>

„Wien 2015 bei reichsten EU-Regionen auf Rang 16." *derStandard.at*. 30.März 2017. 12.11.2017. <http://derstandard.at/2000055122191/Wien-2015-bei-Europas-reichste-Regionen-auf-Rang-16>

Wienerroither, Angelika. „Die reichsten Länder der Welt: Wie schneidet Österreich ab?" *Salzburger Nachrichten*. 08. Jänner 2016. 4.11.2017. <https://www.sn.at/wirtschaft/oesterreich/die-reichsten-laender-der-welt-wie-schneidet-oesterreich-ab-1837984>

Winkler, Adolf. „Keine Angst vor einem starken Euro." *Kleine Zeitung*. 2. September 2017: 28.

WKO. „Tourismusland soll wieder aufblühen." *Kleine Zeitung*. 13. Juni 2020. 31

Zottler, Markus und Ulrich Dunst. „ Bleiben die Deutschen daheim?" *Kleine Zeitung*. 13. November 2021. 6-7.

Kapitel 6

„Anzahl der Ausländer in Österreich nach den zehn wichtigsten Staatsangehörigkeiten am 1. Januar 2022." *Das Statistik-Portal*. 2022. 21.4.2022. <https://de.statista.com/statistik/daten/studie/293019/umfrage/auslaender-in-oesterreich-nach-staatsangehoerigkeit>

Beste, Ralf. „Gut und Größe: Was man vom Image Deutschlands in Österreich hält, hängt von der Nationalität ab." *Kleine Zeitung*. 24. November 2021. 6.

Bretschneider, Rudolf, Johannes Hawlik und Ruth Pauli. *Maß genommen: Österreich in der Meinungsforschung*. Wien: Holzhausen, 1999.

Bruckmüller, Ernst. *Österreichbewußtsein im Wandel: Identität und Selbstverständnis in den 90er Jahren*. Schriftenreihe des Zentrums für angewandte Politikforschung 4. Wien: Signum Verlag, 1994.

---. *Symbole österreichischer Identität zwischen „Kakanien" und „Europa"*. Wiener Vorlesungen im Rathaus 59. Wien: Picus, 1997.

Denz, Hermann, Christian Friesl, Regina Polak, Reinhard Zuba und Paul M. Zulehner. *Die Konfliktgesellschaft: Wertwandel in Österreich 1990-2000*. Wien: Czernin, 2001.

De Cillia, Rudolf und Ruth Wodak. *Ist Österreich ein "deutsches" Land? Sprachenpolitik und Identität in der Zweiten Republik*. Innsbruck: StudienVerlag, 2006.

Erdmann, Karl Dietrich. *Die Spur Österreichs in der deutschen Geschichte: Drei Staaten – zwei Nationen – ein Volk?* Manesse Bücherei 27. Zürich: Manesse, 1989.

Golser, Thomas. „A Gulasch und a Seidel Bier für viele ein Lebenselexier." *Kleine Zeitung*. 26. Oktober 2017: 18.

Grubelnik, Klaus. *Der zweite Anschluß: Deutschlands Griff nach Österreichs Wirtschaft*. Wien: Molden, 2000.

Haderer, Gerhard, Rupert Henning und Florian Scheuba. *Cordoba. Das Rückspiel*. Wien: Überreuter 2010.

Haller, Max. *Identität und Nationalstolz der Österreicher: Gesellschaftliche Ursachen und Funktionen. Herausbildung und Transformation seit 1945. Internationaler Vergleich*. Wien: Böhlau, 1996.

Hasewend, Ingo. „Und am Ende gewinnen doch nicht immer die Piefkes." *Kleine Zeitung*. 29. Juni 2021- 4-5.

Holzer, Gabriele. *Verfreundete Nachbarn: Österreich – Deutschland: Ein Verhältnis*. Wien: Kremayr & Scheriau, 1995.

Klier, Walter. *Es ist ein gutes Land: Österreich in den neunziger Jahren*. Wien: Deuticke, 1995.

Lackner, Herbert. „Liebe und Waschtrog". *profil*, Nr.16, 41 Jg. 19. April 2010: 34-38

Leidinger, Hannes, Verena Mortiz und Karin Moser. *Streitbare Brüder. Österreich: Deutschland. Kurze Geschichte einer schwierigen Nachbarschaft*. St. Pölten: Residenz, 2010.

Lumetsberger, Sandra, Evelyn Peternel. „Was Österreicher und Deutsche trennt & verbindet." *Kurier*. 27.08.2017. 10.11-2017. <https://kurier.at/politik/ausland/liebste-feinde-was-oesterreicher-und-deutsche-trennt-und-was-sie-verbindet/282.797.045>

Menasse, Robert. *Das Land ohne Eigenschaften: Essay zur österreichischen Identität*. suhrkamp taschenbuch 2487. O. O.: Suhrkamp, 1995.

---. *Dummheit ist machbar: Begleitende Essays zum Stillstand der Republik*. 2., erweiterte Auflage. Wien: Sonderzahl, 1999.

Moser, Katharina. *Servus, Bussi und Baba und was Europäer sonst noch „typisch österreichisch" finden*. Wien: Ueberreuter, 2009.

„Österreicher fühlen sich heute als Nation." *derStandard.at*. 12.3.2008. 21.4.2022. <http://derstandard.at/3261105/Oesterreicher-fuehlen-sich-heute-als-Nation>

"Österreicher schmieden Allianz gegen deutsche Studenten." *Spiegel.de* 28.5.2013. 7.10.2013. <hppt://spiegel.de/unispiegel/studium/deutsche-studenten-in-oesterreich>

„Österreicher und Deutsche." *Mein.oesterreich.info*. 10.11.2017. <http://www.mein-oesterreich.info/wissenswertes/oesterreicher-deutsche.htm>

Pelinka, Anton. *Zur österreichischen Identität: Zwischen deutscher Vereinigung und Mitteleuropa*. Wien: Ueberreuter, 1990.

Rathkolb, Oliver, Georg Schmid und Gernot Heiß. Hg. *Österreich und Deutschlands Größe: Ein schlampiges Verhältnis*. Salzburg: Müller, 1990.

Rauscher, Hans. „Die Sache mit der österreichischen Nation." *derStandard.at*. 6.5.2005. 11.5.2005. <http://derstandard.at/2038971/Die-Sache-mit-der-oesterreichischen-Nation>

---, „...dass wir nichts sind als Österreicher." *derStandard.at*. 11.5.2005. 12.5.2005.

<http://derstandard.at/2043841/-dass-wir-nichts-sind-als-Oesterreicher>

Schandl, Franz. „Österreich und der Skizirkus: Der alpine Größenwahn." *Die Presse*. 16.2.2013: 28.

Schnitzel und Walzer: Die Symbole der Österrreicher. ORF, 11.1.2006. 4.11.2007. <http://oesterreich.orf.at/stories/82057>

Steffen, Eva. Hg. *Wir sind gekommen, um zu bleiben: Deutsche in Österreich*. Wien: Czernin Verlag, 2009.

Stourzh, Gerald. *Vom Reich zur Republik: Studien zum Österreichbewußtsein im 20. Jahrhundert*. Wien: Edition Atelier, 1990.

Washietl, Engelbert. *Österreich und die Deutschen*. Wien: Ueberreuter, 1987.

Zöllner, Erich. *Der Österreichbegriff: Formen und Wandlungen in der Geschichte*. Wien: Verlag für Geschichte und Politik, 1988.

Kapitel 7

„Ab 2014: Drei Monate bezahlte Pflegekarenz." *Kleine Zeitung*. 27. April 2013: 12.

Bachal, Daniela. „Teilzeitarbeit wird für Frauen häufig zur Falle." *Kleine Zeitung*. 8. 3-2019. 38-39.

„Bürgermeisterin zieht sich aus der Politik zurück." *derStandard.at*. 26.2.2010. 2.03.2010. <http://derstandard.at/1267131819742/Innsbruck-Buergermeisterin-zieht....>

Fischer, Katrin. „Was heißt schon alt?"*Kleine Zeitung*. 9. November 2021. 28-29.

„Frauen sind an Hochschulen in der Mehrheit." *derStandard.at*. 2.9.2016. 11.11.2017. <http://derstandard.at/2000043749523/Frauen-sind-an-Hochschulen-in-der-Mehrheit>

Gaisch-Faustmann, Hannes. „Jung, weiblich, kauft im Internet." *Kleine Zeitung*. 29.10.2019. 26.

„J Wie Junges Wohnen: Generation Nesthocker." *Kurier*. 7.4.2019. 21.4.2022. <https://kurier.at/chronik/wien/wohnkurier/j-wie-junges-wohnen-generation-nesthocker/400457788.>

„Geschlecht ist für Frauen in Österreich Karrierebremse Nr.1." *Kleine Zeitung*. 22.3.2007. 25.3.2007. <http://kleinezeitung.at/nachrichten/wirtschaft/383848/print.do>

Großegger, Beate. „Nimm dein Leben selbst in die Hand" - Jugend in Österreich. Der 4. Bericht zur Lage der Jugend in Österreich. *Das Online-Familienhandbuch*. 26.10.2004. 30.3.2007. <http://www.familienhandbuch.de/cmain/f_Fachbeitrag/a_jugendforschung/s_1521.html>

„Haushaltsarbeit bleibt größtenteils immer noch an Frauen hängen." *derStandard.at*. 24.2.2015. 4.11.2017. <http://derstandard.at/2000012093096/Die-Haushaltsarbeit-bleibt-groesstenteils-immer-noch-an-Frauen-haengen>

Hecke, Bernd. "Diegroße Party ist vorbei." Serie #Generation 2017. *Kleine Zeitung*. 15. Juli 2017: 18.

Höfler, Klaus und Manfred Neuper. „Aufsichtsräte: Frauen dringend gesucht." *Kleine Zeitung*. 2.Oktober 2017: 4-5.

Kogelnik, Lisa, Maria Sterkl. „Geschlechterrollen in österreichischen Familien stark ausgeprägt.“ *derStandard.at.* 14.Juli.2015. 5.11.2017. <http://derstandard.at/2000019096857/Geschlechterrollen-in-österreichischen-Familien-stark-ausgeprägt>

Kramer, Lea. „ Die Hälfte der Männer findet, ihre Frau muss nicht arbeiten.“ *Sueddeutsche Zeitung*. 29. März. 2017 <https://www.sueddeutsche.de/leben/gleichberechtigung-die-haelfte-der-maenner-findet-ihre-frau-muss-nicht-arbeiten-1.3442290.> 14.3.2022.

„Macho-Land Österreich.“ *profil.* 1. März 2010.

Marcher, Daniele. „Rückzug von den digitalen Riesen.“ *Kleine Zeitung*. 24.3.2018.14.

„Pensionsantrittsalter in Österreich steigt immer weiter an.“ *Kurier.* 24.3.2019. 21.4.2022. <https://kurier.at/politik/inland/pensionsantrittsalter-in-oesterreich-steigt-immer-weiter-an/400445326>.

„Rektorin oder doch Päpstin.“ *derStandard.at.* 30.9.2005. 17.11.2006. *<http://derstandard.at/2193254/Rektorin-oder-doch-Paepstin>*

Stockhammer, Anna.“#Jetzt wir: Schwerpunkt Jugend.“ Serie. *Kleine Zeitung*. 24.9.2021. 1-12.

Stockhammer, Anna und Julian Melichar. „Wie die Krise die Jugend trifft.“ *Kleine Zeitung.* 1.November 2020. 30-31.

Strick, Andreas. „ Die Zukunft gehört den Jugendlichen.“ *Woche Steiermark*. 20.4.2022 28.

„Tendenz stark steigend: Immer mehr Single-Haushalte.“ *Kleine Zeitung*. 8. September 2021.

Terler, Andreas. „Balanceakt und kein Kinderspiel.“ *Kleine Zeitung*. 22. April 2021. 2.

„Traumfrau“: Attraktiv mit Kochkünsten. *Die Presse.com* 8.11.2003. 7.11.2003. *<http://www.diepresse.at/Artikel.aspx?channel=c&resort=w&id=387102>*

„Was Männer wollen: Das wünschen sich Männer von einer Frau.“ 15.12.2017 21.4.2022. <https://lemonswan.de/ratgeber/partnersuche/was-maenner-wollen>

„Wir erwarten im Herbst eine Scheidungswelle.“ *Kleine Zeitung*. 28. Mai 2021. 17.

Kapitel 8

„Christentum in Österreich weiterhin im Abwind.“ *derStandard.at.* 2.1.2006. 4.1.2006. <http://derstandard.at/2292274/Christentum-in-Oesterreich-weiterhin-im-Abwind>

„Das Land Christi: Österreich ist immer noch eines der christlichsten Länder Europas.“ *Profil.* 46/05. 14.11. 2005. <https://www.profil.at/home/das-land-christi-oesterreich-laender-europas-125823>

Nemberger, Eberhard. *„Toleranz und Islam: Österreich als Erfolgsmodell für Europa?“ tagesschau.de. 24.3.2007.* 24.3.2007 <http://www.tagesschau.de/aktuell/meldungen/0,1185,OID3824150_TYP6_THE_NAV_R>

Oesterreich.gvt.at. „Gesetzlichanerkannte Kirchen und Religionensgemeinschaften.“ 22.4.2022 <https://www.oesterreich.gv.at/themen/leben_in_oesterreich/kirchenein___austritt_und_religionen/3/Seite.820015.html>

Samec, Alice. „Wohlstands-Christentum bietet zu viel Wellness.“ *Kleine Zeitung* 5. August 2017: 14.

Schmied. Martina. „Islam in Österreich." *Islam, Islamismus und islamischer Extremismus.* Hg. Feichtinger, Walter und Sibylle Wentker Wien: Landesverteidigungsakademie (LVAk) / Institut für Friedenssicherung und Konfliktmanagement (IFK) Oktober 2005: 189.

„Weniger Gläubige verließen im Vorjahr die Kirche"." *Kleine Zeitung* 14. Jänner 2021: 16.

Kapitel 9

„Heimat bist du großer Titel." *Die Presse.* 27.3.2008. 22.10.2009. <http://diepresse/.panorama/oesterreich37615/print.do>

Höfler, Klaus. „Seuche oder Segen: Handys haben unseren Lebenstil radikal verändert." *Kleine Zeitung*. 17. März 2018. Samstagsbeilage. 2-5.

Hörandner, Edith. *Österreich Brauchtum*. Hg. Bundespressedienst. Wien: Bundespressedienst, 1997.

Katholische Jungschar und ihre Hilfswerk-Dreikönigsaktion. *Kleine Zeitung*. 30.März 2022. 12.

Kaufmann, Paul. *Brauchtum in Österreich: Feste, Sitten, Glaube*. Wien: Zsolnay, 1982.

Koren, Hans. *Volksbrauch im Kirchenjahr: Ein Handbuch*. Innsbruck: Pinguin, 1986.

Mandl, Benedikt. „Jetzt bitte einatmen, Herr Diplomingenieur." *Spiegel Online.* 3.11.2005. 6.3.2007. <http://www.spiegel.de/lebenundlernen/uni/oesis-titel-schnoerkel-jetzt-bitte-einatmen-herr-diplomingenieur-a-379407.html>

---, „Küss die Hand, Frau Magister." *Spiegel Online.* 2.8.2005. 6.3.2007. <http://www.spiegel.de/lebenundlernen/uni/titelverliebtes-oesterreich-kuess-die-hand-frau-magister-a-363231.html>

Öamtc. „Reiseplanung". *ÖAMTC Reisemonitoring*. 31.Mai 2021 4.3.2022. <https://www.oeamtc.at/thema/reiseplanung/oeamtc-reisemonitoring-urlaub-2021-jeder-vierte-wartet-fuer-sommer-noch-ab-34283256>

Olympia Peking 2022. „Medaillenspiegel". *Kleine Zeitung* 21. Februar 2022. 28.

Redaktion. „So (un)sportlich ist Österreich". *Sportsbusiness.at*. 20. September 2021. 20.2.2022. <https://www.sportsbusiness.at/so-unsportlich-ist-oesterreich/>

„Schlierenzauer siegt und siegt und siegt." *Kleine Zeitung* 23. März 2013: 82.

„Spannende Zahlen, Daten und Fakten rund ums Fernsehen." 19.1.2016. 8.11.2017. <https://www.hsaustria.at/blog/spannende-zahlen-daten-und-fakten-rund-ums-fernsehen/>

Wolf, Helga Maria. *Das Brauchbuch: Alte Bräuche. Neue Bräuche. Antibräuche*. Wien: Herder, 1992.

---. *Österreichische Feste und Bräuche im Jahreskreis*. St. Pölten: NP Buch Verlag, 2003.

Zellmann, Peter und Sonja Maryhofer. iFT.Forschungstelegram November 2019 (Nr.7/19) 22.4.2022 <https://www.freizeitforschung.at/data/forschungsarchiv.html#Tourismus>

Kapitel 10

„Auf die Teller der Republik" *Fleischatlas. 2021.* 25.2.2022

Bierkulturbericht der Brauunion. „Internationaler Biertag: Österreich auf Platz zwei bei weltweitem Bierkonsum." 6.8.2021. 16.2.2022 <https://www.diepresse.

com/6017878/internationaler-biertag-oesterreich-auf-platz-zwei-bei-weltweitem-bierkonsum>
Dunst, Ulrich und Nina Müller. „Die Kleinen brauen sich immer mehr." *Kleine Zeitung.* 12.10.2013: 16.
Dunst, Ulrich und Günter Pilch. „Gefangen in der Billigpreis-Spirale." *Kleine Zeitung.* 8. November 2017: 16-17.
Dunst, Ulrich. „Was wir,Wo wir, Wie wir essen". *Kleine Zeitung*. 28.März 2019. 36-38.
---. „Wie teuer (Billig) soll ein Schnitzel sein*". Kleine Zeitung* 27. Juni 2021. 18
„Drei Viertel aller Österreicher essen gesund." *MedUNIQA.* 3.5.2006. 2.7.2006. <http://www.meduniqa.at/2493.0.html>
„Essen und Trinken." Breuss, *Inszenierungen* 117-26. (Siehe Allgemeines.)
Gürtler, Alexandra und Christoph Wagner. *Das neue Sacher Kochbuch: Die zeitgenössische österreichische Küche.* München: Christian. 2005
iSi Kochstudie 2019: „So kocht Österreich." 25.2.2022 <https://www.ots.at/presseaussendung/OTS_20190712_OTS0072/isi-kochstudie-2019-so-kocht-oesterreich>
„Jeder dritte Volksschüler ist zu dick." *Kleine Zeitung* 8. November 2017: 12-13.
Maier-Bruck, Franz. *Das große Sacher Kochbuch: Die österreichische Küche*.Weyarn: Seehamer Verlag, 2001.
ORF 2. 20.15 Uhr. „Land der Bratl, Land der Knödel". *Kleine Zeitung*. 25.Mai 2019. 68-69
„Österreich, das Land der Dicken." *derStandard.at* 26. Juli 2007. 25.4.2022. <http://derstandard.at/2792761/Oesterreich-das-Land-der-Dicken>
Österreichische Küche. Köln: Komet, o.J.
Rundum Genuss."Die schönsten Kaffeehäuser der Stadt." Promotion Beilage *Der Standard.* 3. September 2021.
„Unsere Kinder werden immer dicker." *Kleine Zeitung.* 17. September 2010: 13.
Verein Neunerhaus. *Süße Haubenküche: 5-Euro-Rezepte von Österreichs besten Köchen*. Wien: Krenn, 2006.
„Wir werden dicker und leben kürzer." *Kleine Zeitung.* 25. November 2011: 2.

Kapitel 11

Angenbauer, Luisa und Janik Stransky-Heilkron, Konstantin Kleinert und Isabella Wiesler. „Was lernen wir aus dem Homeschooling." *Kleine Zeitung*. 9. Dezember 2020 . 22-23.
Faßmann, Heinz. „Österreich ist bei der Berufsausbildung top." *Kleine Zeitung*. 17. 9.2021.14.
Kuzmicki, Bettina. „Wo Wissen am Tablet serviert wird." *Kleine Zeitung*. 6. 7.2021. 16-17.
Marcher, Daniele. „Auch Distance Learning muss gelernt werden." *Kleine Zeitung*. 11.4.2021. 18.
Schaunitzer,Maria. „Manche Schüler verlieren ein ganzes Jahr." *Kleine Zeitung*. 24.10.2020. 6.
Traar, Christina. „Diese Familien sind verloren." *Kleine Zeitung.* 29.Oktober 2021. 2-3.

Kapitel 12

BG/BRG Lichtenfels. „Neuer Trend: nach der Matura ab ins Ausland. *Kleine Zeitung*. 22. Mai 2019.

Kainz, Haraldund Oliver Vitouch. „Unsere Unis trotzen der Coronakrise. *Kleine Zeitung*. 24.9.2020. 12.

Mandl, Benedikt. „Österreich will keine Piefkes im Hörsaal." *Spiegel Online*, 7.7.2005. 6.3.2007. <http://www.spiegel.de/unispiegel/studium/0,1518,druck-364088,00.html>

Pilch, Günter. „Bildung wird immer noch vererbt." *Kleine Zeitung*. 13. September 2017. 4-5.

Swoboda, Norbert. „Die Aufrüstung der Universitäten." *Kleine Zeitung*. 2. Februar 2017. 6-7.

---. „Sinkflug bei den Studentenzahlen." *Kleine Zeitung*. 14.März 2019

Universität Wien. Zahlen, Daten & Publikationen 2022. 6.3.2022. <https://www.univie.ac.at/ueber-uns/auf-einen-blick/zahlen-daten-broschueren/>

Wetz, Andreas. „So hart ist das Studentenleben wirklich." *Die Presse.com*. 20.2.2007. 1.3.2007. <http://www.diepresse.com/wirtschaft/karriere/studenten/112134/print.do>

Kapitel 13

Dolezal, Rudi, mit Joesy Prokopetz. *Austropop – Das Buch*. © 2009 by Bosworth Music GmbH.

Fabris, Hans Heinz. ,,Der ‚österreichische' Weg in die Mediengesellschaft." *Österreich 1945-1995*. 641-54. (Siehe Allgemeines.)

Hadler, Daniel. „Viel Zeit vor dem Bildschirm." *Kleine Zeitung*. 17. Juni 2021. 48-49.

Käfer, Patricia. *Medien und Politik*. Wien: Holzhausen, 2008.

Media-Analyse. „542 000 lesen täglich Standard als Print und als E-Paper." 31.3. 2022. 23.4.2022. <https://www.derstandard.at/story/2000134558798/media-analyse-542-000-lesen-taeglich-standard-in-print-und>

Melichar, Bernd. „den Olymp habe ich mir erarbeitet." Andreas Gabalier tritt heute in München vor 70.000 Menschen auf. *Kleine Zeitung*, 30.7.2016: 10.

Musik in Österreich: Eine Chronik in Daten, Dokumenten, Essays und Bildern. Hg. Gottfried Kraus. Wien: Brandstätter, 1989.

Musik in Österreich: Von den ältesten Spuren bis zur Gegenwart. Ein Überblick. Hg. Bundespressedienst. Wien: Bundespressedienst, 2000.

Smudits, Alfred. ,,I am from Austria: Austropop." Die Karriere eines musikkulturellen Phänomens von der Innovation zur Etablierung." *Österreich 1945-1995*. 382-92. (Siehe Allgemeines.)

Steiner, Gertraud. *Filmbuch Österreich. Geschichte des österreichischen Films von den Anfängen bis heute* . Wien: Bundeskanzleramt, Bundespressedienst, 1997.

---. „And the Oscar goes to..." *Kleine Zeitung*. 26. Februar 2013: 54.

Winter-Pölster, Gerald. „Bühne frei für das Stolz- Museum." *Kleine Zeitung*. 25. April 2021. 42.

Kapitel 14

Ammon, Ulrich. *Die deutsche Sprache in Deutschland, Österreich und der Schweiz: Das Problem der nationalen Varietäten*. Berlin: de Gruyter, 1995.

---. „Gibt es eine österreichische Sprache?" *Die Unterrichtspraxis/Teaching German* 29.2 (1996): 131-36.

De Cillia, Rudolf. *Burenwurscht bleibt Burenwurscht: Sprachenpolitik und gesellschaftliche Mehrsprachigkeit in Österreich*. Klagenfurt: Drava Verlag, 1998.

De Cillia, Rudolf, und Ruth Wodak. *Ist Österrreich ein „deutsches" Land: Sprachenpolitik und Identität in der Zweiten Republik*. Innsbruck: StudienVerlag, 2006.

Ebner, Jakob. *Österreichisches Deutsch*. Mannheim: Dudenverlag, 2008.

Ebner, Jakob. *Wie sagt man in Österreich? Wörterbuch des österreichischen Deutsch*. Mannheim: Dudenverlag, 1998.

Markhardt, Heidemarie. *Das Österreichische Deutsch im Rahmen der EU*. Österreichisches Deutsch. Sprache der Gegenwart. Hg. Rudolf Muhr und Richard Schrodt. Frankfurt am Main: Peter Lang, 2005.

Muhr, Rudolf. „Das Deutsche als plurizentrische Sprache: Zur Sprachrealität der deutschsprachigen Länder und zum Normbegiff im DaF-Unterricht." *Die Unterrichtspraxis/Teaching German* 29.2. (1996): 137-46.

---. Hg. *Internationale Arbeiten zum österreichischen Deutsch und seinen nachbarsprachlichen Bezügen*. Materialien und Handbücher zum österreichischen Deutsch und zu Deutsch als Fremdsprache 1. Wien: Hölder-Pichler-Tempsky, 1993.

Muhr, Rudolf, Richard Schrodt und Peter Wiesinger. Hg. *Österreichisches Deutsch: Linguistische, sozialpsychologische und sprach-politische Aspekte einer nationalen Variante des Deutschen*. Materialien und Handbücher zum österreichischen Deutsch und zu Deutsch als Fremdsprache 2. Wien: Hölder-Pichler-Tempsky, 1995.

Pollak, Wolfgang. *Österreich und Europa: Sprachkulturelle und nationale Identität*. Wien: ÖGS/ISSS, 1994.

---. *Was halten die Österreicher von ihrem Deutsch? Eine sprachpolitische und soziosemiotische Analyse der sprachlichen Identität der Österreicher*. Wien: ÖGS/ISSS, 1992.

Ransmayr, Jutta. *Der Status des Österreichischen Deutsch an nicht-deutschsprachigen Universitäten: Eine empirische Untersuchung*. Österreichisches Deutsch. Sprache der Gegenwart. Hg. Rudolf Muhr und Richard Schrodt. Frankfurt am Main: Peter Lang, 2006.

Schafferhofer, Julia. „Verstehe einer die Jugend." *Kleine Zeitung*. 26. August 2012: 4.

Scheuringer, Hermann. „Das Deutsche als pluriariale Sprache: Ein Beitrag gegen staatlich begrenzte Horizonte in der Diskussion um die deutsche Sprache in Österreich." *Die Unterrichtspraxis / Teaching German* 29.2 (1996): 147-53.

Sedlaczek, Robert. Das *österreichische Deutsch: Wie wir uns von unserem großen Nachbarn unterscheiden. Ein illustriertes Handbuch*. Wien: Ueberreuter, 2004.

---. *Kleines Handbuch der bedrohten Wörter Österreichs*. Wien: Ueberreuter, 2007.

---. In Zusammenarbeit mit Roberta Baron. *leet & leiwand: Das Lexikon der Jugendsprache*. Wien: echo media verlag, 2006.

---. „Wo man noch „a Knia“ bestellen kann.“ Wiener Zeitung. 17.4. 2013: 26.
Wiesinger, Peter. Hg. *Das österreichische Deutsch*. Schriften zur deutschen Sprache in Österreich 12. Wien: Böhlau, 1988.
---. „Das österreichische Deutsch als eine Varietät der deutschen Sprache.“ *Die Unterrichtspraxis / Teaching German* 29.2 (1996): 154-64.

Kapitel 15

Ebner, Jakob. *Küche & Keller*. Wörterbücher in Rotweißrot. Wien: öbv & hpt, 2004.
---. *Schimpf & Scherz*. Wörterbücher in Rotweißrot. Wien: öbv & hpt, 2004.
Ebner, Jakob. *Wie sagt man in Österreich? Wörterbuch des österreichischen Deutsch*. Duden-Taschenbücher 8. 4., vollständig überarbeitete Auflage. Mannheim: Dudenverlag, 2009.
Fussy, Herbert. *Auf gut Österreichisch: Ein Wörterbuch der Alltagssprache*. Wien: öbv & hpt, 2003.
Österreichisches Wörterbuch. 44. Auflage. Wien: öbv. 2022.
Zertifikat Deutsch: Diese international anerkannte Prüfung war das Ergebnis einer Kooperation zwischen dem Goethe-Institut, dem Österreichischen Sprachdiplom Deutsch, der Schweizerische Konferenz der kantonalen Erziehungsdirektoren und der telc GmbH. (Weiterbildungs-TestsystemeGmbH)

Kapitel 16

Fischer, Marianne, „Ingeborg ist immer gerne hier gewesen.“ *Kleine Zeitung*. 26. 9.2021. 74,
Freud, Jutta. „Ein Streifzug durch die moderne österreichische Literatur.“ *LiteraTour Tribüne. 8 – 14.*
LiteraTour Tribüne. München o. J.
Kaukoreit, Volker, und Kristina Pfoser. Hg. *Die österreichische Literatur seit 1945: Eine Annäherung in Bildern*. Stuttgart: Reclam, 2000.
Neuhuber, Christian. „Typisch Österreichisch?“ Podiumsdiskussion über österreichische Literatur. Literaturhaus Graz. 23. Jänner 2018.
Schmidt-Dengler, Wendelin. *Bruchlinien: Vorlesungen zur österreichischen Literatur 1945 bis 1990*. Salzburg: Residenz, 1995.
---, *„...das fortgeschrittenste Land ohne es zu wissen.“ UnbewussterAvantgardismus aus Österreich*. Innsbruck: StudienVerlag, 2009.
Titz, Walter. Verdichtung der Existenz. Ilse Aichinger zählt zu den markantesten Autorinnen nicht nur ihrer Generation. *Kleine Zeitung* 1. November 2016: 58.
Zeman, Herbert. Hg. *Literaturgeschichte Österreichs: Von den Anfängen im Mittelalter bis zur Gegenwart*. Graz: Akademische Druck- und Verlagsanstalt, 1996.
Zeyringer, Klaus. *Österreichische Literatur 1945-1998: Überblicke. Einschnitte. Wegmarken*. Innsbruck: Haymon, 1999.

Kapitel 17

Fink, Karl. *Kleine Kunstgeschichte Österreichs mit einer kurzen Einführung in die Techniken der bildenden Kunst*. 4. Auflage. Wien: Österreichischer Agrarverlag, 1978.

Fischer Marianne. „Sie war gleichzeitig jung und alt." *Kleine Zeitung.* 20. April 2022: 68-69.

Denscher, Barbara. Hg. *Kunst & Kultur in Österreich. Das 20. Jahrhundert*. Wien: Brandstätter, 1999.

Gerold, Roman. „Valie Export: Gedankengänge einer feministischen Pionierin". *derStandard*.at. 9. November 2017. 21.1. 2018. <https://*derstandard.at*/2000067534837/Valie-Export-Gedankengaenge-einer-feministischen-Pionierin>

Swoboda, Norbert. „Tempel der Wirtschaft." *Kleine Zeitung* 5. Oktober 2013: 14.

Titz, Walter. „Harmoniesüchtiger Provokateur." *Kleine Zeitung.* 20. April 2022: 66-67.

Bildquellen

Barbara Melcher, Livermore, Kalifornien, USA: 193

Bundesministerium für Unterricht, Kunst und Kultur: 132.

Bundespressedienst, Wien: 50 (oben) Eigentum Karl von Vogelsang Institut, (Mitte) Eigentum Hopi-Media, (unten) Eigentum Österreichisches Staatsarchiv, 51 (unten) Eigentum Hopi-Media.

Bundespressedienst, Wien: 141

Burgenland Tourismus, Eisenstadt (Lois Lammerhuber – alle Fotos): 39

Burgtheater, Wien: 178

Deutike Verlag, Wien: 187

Dreikönigsaktion, ©Katholische Jungschar Salzburg: 112

EMIL, *Neue Kronen Zeitung*, 25.6. 1994: 55

Graz Tourismus, Graz: 28, 141, 148

Helge Suppan, Graz: 191

IRONIMUS, Wien: 51 (oben)

Joanneum, Graz: 42

Josef Kuss, Mariazell: 101

Jürgen Koppensteiner, Graz – Privatsammlung: 28, 29, 45, 113, 127, 156, 191, 192

Roswitha Koppensteiner: 142

Karl-Franzens-Universität Graz, Außeninstitut (Helmut Gekle), Graz: 103

Land Oberösterreich, Linz, (Kosina – alle Fotos): 33, 109, 112, 118

Michael Ritter, Wien: 17, 43, 152, 183, 185, 194, 197

Open Book Systems – Bookshelves-Archive, Rockport MA, Akademische Druck und Verlagsanstalt (ADEVA) Graz Austria: 41

Österreichische Galerie, Belvedere: 199

Österreichische Nationalbibliothek, Bildarchiv, Wien: 189, 196

Österreichiches Gesellschafts- und Wirtschaftsmuseum, Wien: 46

Peter Lechner/HBF. Österreichische Präsidentschaftskanzlei: 59

Roswitha Koppensteiner, Graz: 79, 127, 198

Tourismus Salzburg, Salzburg: 26, 80, 147

Stadtpresse Klagenfurt, Klagenfurt: 31

Steirisches Heimatwerk, Graz: 13

Swarovski, Wattens: 79

Tirol Werbung, Innsbruck: 24, Ascher (unten), Zimmermann (oben), 113, 118, 145

Ulrich Ammon. *Die deutsche Sprache in Deutschland, Österreich und der Schweiz: Das Problem der nationalen Varietäten*.Berlin: de Gruyter. 1995. S.15: 155.

Vorarlberg Tourismus, Bregenz: Dietmar Walser/Pfänderbahn A.G. (22).

Wikimedia: 15, 35, 37, 71, 80, 105, 116, 121, 122, 129, 148, 181, 194, 199, 200

Wirtschaftskammer Österreich: 92, 119, 134, 135 (Fotos: BilderBox; Grafiken: WKO/Statistik)

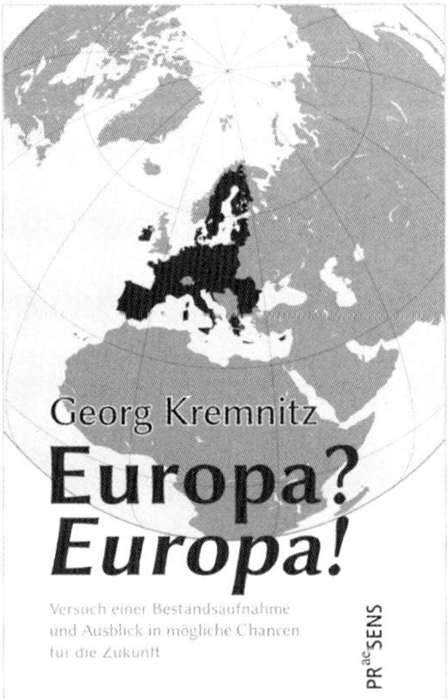

Georg Kremnitz

Europa? *Europa!*
Versuch einer Bestandsaufnahme und Ausblick in mögliche Chancen für die Zukunft

220 S., ISBN 978-3-7069-1166-5

Das Projekt Europa befindet sich in der Krise – weil die Europäer es nicht mit genügend Nachdruck und Sorgfalt verfolgt haben. Europa läuft Gefahr, zu einer Großmacht wie die »anderen« zu werden – deren die Erde nicht bedarf. Wenn die Bürgerinnen und Bürger Europas erkennen, dass der bisherige Weg in eine Sackgasse führt, dann müssen sie ihre Interessen so vereinen, dass sie zu neuen gerechteren Lösungen kommen. Hier werden einige der großen Probleme der heutigen Menschheit präsentiert, der bisherige Weg zur europäischen Einigung und einige Anregungen für eine notwendige Kursänderung.

PRaeSENS